# Crowdinvesting

Mario Baumgärtner

# Crowdinvesting

Grundlagen – Anwendungsgebiete –
Regulatorik

Mario Baumgärtner
Ulm, Deutschland

ISBN 978-3-658-36555-4        ISBN 978-3-658-36556-1    (eBook)
https://doi.org/10.1007/978-3-658-36556-1

Die Deutsche Nationalbibliothek verzeichnet diese Publikation in der Deutschen Nationalbibliografie;
detaillierte bibliografische Daten sind im Internet über http://dnb.d-nb.de abrufbar.

Planung/Lektorat: Catarina Gomes de Almeida
Springer Gabler ist ein Imprint der eingetragenen Gesellschaft Springer Fachmedien Wiesbaden GmbH und ist
ein Teil von Springer Nature.
Die Anschrift der Gesellschaft ist: Abraham-Lincoln-Str. 46, 65189 Wiesbaden, Germany

# Geleitwort

Nicht zuletzt bedingt durch den niedrigen Leitzins sind Anleger derzeit auf der Suche nach attraktiven Anlagemöglichkeiten und auch unkonventionellen Optionen gegenüber aufgeschlossen eingestellt. Auf der anderen Seite suchen Wachstumsunternehmen und Immobilienentwickler nach Risikokapital. Seit knapp zehn Jahren werden diese Tendenzen durch verschiedene Modelle des Crowdfundings, insbesondere Crowdinvesting und Crowdlending, zum marktmäßigen Ausgleich geführt.

Die verschiedenen Formen der Crowdfinanzierungen wurden in den letzten Jahren auch wissenschaftlich gut erforscht. Aus unterschiedlichen Perspektiven, insbesondere der wirtschafts- und der rechtswissenschaftlichen, ist das Thema aufgearbeitet worden. Nach wie vor sind jedoch die Tatsachen ebenso wie der rechtliche Rahmen immer noch stark im Fluss. Neue Emissionsstrukturen werden von den Plattformen entwickelt, neue Technologien wie Distributed Ledger werden für Crowdfinanzierungen nutzbar gemacht. Zugleich feilt der Gesetzgeber an der optimalen Regulierung, die ihrerseits wieder Impulse für die Ausgestaltung der Emissionen auf den Crowdinvesting-Plattformen setzt.

So bietet Companisto beispielsweise mittlerweile Aktien (teilweise über ein Treuhandmodell) und GmbH-Anteile an. Obwohl in letzter Zeit vermehrt Wertpapieremissionen zu beobachten sind, sei es mit Prospekt oder im Rahmen der Ausnahmeregelung des § 3 Nr. 2 WpPG mit Wertpapier-Informationsblatt, betraf die jüngste Justierung des Gesetzgebers wieder das originäre Regime der Schwarmfinanzierung in § 2a VermAnlG. Insbesondere wurde die „Prospektschwelle", ab der die Durchführung einer Schwarmfinanzierung nicht mehr in Betracht kommt, sondern ein Emissionsprospekt erstellt werden muss, von EUR 2,5 Mio. auf EUR 6 Mio. erhöht. Dieses Volumen kann nunmehr sogar alle zwölf Monate erneut ausgeschöpft werden. Daneben wurde die absolute Zeichnungsgrenze in § 2a Abs. 3 Nr. 3 VermAnlG, die volumenmäßig die Investition von Kleinanlegern begrenzt, von EUR 10.000 auf EUR 25.000 erhöht. Das kann man als überraschend bezeichnen, scheint sich in der wissenschaftlichen Diskussion die überwiegende Meinung tendenziell eher für eine Absenkung der Zeichnungsgrenzen auszusprechen. Perspektivisch sollen Finanzanlagenvermittler, zu denen auch viele Crowdinvesting-Plattformen gehören, der Aufsicht der BaFin unterstellt werden.

Eines wird deutlich: Da die Entwicklung von Crowdfinanzierungen immer noch dynamisch ist und sich die Wirklichkeit wie das Recht stark verändern, können alle Betrachtungen nur eine Momentaufnahme sein. Deshalb lohnt es sich weiterhin, einen neuen Blick auf das Phänomen und die Regulierung zu werfen und aktuelle Entwicklungen zu prüfen. Ich freue mich, dass sich Mario Baumgärtner dieser Herausforderung angenommen hat.

Berlin                                                                                  Dr. Jasper Schedensack
im August 2021

# Vorwort

Dem Grundsatz einer dynamischen Entwicklung ist seit jeher eine höhere Bedeutung zuzuschreiben als eine immerwährende Stabilität. Diese Ansicht verfolgte auch der österreichische Ökonom Joseph Schumpeter. Das Wortpaar *„schöpferische Zerstörung"*, das in seinem Werk „Kapitalismus, Sozialismus und Demokratie" eine zentrale Wendung darstellt, gilt gleichzeitig als Merkmal des Kapitalismus:

> „Die Eröffnung neuer, fremder oder einheimischer Märkte und die organisatorische Entwicklung vom Handwerksbetrieb und der Fabrik zu solchen Konzernen wie dem U.S.-Steel illustrieren den gleichen Prozess einer industriellen Mutation – wenn ich diesen biologischen Ausdruck verwenden darf –, der unaufhörlich die Wirtschaftsstruktur von innen heraus revolutioniert, unaufhörlich die alte Struktur zerstört und unaufhörlich eine neue schafft. Dieser Prozess der »schöpferischen Zerstörung« ist das für den Kapitalismus wesentliche Faktum. Darin besteht der Kapitalismus und darin muss auch jedes kapitalistische Gebilde leben" (Schumpeter 2018, S. 115 f.).

Seiner Auffassung nach bedeutet Kapitalismus Unordnung, die kontinuierlich mittels innovativer Ideen der Entrepreneure in den Markt implementiert wird. Diese soll keinesfalls negativ zu deuten sein. Vielmehr entsteht hierdurch nachhaltiger Wohlstand, Wachstum und Fortschritt (Arnold 2012). Die „schöpferische Zerstörung" impliziert schließlich die Zerschlagung bestehender Strukturen durch Innovationen (Geschäftsmodelle, Produkte, Dienstleistungen etc.). Nicht die Größe eines Unternehmens, sondern die Innovationskraft und die Adaptionsfähigkeit an sich fortwährend ändernde Rahmenbedingungen spiegeln letztendlich die Stärke der heutigen Wirtschaftsordnung wider.

Im Bereich des Finanzwesens schreitet seit Jahren die digitale Transformation (wie z. B. das Web 2.0 oder die Blockchain-Technologie) voran, wobei Letzteres ein Element einer neuen Iteration des World Wide Web – dem sogenannten Web 3.0 – darstellt. Hiernach spielen Konzepte wie die Dezentralisierung als auch die token-basierte Ökonomie eine wichtige Rolle.

Hierbei treten immer mehr FinTech-Unternehmen, also Startups oder Konzerne, in den Markt. Sie alle eint die Verfolgung eines übergeordneten Ziels: Finanzdienstleistungen mit innovativen Technologien dem breiten Publikum zur Verfügung zu stellen.

Dieser Markteintritt gelingt ihnen durch „barrierefreie" Zugänge, Transparenz, preiswerte Angebote und einem nachhaltigen Abwicklungsprozess. Eine wichtige Komponente im Prozess des revolutionären Fortschritts ist das noch heranwachsende Crowdinvesting sowie Blockchain-basierte Finanzierungsformen, wie z. B. der Initial Coin Offering (Schymik 2019). Diese Entwicklungen dürfen als revolutionär bezeichnet werden. Denn unter der Begrifflichkeit „Revolution" versteht das Schrifttum eine meist abrupte, radikale und strukturelle Veränderung bestehender Verhältnisse. Sowohl das Crowdinvesting als auch der ICO ermöglichen nunmehr das Zusammenführen von akkreditierten und unerfahrenen Investoren und Geldsuchenden auf webbasierter Basis (Plattformen und Exchanges). Diese können nun Beteiligungen ab einem Betrag von EUR 25 eingehen; zuvor war dies bei dem Vorhaben in ein Unternehmen zu investieren, ausgeschlossen und im Bereich der Immobilienfinanzierung bot sich überwiegend eine Investition in Fonds an, die zugleich ein höheres Ausfallrisiko mit sich brachten. Eine „Evolution" hingegen beschreibt einen allmählichen, bruchlos voranschreitenden Wandel. So kommt es beispielsweise im Rahmen von Crowdinvesting-Kampagnen immer wieder zu neuausgestalteten Finanzierungsprodukten, an denen sich die Investoren bedienen können.

Wie bereits erwähnt stellen innovative Startups heutzutage eine wichtige Säule für ein Land dar, um dessen wirtschaftliche Entwicklung voranzutreiben. Ein Problem, das jedoch immer wieder auftritt, ist der fehlende Zugang zu liquiden Mitteln in den frühen Phasen der Gründung. Denn für ein schnelles Wachstum ist in den meisten Fällen zusätzliches Kapital notwendig, welches über die persönlich zur Verfügung stehenden Finanzmittel hinausgeht (Schefczyk 2006, S. 1). Für ein neugegründetes Unternehmen ist eine beständige Liquiditätssicherung essenziell (Hahn 2014, S. 5).

In den Jahren nach der Finanzkrise rückten alternative Finanzierungsmöglichkeiten aufgrund von Novellierungen der bestehenden Gesetze sowie gestiegenen Anforderungen an Kapitalgeber aus dem Finanzsektor (siehe vorheriger Absatz) in den Mittelpunkt. Crowdfinancing-Plattformen, welche die entstandene Marktnische im Bereich der Finanzierung von Unternehmen erkannt hatten, sahen ihre Chancen zum einen in der Akquise des benötigten Kapitals sowie der Vermittlung zwischen Unternehmen und Anlegern.

Dabei können Startups Geld von Kleinanlegern einsammeln, indem Beteiligungen am Unternehmen ausgegeben werden. Zeitgleich bildete sich im Immobiliensektor ein neuer Ansatz für Finanzierungsmöglichkeiten im Bereich der Projektentwicklung sowie von Bestandsobjekten. Das Prinzip entspricht der Unternehmensfinanzierung, lediglich mit dem Unterschied, dass in diesem Fall eine Person (hier: Projektentwickler) den Geldgebern gegenübersteht. Diese Form der Finanzierung ist im deutschen Sprachgebrauch unter dem Begriff „Crowdinvesting" bekannt. Ein großer Vorteil für die Emittenten besteht u. a. darin, dass sie von dem Leverage-Effekt profitieren können, indem sie ihre Eigenkapitalrendite steigern. Dies wird ihnen durch den Einsatz von Mezzanine-Kapital, das den Unternehmen wiederum erlaubt Fremdkapital bei den Banken aufzunehmen, ermöglicht. Der zunehmende Verschuldungsgrad entfaltet allerdings nur dann seine positive Wirkung, sofern der Fremdkapitalzins dauerhaft unterhalb der Gesamtkapitalrendite notiert.

Den Kern dieses Buches bildet die Darstellung der Finanzierungsalternative Crowdinvesting sowie deren Jurisdiktionen in selektierten Ländern.

Kap. 1 gibt dem Leser zuerst einen Überblick über die verschiedenen Arten des Kapitalmarktes und ordnet anschließend die Finanzierungsform der entsprechenden Kategorie zu. Des Weiteren werden der Ursprung des Crowdfundings sowie dessen Ausprägungsformen erläutert. Aufbauend auf den bis dahin gewonnen Erkenntnissen werden in Kap. 2 vier alternative Finanzierungsquellen vorgestellt, wobei das Crowdinvesting in den Fokus rückt. Die Betrachtung der Finanzierungsphasen, Marktentwicklung und Key Player bilden den Einstieg. Nachdem die Grundlage für ein besseres Verständnis für das equity-based Crowdfunding geschaffen wurde, werden die Investmentsegmente „Unternehmen" und „Immobilien' näher beleuchtet. Um einen Eindruck zu gewinnen, wie ein Investor über das Immobilien Crowdinvesting denkt, wurde ein Interview mit Gerald Hörhan alias Investmentpunk, einem sehr erfolgreichen Immobilieninvestor aus Österreich, durchgeführt.

Anschließend werden jeweils zwei Plattformen und die Motive für eine Investition zum einen aus der Sicht der Investoren und zum anderen aus der Sicht der Unternehmen vorgestellt. Da bei dem Crowdinvesting die Anleger ausschließlich renditeorientiert handeln, beinhaltet der Abschnitt ein fiktives Beispiel zur Berechnung eines möglichen Profits bei einer Investition in ein Unternehmen im Crowdinvesting-Sektor. Die Art der Beteiligungsform hat dabei einen großen Einfluss auf die Auszahlungen an den Anleger. Anschließend werden Chancen und Risiken des Finanzierungsinstruments abgewogen. Den nächsten großen Unterpunkt bildet die Beschreibung der gegenwärtigen nationalen Regulierung. Themen wie aufsichtsrechtliche Pflichten des Emittenten und der Portale als auch die rechtlichen Rahmenbedingungen für die Geldgeber werden hier diskutiert. Weiterhin folgt eine Einordnung der Rechtslage auf internationaler Ebene. Hierbei wird die Rechtsprechung in den USA, der Schweiz, Frankreich, den Niederlanden sowie Schweden untersucht. Des Weiteren erhält der Leser einen kurzen Einblick in die aktuell in Deutschland weniger genutzte Finanzierungsform ICO sowie den STO. Letztere wird durch einen Gastbeitrag von Dino Heinert und Tim Stockschläger näher beleuchtet. Schließlich fasst Kap. 3 die wichtigsten Informationen des Buches zusammen.

Ziel des Werkes ist zum einen die Beschreibung des Phänomens Crowdinvesting in den Investmentsegmenten „Unternehmen" und „Immobilien" und zum anderen die Herausarbeitung rechtlicher Rahmenbedingungen der Finanzierungsquelle in ausgewählten Staaten. Dazu zählen Deutschland, die Schweiz, die USA, Frankreich, die Niederlande und Schweden für das equity-based Crowdfunding. Zudem soll der Leser einen Einblick in das noch junge Finanzierungsinstrument Initial Coin Offering bekommen. Untersucht wird die gesetzliche Lage in den Länder Deutschland, die USA, China und Südkorea. Um ein Verständnis für beide Kapitalquellen zu entwickeln und zudem deren Funktionsweise zu verstehen, ist es notwendig, vorab die Grundlagen aufzuarbeiten bevor auf eine Regulierung eingegangen werden kann. Folgende Fragen sind zunächst zu klären:

**Fragen**

I.  Welche Bedeutung hat der Begriff Crowdinvesting?
II. Welche Akteure sind bei einem Finanzierungsprozess beteiligt?
III. Welche Formen der Beteiligungen sind möglich?
IV. Welche Finanzierungsformen eignen sich neben einer klassischen Kapitalbeschaffung (VC- und BA-Finanzierung) in der Early-Stage-Phase?
V.  Existieren mehrere Typologien von Token?

Sind diese Fragen beantwortet worden, können gezielte Fragen über die rechtlichen Rahmenbedingungen gestellt werden:

I.  Wie ist die aktuelle Rechtslage in den selektierten Staaten?
II. Gibt es in Deutschland etwaige Ausnahmen für über die Crowd finanzierte Projekte, von denen Startups Gebrauch machen können?
III. Herrscht Kritik bezüglich den Zeichnungsgrenzen, Einzelanlagenschwellen sowie dem Ausschluss bestimmter Beteiligungsformen aus dem Ausnahmebereich des Vermögensanlagengesetzes?

Ulm, Deutschland                                                    Mario Baumgärtner
Im August 2021

# Literatur

Arnold F (2012) Der Unordnungspolitiker; Kapitalismus ist Chaos – mit diesem Gedanken erschütterte Joseph Schumpeter vor über hundert Jahren die Grundfesten der Ökonomie. Heute ist sein Konzept von der schöpferischen Zerstörung aktueller denn je: Nur Unternehmen, die sich fortwährend in Frage stellen, bleiben stabil. https://www.spiegel.de/wirtschaft/oekonom-joseph-schumpeter-und-der-prozess-der-schoepferischen-zerstoerung-a-823853.html. Zugegriffen: 11. Aug. 2021
Hahn C (Hrsg) (2014) Finanzierung und Besteuerung von Start-up-Unternehmen; Praxisbuch für erfolgreiche Gründer. Springer Gabler, Wiesbaden
Schefczyk M (2006) Finanzieren mit Venture Capital und Private Equity; Grundlagen für Investoren, Finanzintermediäre, Unternehmer und Wissenschaftler. Schäffer-Poeschel, Stuttgart
Schumpeter JA (2018) Kapitalismus, Sozialismus und Demokratie. Narr Francke Attempto, Tübingen
Schymik S-P (2019) Finanzbranche im Umbruch: Die Zukunft wird kundenzentriert und individuell. https://rosaundleo.agency/finanzbranche/. Zugegriffen: 12. Dez. 2019

# Danksagung

Die vorliegende Arbeit zum Thema *„Leitfaden Crowdinvesting"* soll einerseits dem Investor und andererseits den kapitalsuchenden Startups wissenswerte Informationen über die alternative Finanzierungsform bereitstellen. Weiterhin hatten für mich die Kriterien „Aktualität" und „Qualität" oberste Priorität. Kenntnisse bzgl. rechtlicher Anforderungen für die an einem Crowdinvesting-Prozess beteiligten Personen sind dagegen aus Sachbüchern, Kommentaren etc. eingeflossen.

Gemeinsam mit meinem Betreuer, Hr. Prof. Dr. Steurer, entwickelte ich die Fragestellung sowie den Aufbau dieser Arbeit. Mit seinen wertvollen Tipps gelang es mir eine klare Struktur zu schaffen, mit der ich über den gesamten Prozess dieses Werkes immer den Überblick behielt. Wenn zwischendurch Unklarheiten auftauchten, war er stets bemüht, mir meine Fragen in kürzester Zeit zu beantworten. So hat er einen erheblichen Beitrag zum Gelingen dieses Buches geleistet, vielen herzlichen Dank für Ihre Unterstützung!

Weiterhin danke ich Hr. Dr. Schedensack, der für mich das Grußwort erstellte und somit einen hochwertigen Beitrag zu diesem Werk geleistet hat. Zudem bot er mir stets seine Hilfe an, falls Fragen aller Art aufkamen. Vielen Dank hierfür!

Ebenso wichtig für mich war die Hilfe von Felix Hartmann. Denn er lieferte vor allem fundierte Kenntnisse über blockchain-basierte Finanzierungsinstrumente. Durch seine Expertise steigt schließlich die Qualität dieser Arbeit zusätzlich an. Außerdem schätze ich sehr, dass ich ein Teil seines Teams sein darf, demzufolge einiges im Bereich „emerging technologies" dazulernen kann und er mir darüber hinaus stets bei Fragen jeglicher Art zur Seite steht. Auch hier gilt ihm ein besonderer Dank!

Ein weiterer Dank gilt Dino Heinert sowie Tim Stockschlager, die einen wertvollen Beitrag hinsichtlich der Aufklärung zur Funktionsweise eines Security Token Offering geleistet haben. Umfassendere Informationen sind in ihrem Buch „STOs und Crowdfunding – Alles was Du als Anleger oder Startup über STOs wissen musst" erhältlich.

Außerdem möchte ich Gerald Hörhan alias der „Investment Punk" für seinen fundierten Beitrag zum Thema „Crowdinvesting im Immobiliensektor" danken! 30 Mio. EUR Immobilien Assets als auch der Aufbau der Investment Punk Academy, der führenden deutschsprachigen Online-Finanzausbildungsplattform, lassen für sich sprechen.

Abschließend danke ich Tobias Schädler für das Bereitstellen von umfassendem Material hinsichtlich der rechtlichen Rahmenbedingungen im Bereich des Crowdinvesting, für die Hilfe bzgl. der formativen Gestaltung sowie der Ausarbeitung eines Renditebeispiels.

Ich widme diese Arbeit meiner Familie sowie meinen Freunden, die mich unterstützten und mir immer wieder Zuversicht und Kraft gaben, das Forschungsprojekt ans Ziel zu führen. Dabei gilt ein besonderer Dank meinem Vater, meiner Mutter, meiner Schwester sowie meiner Oma auf Familienseite. Auf Freundesseite bin ich vor allem meinem besten Freund Sebastian Erdt als auch Manuel Pulci und Matthias Bojang zum Dank verpflichtet!

Ich wünsche viel Freude beim Lesen dieser Arbeit!

Ulm                                                                          Mario Baumgärtner
im August 2021

# Inhaltsverzeichnis

# Über den Autor

**Mario Baumgärtner,** widmet sich seit seinem Abschluss an der University of Applied Sciences in Neu-Ulm der Gründung des eigenen Unternehmens, der MB Capital Management Holding. Ziel von diesem ist es, sich an jungen, innovativen und wachstumsstarken Unternehmen zu beteiligen. Mit der aktuellen Beteiligung an der Tochtergesellschaft, der ACC-Trading GmbH, soll der technologische Fortschritt durch die Entwicklung einer Künstlichen Intelligenz unterstützt und somit das Wirtschaftswachstum langfristig vorangetrieben werden.

# Abkürzungsverzeichnis

| | |
|---|---|
| Abs. | Absatz |
| abzgl. | abzüglich |
| AGB | Allgemeine Geschäftsbedingungen |
| AIF | Alternative Investment Fund |
| AIFM | Alternative Investment Fund Manager |
| AktG | Aktiengesetzbuch |
| Alt. | Alternative |
| AMF | Autoriteit Financiële Markten |
| AMF | Autorité des marchés financiers |
| APAC | Asia-Pacific |
| BaFin | Bundesanstalt für Finanzdienstleistungsaufsicht |
| BankG | Bankengesetz |
| BCAP | Blockchain Capital |
| BEHG | Bundesgesetz über die Börsen und den Effektenhandel |
| BGB | Bürgerliches Gesetzbuch |
| BörsG | Börsengesetz |
| bspw. | beispielsweise |
| BT-Drucks. | Drucksachen des Deutschen Bundestags |
| bzgl. | bezüglich |
| bzw. | beziehungsweise |
| ca. | circa |
| CF | Crowdfunding |
| CIP | Conseiller en Investissement Participatif |
| CMF | Code monétaire et financier |
| CRR | Capital Requirements Regulation |
| EBIT | Earnings before Interests and Taxes |
| ECSP | European Crowdfunding Service Provider |
| ECSP-VO | European Crowdfunding Service Provider Verordnung |
| ERC | Ethereum Request for Comments |

| | |
|---|---|
| ESMA | European Securities and Markets Authority |
| EUR | Euro |
| EZB | Europäische Zentralbank |
| FinDAG | Finanzdienstleistungsaufsichtsgesetz |
| FINMA | Eidgenössische Finanzmarktaufsicht |
| FINMAG | Finanzmarktaufsichtsgesetz |
| FinVerV | Finanzanlagenvermittlungsverordnung |
| GewArch | Gewerbearchiv |
| GewO | Gewerbeordnung |
| GwG | Geldwäschegesetz |
| HGB | Handelsgesetzbuch |
| ICO | Initial Coin Offering |
| i. d. R. | in der Regel |
| i. e. S. | im engeren Sinne |
| IFP | Intermédiaire en Financement Participatif |
| IHK | Industrie- und Handelskammer |
| i. S. d. | im Sinne des |
| IuK | Information- und Kommunikation |
| i. w. S. | im weiteren Sinne |
| KAG | Kollektivanlagengesetz |
| KAGB | Kapitalanlagegesetzbuch |
| KASG | Kleinanlegerschutzgesetz |
| KMU | Klein- und mittelständische Unternehmen |
| KWG | Kreditwesensgesetz |
| KYC | Know Your Customer |
| lit. | littera |
| max. | maximal |
| MiFID | Markets in Financial Instruments Directive |
| MiFIR | Markets in Financial Instruments Regulation |
| Nr. | Nummer |
| OGAW | Organismen für gemeinsame Anlagen in Wertpapiere |
| OIF | Offener Immobilienfonds |
| ORIAS | L'Organisme pour le registre unique des intermédiaires en assurance, banque et finance |
| PE | Private Equity |
| PSD | Payment Services Directive |
| P2B | Peer to Business |
| P2P | Peer to Peer |
| QR | Quick Response |
| S-FSA | Swedish Financial Supervisory Authority |

| | |
|---|---|
| sog. | sogenannt |
| SPV | Special Purpose Vehicle |
| STO | Security Token Offering |
| USD | United States Dollar |
| u. U. | unter Umständen |
| VC | Venture Capital |
| VermAnlG | Vermögensanlagengesetz |
| Wft | Wet op het financieel toezicht (zu Deutsch: Finanzaufsichtsgesetz) |
| WLAN | Wireless Local Area Network |
| WpHG | Wertpapierhandelsgesetz |
| WpPG | Wertpapierprospektgesetz |
| zzgl. | zuzüglich |

# Abbildungsverzeichnis

# Tabellenverzeichnis

# Schattierungen des Kapitalmarktes bis hin zu den Ursprüngen der Crowdfinanzierung

**Zusammenfassung**

Der Kapitalmarkt bildet neben dem Geld- und Devisenmarkt eine von drei Untergruppen des Finanzmarkts. Ersterer unterscheidet sich insofern von den anderen Märkten als er die Vermögensbildung auf mittel- und langfristige Sicht betrachtet. Der Handel mit Kapital findet in den überwiegenden Fällen mit einer Fristigkeit von mehr als einem Jahr statt. Somit fallen Geldmarktgeschäfte sowie derivative Anlagevehikel mit Laufzeiten von unter einem Jahr aus der begrifflichen Eingrenzung. Finanzierungstitel wie Aktien, die ein verbrieftes Wertpapier verkörpern, als auch Anleihen, die einen verbrieften Forderungstitel darstellen, sind gängige Handlungsinstrumente (Gräfer et al., Finanzierung; Grundlagen Institutionen, Instrumente und Kapitalmarkttheorie. Berlin, S. 37, 2014). Des Weiteren kann die Kapitalbeschaffung auch durch die Vergabe von langfristigen Krediten am Rentenmarkt erfolgen.

Weiterhin lässt sich der Kapitalmarkt bezüglich seines Organisationsgrades in organisierte als auch nicht organisierte Märkte einteilen. Zusätzlich wird der organisierte Markt wiederum in einen Aktien- und Rentenmarkt untergliedert. Erstgenannter teilt sich in zwei Segmente auf. Am Primärmarkt findet die Erstausgabe von Finanztiteln wie beispielsweise Aktien, Zertifikate, Exchange Traded Funds (ETFs), Anleihen etc. statt. Unternehmen versuchen sich dort durch einen Initial Public Offering (IPO) und unter Zwischenschaltung einer Investmentbank mit ausreichendem Kapital einzudecken, um Investitionen tätigen zu können. Der Sekundärmarkt hingegen umfasst den Handel von Wertpapieren an Wertpapierbörsen. Durch die jeweiligen staatlichen Aufsichtsbehörden sind Transaktionen sicher, schnell und transparent durchführbar. Der Alternative Kapitalmarkt dagegen stellt die Untergruppierung des nicht organisierten Handels dar. Im Gegensatz zu seinem Gegenpart ist der Markt in der Regel kaum reguliert und der Handel findet außerbörslich statt.

M. Baumgärtner, *Crowdinvesting*, https://doi.org/10.1007/978-3-658-36556-1_1

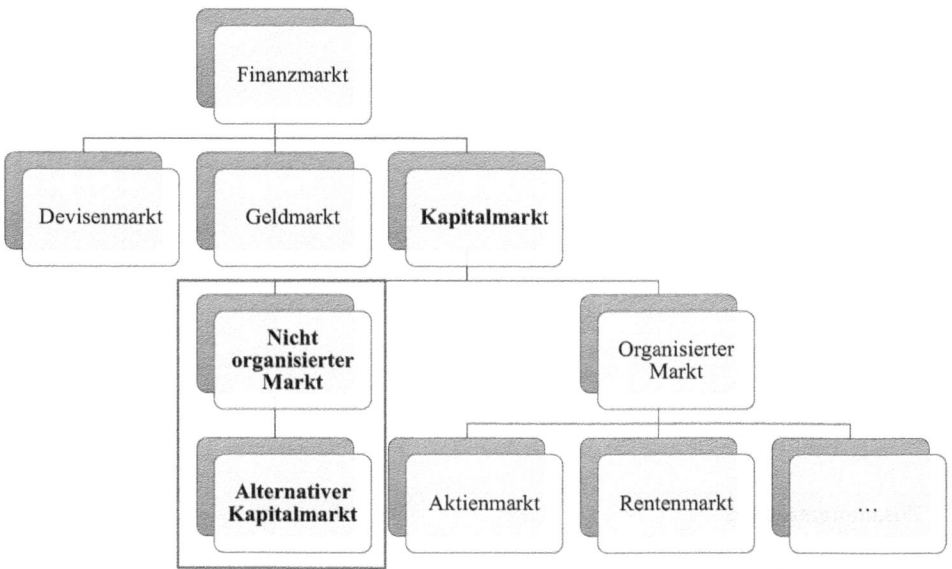

**Abb. 1.1** Untergliederung des Kapitalmarktes. (Quelle: Eigene Darstellung)

Abb. 1.1 gibt Aufschluss über die Einordnung des Kapitalmarktes in das Finanzmarkt-spektrum.

## 1.1    Weißer Kapitalmarkt

Eine Form des Kapitalmarktes ist der „weiße Kapitalmarkt". Mit diesem sind noch zwei weitere Ausgestaltungsformen zu nennen, die in den nächsten Punkten kurz erläutert werden. Sie alle unterscheiden sich einerseits hinsichtlich der rechtlichen Rahmen-bedingungen sowie andererseits durch das unterschiedliche Maß an Seriosität der offerierten Anlageprodukte (Gerginov 2019).

Anlagevehikel des weißen Kapitalmarktes heben sich vor allem in Hinblick auf eine vollständige Regulierung durch eine Aufsichtsbehörde ab. D. h. Unternehmen und Dienstleister verfügen über eine entsprechende Erlaubnis zur Durchführung ihrer Tätig-keit nach den jeweils anwendbaren Aufsichtsgesetzen. Weitere Merkmale sind die Trans-parenz bezüglich Kosten und Risiken.

## 1.2    Schwarzer Kapitalmarkt

Komplementär dazu ist der „schwarze Kapitalmarkt". Er definiert sich durch das illegale Betreiben von Geschäften. D. h. erlaubnispflichtige oder verbotene Geschäfte werden entgegen der gesetzlichen Vorschriften als auch ohne Genehmigung der Finanzmarktauf-sichtsbehörde (BaFin) durchgeführt.

## 1.3 Grauer Kapitalmarkt

Dieses Segment zeichnet sich durch das Angebot von Produkten aus, welche keine Erlaubnis einer Aufsichtsbehörde voraussetzt. Das bedeutet nicht, dass dieser Teilbereich des Kapitalmarktes komplett unreguliert ist, wie es die heutige Gesellschaft zunehmend assoziiert. Vielmehr nimmt die Bafin vielseitige Aufgaben wahr, damit der von der Regierung geforderte Investorenschutz in diesem Teil gewährleistet werden kann. Zudem ist eine gewisse Korrelation zu dem Weißen Kapitalmarkt zu erkennen: Haben Anlagevehikel einen gewissen Grad an Regulierung erreicht, versuchen Anbieter in den kaum beaufsichtigten Finanzmarkt vorzudringen, um Opportunitätskosten zu vermeiden (BaFin 2014). Hierbei ist die Intention der Produktanbieter klar zu erkennen: Es sollen potenzielle Kapitalgeber gewonnen werden, indem sie durch raffinierte Vertriebskonzepte von der Investition in eine von unzähligen Beteiligungsformen, wie beispielsweise Genussrechte, Nachrangdarlehen oder partiarische Darlehen, überzeugt werden sollen. Die Intransparenz in Bezug auf gewisse Risiken und bereitgestellte Informationen wird dabei von den Anlegern aufgrund der von den möglichen Geldnehmern versprochenen Rendite selten wahrgenommen. Die Finanzierungsquellen Crowdinvesting sowie der Initial Coin Offering weisen die zuvor genannten Merkmale, die zur Klassifizierung in dieses Segment notwendig sind, auf.

## 1.4 Crowdsourcing – der Ursprung

Um die Bezeichnung „Crowdfunding" im nächsten Abschnitt präziser erklären zu können, ist zuvor auf das Hyperonym „Crowdsourcing" einzugehen. Dieses erhielt erstmals im Jahr 2006 im Artikel „The Rise of Crowdsourcing" – niedergeschrieben im amerikanischen Wired Magazine und verfasst von Jeff Howe – seine Bedeutung. Aus dem Begriff lassen sich die Wörter „Crowd" und „Outsourcing" ableiten. Ersteres bezieht sich dabei auf die Sammlung finanzieller Mittel von einer Vielzahl an Personen zur Erfüllung eines gemeinschaftlichen Ziels (Klöhn und Hornuf 2012, S. 240). Outsourcing hingegen definiert sich im Allgemeinen durch die Auslagerung firmeninterner Tätigkeiten an externe Dienstleister. Das Prinzip des Crowdsourcing beschreibt demnach die Ausgliederung von Arbeits- und Kreativprozessen an eine vielschichtige Menschenmenge, die für ein Projekt einen gemeinsamen Zweck verfolgen (Deutscher Crowdsourcing Verband e. V. o. J.).

Dass die Digitalisierung eine sehr große Rolle bei der Entwicklung des Crowdsourcing und dessen im Nachhinein entstandenen Ausprägungsformen spielt, zeigt folgende Definition:

> „Crowdsourcing ist eine interaktive Form der Leistungserbringung, die kollaborativ oder wettbewerbsorientiert organisiert ist und eine große Anzahl extrinsisch oder intrinsisch motivierter Akteure unterschiedlichen Wissensstands unter Verwendung moderner

IuK-Systeme auf Basis des Webs 2.0 einbezieht. Leistungsobjekt […] entwickelt werden" (Martin et al. 2008, S. 1256).

Zusammenfassend ist festzuhalten, dass die Auslagerung einer Vielzahl von bestimmten Unternehmensprozessen an die „Crowd" einem Outsourcer neue Möglichkeiten, wie zum Beispiel das Schaffen von Netzwerkeffekten oder effizienteres Lösen von Problemen bzgl. der Produktgestaltung, bietet. Daher spricht man auch oft von der „Wisdom of the Crowd" (Leimeister 2012, S. 388) bzw. „Schwarmintelligenz".

## 1.5  Crowdfunding

Crowdfunding ist eine Form des im ersten Abschnitt dargestellten Crowdsourcing. Bevor die einzelnen Modelle, in die sich die Untergruppierung aufspalten lässt, näher erläutert werden, folgt eine kurze geschichtliche Einordnung des Begriffs.

Die Finanzierungsform fand bereits am Anfang des 18. Jahrhunderts über soggenannte Subskriptionsmodelle ihre Anwendung. So war es der Dichter Alexander Pope, der als einer der ersten Personen die Crowd als Kapitalgeber nutze und seine Werke mittels Crowdfunding finanzierte. Als Gegenleistung erhielten die Unterstützer eine namentliche Erwähnung in seinen aufgesetzten Dichtungen. Circa 70 Jahre später machte der Musiker und Komponist Wolfgang Amadeus Mozart von der bis dahin noch nicht definierten alternativen Kapitalquelle Gebrauch, indem er durch diese seine Klavierkonzerte vorfinanzierte. Dazu veröffentlichte er eine Einladung an potenzielle Investoren, die bei einer Spende ein Manuskript des Dichters erhielten. Das Vorhaben scheiterte zunächst. Allerdings versuchte es der österreichische Komponist ein Jahr später auf ein Neues und konnte infolgedessen 176 Geldgeber für seine Konzerte gewinnen. Diese erhielten – wie vereinbart – ein Manuskript des entsprechenden Konzerts. Das bedeutendste historische Ereignis war jedoch die Herausforderung der Finanzierung der amerikanischen Freiheitsstatue im Jahr 1885. Der schwere Börsencrash von 1873 war der Ursprung dafür, dass aufgrund der damaligen wirtschaftlichen Lage eine Bereitstellung von Kapital durch die Stadt New York und durch den Kongress nicht möglich war. Der Journalist Josef Pulitzer rief deshalb in seiner Zeitung die Bürger von New York dazu auf, im Rahmen von Spenden die „Statue of Liberty" zu finanzieren. Das benötigte Kapital von damals USD 102.000 wurde innerhalb von nur fünf Monaten mittels 120.000 Unterstützern eingesammelt. Die Geburtsstunde des Begriffs „Crowdfunding" kam jedoch erst im Jahr 2006, als Michael Sullivan diesen in seinem Blog „fundavlog" erstmals erwähnte. Er zitierte den Terminus mit folgenden Worten: „Many things are important factors, but funding from the ‚crowd' is the base of which all else depends on and is built on. So, Crowdfunding is an accurate term to help me explain this core element of fundavlog".

2008 wurden erste Crowdfunding-Plattformen auf dem amerikanischen Kontinent gegründet. Es dauerte weitere zwei Jahre bis die Finanzierungsform in Deutschland ankam. Heutzutage ist unschwer zu erkennen, dass sich Crowdfunding als echte Alternative zur klassischen Fremdfinanzierung fortentwickelt hat.

Nachdem die zeitliche Einordnung des Terminus dargelegt wurde, soll ein wesentliches Verständnis für den Begriff „Crowdfunding" geschaffen werden.

Es existieren bekanntlich zwei verschiedene, diametrale Begriffsverständnisse. Zum einen dient er als Oberbegriff (i. w. S.) und zum anderen als subordinativer Ausdruck (i. e. S.). Um die Abgrenzung der Begrifflichkeiten eindeutig verstehen zu können, wird der Unterbegriff zuallererst betrachtet. Demnach definiert er sich durch das Finanzieren von künstlerischen Projekten, nachhaltigen und kreativen Produktideen sowie Events. Die Form der Gegenleistung ist dabei von nicht-finanzieller Art. Das Hyperonym hingegen umfasst zusätzlich die Beteiligungen an Unternehmen bzw. sogar das zur Verfügung stellen von Krediten. Anleger erwarten hierbei eine finanzielle Gegenleistung. Crowdfunding im engeren Sinne bezieht daher grundsätzlich alle Finanzierungen ein (Beck 2017, S. 34 f.).

Weiterhin wird Crowdfunding i. w. S. in vier Unterkategorien aufgegliedert. Ein Grund ist die divergierende Rechtsprechung. Das Spendenrecht und Einkommenssteuerrecht findet beispielweise im Hinblick auf das spendenbasierte Crowdfunding seine Anwendung. Für das belohnungsbasierte Crowdfunding spielt das Kaufrecht eine übergeordnete Rolle, umsatzsteuerrechtliche Problematiken kommen auch in Betracht. Das Crowdinvesting wird hauptsächlich durch die Normen des Vermögensanlagengesetzes (VermAnlG) geprägt. Sollte der Emittent dagegen auf die Ausgabe von Wertpapieren setzen, ist das Wertpapierhandelsgesetz (WpHG) einschlägig. Kreditbasierte Finanzierungen fallen in den Anwendungsbereich des Kreditwesengesetzes (Beck 2017, S. 34 f.; Schreiber 2017).

Abb. 1.2 gibt einen Überblick über die schematische Einordnung des Crowdfunding.

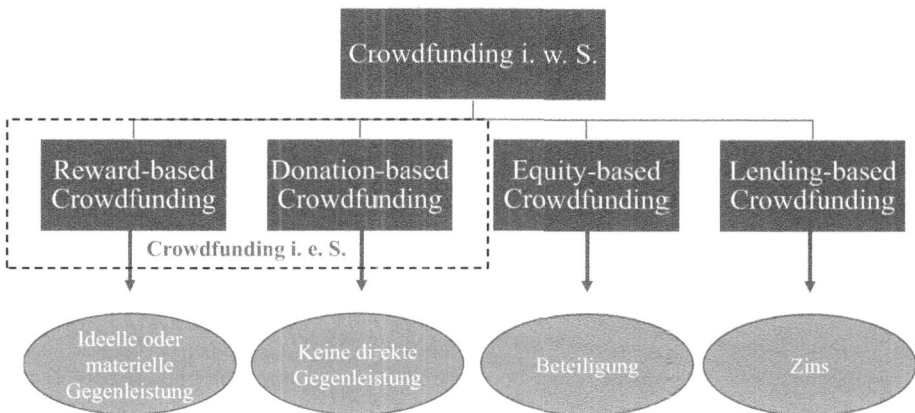

**Abb. 1.2** Übersicht begriffliche Zusammensetzung des Crowdfundings (Quelle: Eigene, erweiterte Darstellung in Anlehnung an Beck 2017, S. 35)

## 1.5.1 Reward-based Crowdfunding

Reward-based Crowdfunding (zu Deutsch: belohnungsbasiertes Crowdfunding) ist die populärste und vielseitigste Form der Finanzierungsart, deshalb spricht die Allgemeinheit hier auch von dem „klassischen" Crowdfunding. Der Ablauf einer Finanzierung ist sehr einfach gestaltet. Anleger, deren Motive hauptsächlich von intrinsischer Natur sind, investieren in kreative Projekte. Dabei erwarten sie, wie gerade erwähnt, keine Gegenleistung monetärer Art. Vielmehr geht es dem Interessierten meist darum, das erhaltene „Dankeschön" als einer der ersten Personen besitzen oder an speziellen Events teilnehmen zu dürfen. Startnext, eine deutsche Plattform im Bereich des belohnungsbasierten CF, gibt auf seiner Seite Aufschlüsse über mögliche Gegenleistungen. Beispiele hierfür sind das Erhalten eines Buchs, einer CD oder DVD, die Teilnahme an Workshops, der Besuch beim Start-up etc. Zu beachten ist, dass der Wert des „Dankeschöns" nicht immer dem Realwert des gezahlten Betrages entspricht. Dennoch kann der ideelle Gegenwert für einen Ausgleich sorgen (Sixt 2014, S. 57).

## 1.5.2 Donation-based Crowdfunding

Das schenkungsbasierte Crowdfunding ist die einfachste Ausprägungsform der Kapitalquelle. Hierbei geht es ausschließlich um das reine Spenden von Geldern ohne dadurch eine Gegenleistung zu erwarten. Den Spendern reicht bei dieser Finanzierungsform beispielsweise eine Danksagung via E-Mail. Besonders gemeinnützige Projekte rücken in den Fokus der Geldgeber (Beck 2017, S. 35). Denn durch ihre intrinsisch veranlagten Motive verfolgen sie das Ziel, dem Projektinitiator bei der Erreichung eines wohltätigen Zwecks mittels Bereitstellung von Kapital zu unterstützen. Das Vertrauen in eine Kampagne nimmt somit bei dem donation-based CF eine übergeordnete Rolle ein.

## 1.5.3 Equity-based Crowdfunding

Der angelsächsische Begriff „equity-based Crowdfunding" – in Deutschland auch als „Crowdinvesting" bekannt – bezeichnet die Möglichkeit einer Beteiligung an einem Unternehmen oder an der Partizipation des Erfolgs des Start-ups (Sixt 2014, S. 57). Erstere kann mittels Aktien oder GmbH-Anteilen erfolgen. Ein Erwerb von Anteilen einer GmbH ist jedoch unüblich, da hierbei eine Eintragung ins Handelsregister notwendig wäre und dies für einen Investor eine kostspielige Angelegenheit darstellen würde.

Wertpapiere sind daher die kostengünstigere Variante für den Anleger, allerdings nicht für den Emittenten, da dieser von einer gesetzlichen Prospektpflicht gemäß VermAnlG bzw. WpPG betroffen sein könnte.

Der Grundgedanke des aus dem amerikanisch stammenden Ausdruck „equity Crowdfunding" (zu Deutsch: Eigenkapital-Crowdfunding) suggeriert dem Anleger, dass eine Beteiligung am reinen Eigenkapital vorliegt. Die Praxis zeigt allerdings, dass für das Crowdinvesting hybride Finanzierungsformen – sogenanntes Mezzanine-Kapital – überwiegen. Diese werden in Kap. 2, Abschn. 2.2.6.2 näher betrachtet. Während das Crowdinvesting demnach das Eigenkapital ergänzt um die mezzaninen Finanzierungs-instrumente umfasst, definiert das „equity Crowdfunding" lediglich eigenkapitalbasierte Crowdfinanzierungen (Beck 2017, S. 37 f.).

Diese spezielle Ausgestaltungsform von Crowdfunding fordert somit im Gegenzug zur Kapitalüberlassung eine finanzielle Gegenleistung. Damit verfolgen die Investoren überwiegend extrinsische Motive.

## 1.5.4 Lending-based Crowdfunding

Das lending-based Crowdfunding, auch „Crowdlending" genannt, bezeichnet im Allgemeinen die Vergabe von Krediten. Die Speisung kann dabei entweder durch Privatpersonen oder Unternehmen vorgenommen werden. Findet die Kapitalbereitstellung unter Individuen statt, spricht der Experte von einem P2P-Kredit. Leihen sich hingegen juristische Personen des privaten oder öffentlichen Rechts Mittel von Privatiers, handelt es sich um einen P2B-Kredit (Schramm und Carstens 2014, S. 7). Bei beiden Kredit-Varianten werden jeweils ein Kreditvertrag abgeschlossen, der eine Rückzahlung des überlassenen Anteils sowie dessen feste Verzinsung vorsieht. Der Rückzahlungs- und Zinsanspruch bleibt auch dann bestehen, sollte das finanzierte Unternehmen in eine wirtschaftliche Schieflage geraten.

Heutzutage erbringen Crowdlending-Plattformen einige Funktionen, die denen der Banken ähneln. Zwar ist eine Risiko- und Fristentransformation technisch noch nicht realisierbar, dennoch experimentieren Plattformen stetig mit unterschiedlichen Geschäftsmodellen, die es ihnen ermöglichen können, bankenähnlich Prozesse in Zukunft nachzubilden. Mit dem Einführen eines Kreditscoring, dem Erschaffen von Sekundärmärkten und der Automation von Kreditprozessen befinden sich die Plattformbetreiber auf dem richtigen Weg.

Ein weiterer großer Unterschied zu Banken liegt in der Schöpfung von Giralgeld. Dieser Vorgang ist lediglich durch Kreditinstitute durchführbar.

Dafür bieten die Modelle der Internetplattformen im Gegensatz zu Banken mehr Transparenz hinsichtlich der Investition in ein bestimmtes Projekt (Havrylchyk 2018, S. 6 ff.). Tab. 1.1 gibt eine kurze Übersicht über die Konditionen der bekanntesten Cowdlending-Plattformen Auxmoney und Kapilendo.

Beide Plattformen versprechen eine einfache und bequeme Möglichkeit Kredite zu vergeben bzw. aufzunehmen. In der Regel geben die Plattformen eine Verzinsung von ca. fünf bis sechs Prozent pro Jahr an. Auxmoney geht sogar noch einen Schritt weiter und erklärt, dass mögliche Ausfälle in der Rendite von 5 % bereits miteingerechnet wurden.

**Tab. 1.1** Vergleich der Konditionen von Kapilendo und Auxmoney (Hildebrandt-Woeckel 2017)

| Plattform | Zielgruppe | Darlehens-betrag | Laufzeit | Zins | Voraus-setzungen | Gebühren |
|---|---|---|---|---|---|---|
| Auxmoney | Private Kredit-nehmer (auch Selbst-ständige, Frei-berufler, Studenten und Kredit-suchende, die von ihrer Bank keinen Kredit erhalten | EUR 1000 – EUR 50.000 | 1– 84 Monate | Max. 19,5 % inklusive Gebühr | Alter zwischen 18 und 70 Jahre, Wohnsitz in Deutschland, Konto bei einer deutschen Bank, regelmäßiges Einkommen | 2,95 % des Nenn-kredit-betrags |
| Kapilendo | Start-ups und Unter-nehmen | EUR 25.000– EUR 2,5 Mio. | 12– 60 Jahre | 2,49– 11,99 % | Selbst-schuldnerische Bürgschaft zur Kreditbe-sicherung | Abhängig von Kreditlauf-zeit (1,9– 4,9 %) |

Zudem empfehlen beide Online-Vermittler eine Diversifikation des Portfolios, um Risiken zu minimieren. Im Hinblick auf die Mindestanlagesumme ist ein Unterschied festzustellen. Während Kapilendo Investments ab einem Betrag von EUR 100 ermöglicht, können Anleger bei Auxmoney bereits ab EUR 25 finanzielle Mittel dem Geldsuchenden zur Verfügung stellen.

Tiefere Ausführungen in Bezug auf das lending-based Crowdfunding sieht diese Arbeit nicht vor. Die Cowdlending-Plattform Auxmoney gibt dem Leser erste Einblicke in das fremdkapitalbasierte Finanzierungssystem.

### Zusammenfassung

Der Kapitalmarkt bildet neben dem Geld- und Devisenmarkt eine von drei Untergruppen des Finanzmarkts. Ersterer unterscheidet sich insofern von den anderen Märkten als er die Vermögensbildung auf mittel- und langfristige Sicht betrachtet. Weiterhin lässt sich der Kapitalmarkt bezüglich seines Organisationsgrades in organisierte als auch nicht organisierte Märkte einteilen. Der Alternative Kapitalmarkt zählt zu Letztgenanntem. Im Gegensatz zu seinem Gegenpart ist der Markt in der Regel kaum reguliert und der Handel findet außerbörslich statt. Werden dagegen Geschäfte auf Grundlage von gesetzlichen Normen durchgeführt, so bindet man sich

auf dem Weißen Kapitalmarkt. Das Komplementär hierzu ist der Schwarze Kapitalmarkt, der sich durch das Betreiben von illegalen Geschäften definiert.

Das Crowdsourcing kann in drei Typologien unterteilt werden. Eine davon stellt
das Crowdfunding dar. Hiernach existieren bekanntlich zwei verschiedene, diametrale
Begriffsverständnisse. Zum einen dient er als Oberbegriff (i. w. S.) und zum anderen
als subordinativer Ausdruck (i. e. S.). Letzterer umfasst das Finanzieren von künstlerischen Projekten, nachhaltigen und kreativen Produktideen sowie Events. Die Form
der Gegenleistung ist dabei von nicht-finanzieller Art. Die Beschaffung von Kapital
findet hier im Rahmen des reward-based- als auch donation-based Crowdfundig statt.
Das Hyperonym hingegen umfasst zusätzlich die Beteiligungen an Unternehmen
bzw. sogar das zur Verfügung stellen von Krediten. Anleger erwarten hierbei eine
finanzielle Gegenleistung. Finanzierungsarten sind hier zum einen das lending-based-
und zum anderen das equity-based Crowdfunding.

## Literatur

BaFin (Hrsg) (2014a) Grauer Kapitalmarkt: Rendite und Risiko – Marktabgrenzung, Regulierung
und Verantwortung des Anlegers. https://www.bafin.de/SharedDocs/Veroeffentlichungen/DE/
Fachartikel/2014/fa_bj_1403_grauer_kapitalmarkt.html. Zugegriffen: 12. Aug. 21
Beck R (2017) Crowdinvesting; Die Investition von Vielen. Börsenbuchverlag, Kulmbach
Deutscher Crowdsourcing Verband e. V. (o. J.) Über Crowdsourcing. https://www.crowdsourcingverband.
de/ueber-crowdsourcing. Zugegriffen: 17. Aug. 21
Gerginov D (2019) Kapitalmarkt – Funktion, Struktur & Akteure. https://www.gevestor.de/details/
kapitalmarkt-650791.html. Zugegriffen: 13. Aug. 21
Gräfer H, Schiller B, Rösner S (2014) Finanzierung; Grundlagen Institutionen, Instrumente und
Kapitalmarkttheorie. Erich Schmidt, Berlin
Havrylchyk O (2018) Regulatory framework for the loan-based crowdfunding platforms.
Economics Department Working Papers, Paris. https://doi.org/10.1787/24ad924a-en
Hildebrandt-Woeckel S (2017) Crowdfunding als Alternative zur Bank. https://www.deutsche-
handwerks-zeitung.de/crowdfunding-als-alternative-zur-bank/150/3093/358627. Zugegriffen:
15. Aug. 21
Klöhn L, Hornuf L (2012) Crowdinvesting in Deutschland. Markt, Rechtslage und Regulierungs-
perspektiven. Zeitschrift für Bankrecht und Bankwirtschaft, 24(4), 237–266
Leimeister JM (2012) Crowdsourcing: Crowdfunding, crowdvoting, crowdcreation. Zeitschrift für
Controlling und Management, 56(6), 388–392
Martin L, Lessmann S, Voß S (2008) Crowdsourcing: Systematisierung praktischer Ausprägungen
und verwandter Konzepte. Hamburg. https://www.researchgate.net/publication/221508660_
Crowdsourcing_Systematisierung_praktischer_Auspragungen_und_verwandter_Konzepte.
Zugegriffen: 18. Aug. 21
Schramm DM, Carstens J (2014) Startup-crowdfunding und crowdinvesting; Ein Guide für
Gründer. Springer Gabler, Wiesbaden
Schreiber J (2017) Crowdfunding & Steuern. https://www.startnext.com/blog/Blog-Detailseite/
crowdfunding-steuern~ba1255.html. Zugegriffen: 30. März 21
Sixt E (2014) Schwarmökonomie und Crowdfunding. Springer Gabler, Wiesbaden

**Zusammenfassung**

Heutzutage stehen den Initiatoren von Projektgesellschaften als auch Startups eine breite Palette an Kapitalquellen zur Verfügung. Doch nicht jede eignet sich für den zu Finanzierenden. Häufig scheitert die Zugänglichkeit zu den finanziellen Mitteln an den zu stellenden Sicherheiten, die Jungunternehmen in ihrer Startphase schlichtweg nicht vorweisen können. Weiterhin ist das fehlende Knowhow seitens der Gründer ein Faktor für die Verwehrung von Kapital. Im Folgenden werden vier gängige Finanzierungsquellen vorgestellt, wobei der Fokus auf dem Crowdinvesting liegt. Diese noch junge Finanzierungsform bietet einerseits eine gute Möglichkeit für Investoren ihr Anlageportfolio zu diversifizieren während auf der anderen Seite Kapitalsuchende liquide Mittel zur Finanzierung ihres Vorhabens einsammeln können. Nachdem der Leser einen detaillierteren Einblick in das Crowdinvesting bekommen hat (inklusive einem Renditebeispiel), sollen die rechtlichen Rahmenbedingungen in Deutschland, den USA sowie weiteren ausgewählten Ländern diskutiert werden. Abgerundet wird das Kapitel, indem der Leser erfährt, um was es sich bei einem Initial Coin Offering (ICO) handelt sowie welchen Regularien er in Deutschland und den USA unterliegt.

## 2.1 Venture Capital und Business Angel

Die englische Bezeichnung **Venture Capital** (VC) beschreibt die Bereitstellung von außerbörslichem Eigenkapital in den frühen Finanzierungsphasen eines Wachstumsunternehmens. Zudem wird dieser Ausdruck häufig als Synonym zu den Begriffen

---

Die Originalversion dieses Kapitels wurde revidiert. Ein Erratum ist verfügbar unter
https://doi.org/10.1007/978-3-658-36556-1_4

© Der/die Autor(en), exklusiv lizenziert durch Springer Fachmedien Wiesbaden GmbH, 11
ein Teil von Springer Nature 2022, korrigierte Publikation 2022
M. Baumgärtner, *Crowdinvesting*, https://doi.org/10.1007/978-3-658-36556-1_2

Risiko- und Wagniskapital verwendet. Dies ist insofern richtig, da der Investor private finanzielle Mittel ohne den Anspruch auf eine Rückzahlung oder Verzinsung dem Unternehmer zur Verfügung stellt. Weiterhin ist die Überlassung von Sicherheiten keine Voraussetzung für ein künftiges Engagement. Da VC-Geber außerdem ein langfristiges Investitionsvorhaben beabsichtigen, können Gründer ihr operatives Geschäft detaillierter und zukunftsorientierter planen (Weitnauer 2019, S. 4).

Oftmals wird der Begriff VC unbewusst mit Private Equity auf eine gleiche Ebene gesetzt. Genauer betrachtet ist Venture Capital in Teilbereich des Private Equity (PE). Das Homöonym PE bezeichnet gleichermaßen das Bereitstellen von außerbörslichem sowie haftendem Eigenkapital, lediglich mit dem Unterschied, dass der Fokus auf etablierte Unternehmen mit konstanten Cashflows gelegt wird. Außerdem ist bei hier das Eingehen von Mehrheitsbeteiligungen üblich (Werner 2006, S. 39 ff.).

Grundsätzlich können VC-Geber hinsichtlich ihres Auftretens in verschiedene Gruppen aufgeteilt werden: Es existieren unabhängige VC-Gesellschaften, deren Schwerpunkt einerseits das Sammeln von Kapital in Fonds und andererseits das Erwirtschaften einer hohen Rendite bildet.

Corporate Venture Capital-Gesellschaften hingegen verfolgen strategische Ziele, wie beispielsweise das Entwickeln neuer Technologien („Window on Technology").

Weitere Gruppen sind Business Angels (siehe nächster Absatz), Family Offices, alternative Finanzierungsformen wie Crowdinvesting und ICO, staatliche VC-Fonds, Inkubatoren/Acceleratoren und Private Equity Investoren (Schmitt 2019).

Der Begriff **Business Angel** (BA) bezeichnet eine Privatperson, die eine direkte Beteiligung mit ihren eigenen finanziellen Mitteln an einem jungen Unternehmen eingeht. Hierbei spricht man auch von einem informellen Beteiligungsmarkt, da eine Direktinvestition ohne formellen Mittler getätigt wird. Neben der Überlassung des privaten Kapitals bringen Business Angels zusätzlich unternehmerisches Wissen oder idealerweise persönliche Kontakte in das Startup mit ein. Bei den erfahrenen Unternehmern handelt es sich meist um ehemalige Manager aus der freien Wirtschaft. Diese suchen neue gewinnbringende Investitionsmöglichkeiten und sind bereit in der Frühphase der Unternehmensgründung, welche noch ein erhebliches Ausfallrisiko mit sich bringen, zu investieren (Kleinhückelskoten 2002, S. 212 f.). Die Höhe der Kapitalbereitstellung ist individuell und unterscheidet sich deutlich. Dennoch streben diese in der Regel eine Minderheitsbeteiligung unterhalb von 10 % an bzw. die durchschnittliche, jährliche Beteiligung umfasst eine Spanne von EUR 50.000 bis EUR 100.000 (vgl. Weitnauer 2019, S. 198). Bevor es zu einer Beteiligung kommen kann, müssen Gründer den Kontakt zu den erfahrenen Investoren aufbauen. Üblich hierbei ist das Aufsuchen von Business-Angel-Netzwerken. Abb. 2.1 gibt Aufschluss über den Beteiligungsprozess, den in der Regel sowohl das Wachstumsunternehmen als auch der Business Angel durchlaufen müssen, bevor es schließlich zu einem ernsthaften Engagement beider Parteien kommen wird.

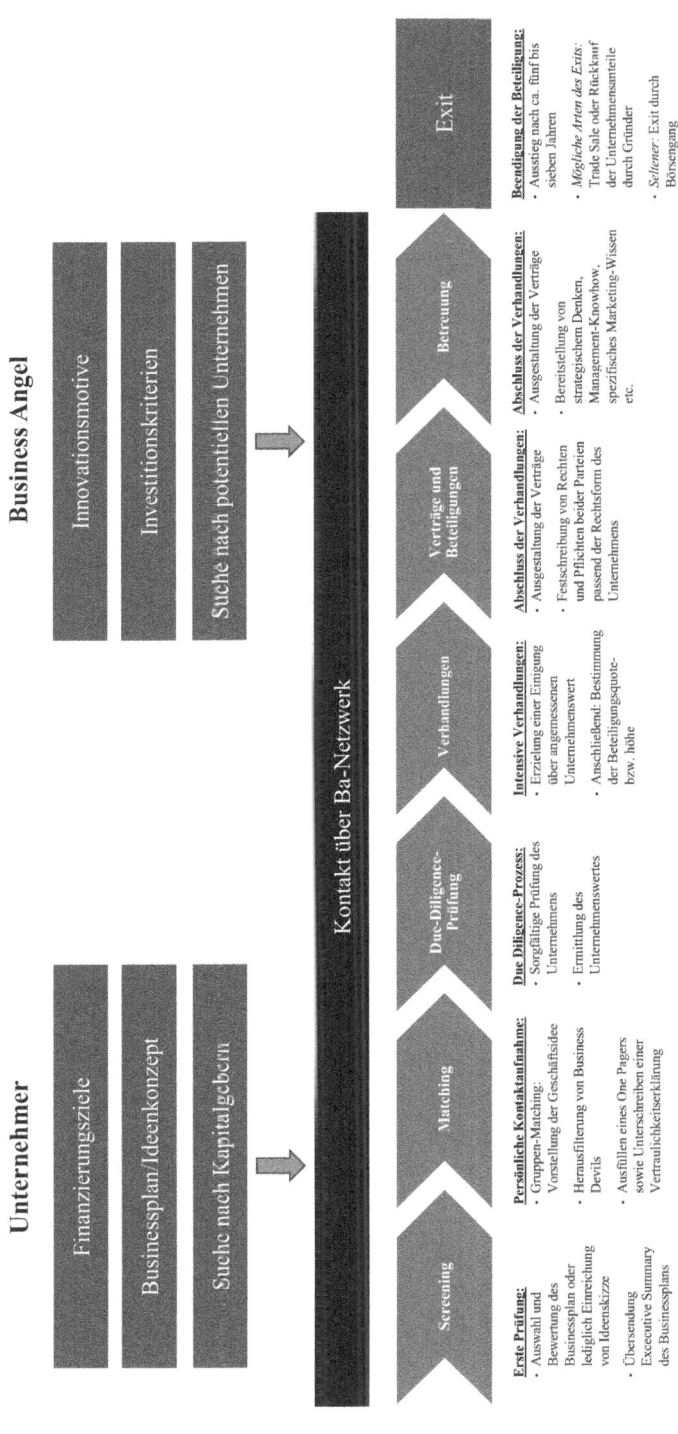

**Abb. 2.1** Beteiligungsprozess eines Business Angels. (Eigene, erweiterte Darstellung in Anlehnung an Volkmann und Tokarski 2006, S. 332 ff.)

## 2.2    Crowdinvesting

Wie in Kap. 1 Abschn. 1.5.3 beschrieben, handelt es sich um Crowdinvesting, wenn eine direkte Beteiligung am Unternehmen vorliegt oder der Investor mindestens am Erfolg des Startups partizipieren kann. Dabei kommen vorwiegend hybride Finanzierungsinstrumente, wie zum Beispiel partiarische (Nachrang-) Darlehen oder Genussrechte zum Einsatz. Erstgenannte erfreuen sich im Gegensatz zu den noch anfangs verwendeten stillen Beteiligungen an besonderer Popularität, da sie in den Anwendungsbereich des § 2a VermAnlG fallen, welcher eine Befreiung der Prospektpflicht bei öffentlichen Angeboten von unter sechs Millionen Euro statuiert.

Die Entwicklung der alternativen Finanzierungsform schreitet seit Jahren positiv voran, was zur Folge hat, dass stetig neue Sektoren hinzukommen, in denen Akteure bei der Finanzierung ihres Vorhabens eine Chance sehen, sich günstig mit Kapital eindecken zu können. „Günstig" ist in diesem Zusammenhang nicht mit einer niedrigen Verzinsung der aufgenommenen Mittel zu verstehen. Vielmehr spielen deren nachrangige Ausstattung sowie deren Verzinsungsart eine große Rolle. Nunmehr geht beispielsweise ein endfälliger Verzinsungsanspruch mit mehr Planungssicherheit hinsichtlich der Verwendung von erwirtschafteten Cashflows einher.

Derzeit haben sich drei Bereiche, in denen Crowdinvesting angewendet wird, herauskristallisiert. Darunter zählen der führende Sektor der Immobilienfinanzierung gefolgt von der Beteiligung an einer Unternehmung. Im Vergleich dazu, befindet sich die Finanzierung von Energieprojekten noch im Anfangsstadium, gewinnt allerdings mehr und mehr an Bedeutung.

### 2.2.1    Finanzierungsstruktur und Finanzierungsphasen

Neben einer koordinierten Aufbau- und Ablauforganisation ist eine optimale Kapitalstruktur für die Gründung eines zukünftig konkurrenzfähigen Unternehmens unentbehrlich. Hierbei geht es nicht ausschließlich um das Sammeln von Kapital. Vielmehr liegt es einerseits daran eine effiziente Finanzierungsmethode zu finden und andererseits ist es zwingend ein Equilibrium zwischen der Sicherung der Zahlungsfähigkeit und der sinnvollen Investition von frei verfügbaren Mitteln zu wahren. Somit soll das Fundament im Hinblick auf die richtige Finanzierungsstruktur gestärkt werden, welche sich wiederum auf die Höhe des zu ermittelnden Unternehmenswertes auswirken wird. Zudem ist der Verfügbarkeit der benötigten Mittel eine hohe Relevanz zuzuschreiben, da diese einen großen Effekt auf die Entwicklungsgeschwindigkeit eines Wachstumsunternehmens haben können.

Ein Fehlen dieses Faktors hat zur Folge, dass Gründer den Fokus nicht zu 100 % auf das operative Geschäft legen können, da sie infolgedessen wertvolle Energie, bei der Bemühung sich ständig mit neuem Kapital zu versorgen, verlieren (Weitnauer 2019, S. 142).

Die einem Unternehmen zur Verfügung stehenden Finanzierungsalternativen können die verschiedensten Ausprägungen annehmen. Demnach sind diese nach drei sich in der Praxis etablierten Kriterien zu systematisieren: a) nach der Mittelherkunft (Außen- bzw. Innenfinanzierung), b) nach der Rechtsstellung der Geldgeber (Eigen- bzw. Fremd- finanzierung) und schließlich c) nach der Dauer der Kapitalüberlassung (kurz-, mittel-, langfristig oder unbefristet) (Gräfer et al. 2014, S. 34 f.).

Wie bereits erwähnt, wird Crowdinvesting überwiegend zur Beschaffung von Eigen- kapital von Startups in Anspruch genommen. Wenngleich einzelne Unternehmen in der Frühphase durch ein herausragendes Konzept ihre ersten Umsätze erzielen sollten, eignet sich die Innenfinanzierung als mögliche Finanzierungsmethode zunächst nicht.

Gründe dafür können unter anderem das Fehlen von erwirtschafteten Gewinnen und Rückstellungen sein, die in der Startphase ohnehin schwer zu realisieren sind. Deshalb wenden sich Startups stärker der Außenfinanzierung zu, um eine mögliche Frühphasen- finanzierungslücke schließen zu können. Abb. 2.2 zeigt die Finanzierungsphasen eines Jungunternehmens und deren gängigen Finanzierungsquellen, welche von den Kapital- gebern bedient werden.

Die hellhinterlegten Bereiche in Abb. 2.4 stehen entweder für einen vorzeitigen oder einen nachzeitigen Zugang zu der entsprechenden Kapitalquelle.

Grundsätzlich durchlaufen technologisierte und innovative Unternehmen folgende Phasen: In der **Seed-Phase** (auch Vorgründungsphase genannt) steht die Entwicklung einer Geschäftsidee und eines anschließenden Businessplans im Vordergrund. Weiter- hin müssen die Jungunternehmer potenzielle Kapitalquellen ausfindig machen, um die Gründung vorbereiten zu können. Ein häufiges Finanzierungsinstrument sind hierbei die eigenen Mittel (Beck 2017, S. 40 f.). Entsteht dennoch ein Engpass, kann der Kreis der Kapitalgeber auf Freunde, Familie oder Personen, die idealistisch geprägt sind, erweitert werden. Auch das Crowdinvesting und der ICO sind hier als weitere Quelle anzusehen. Nachdem die üblichen Forschungs- und Entwicklungtätigkeiten abgeschlossen wurden, beginnt der Zeitpunkt der formellen Unternehmensgründung (**Startup-Phase**). Das Auf- suchen eines Business-Angel-Netzwerks sollte hierbei in Betracht gezogen werden.

Wenngleich noch keine Umsätze generiert wurden, sind erfolgreiche Manager oft nicht davon abgeneigt eine Investition zu wagen. Das Gewinnen eines Angels hat ins- besondere den Vorteil, dass vielfältiges Knowhow zu schnellerer Entwicklung des Unter- nehmens beitragen kann. Nachdem Marketingaktivitäten erfolgreich aufgenommen und Vorbereitungen zur Produktion der Produkte wurden, beginnt die Phase des Marktein- tritts (**1st-Stage**) (Hahn 2014, S. 124 und 194). Wesentliche Merkmale dieser Stufe sind der Auf- und Ausbau des Personals, das Stärken von Geschäftsbeziehungen, die Vervielfältigung des Produktangebots sowie die Justierung der Prozesse in der Wert- schöpfungskette (Sixt 2014, S. 47 f.) Erreichen Unternehmen zum Ende dieser Phase den Break-Even-Punkt, kann eine neue Geldquelle in Form einer Venture-Capital- Gesellschaft erschlossen werden.

Sobald das Startup die Early-Stage-Phase bewältigt hat, bestehen die nächsten Ziele in der Durchdringung des Marktes auf landesweiter Ebene als auch in der Vorbereitung

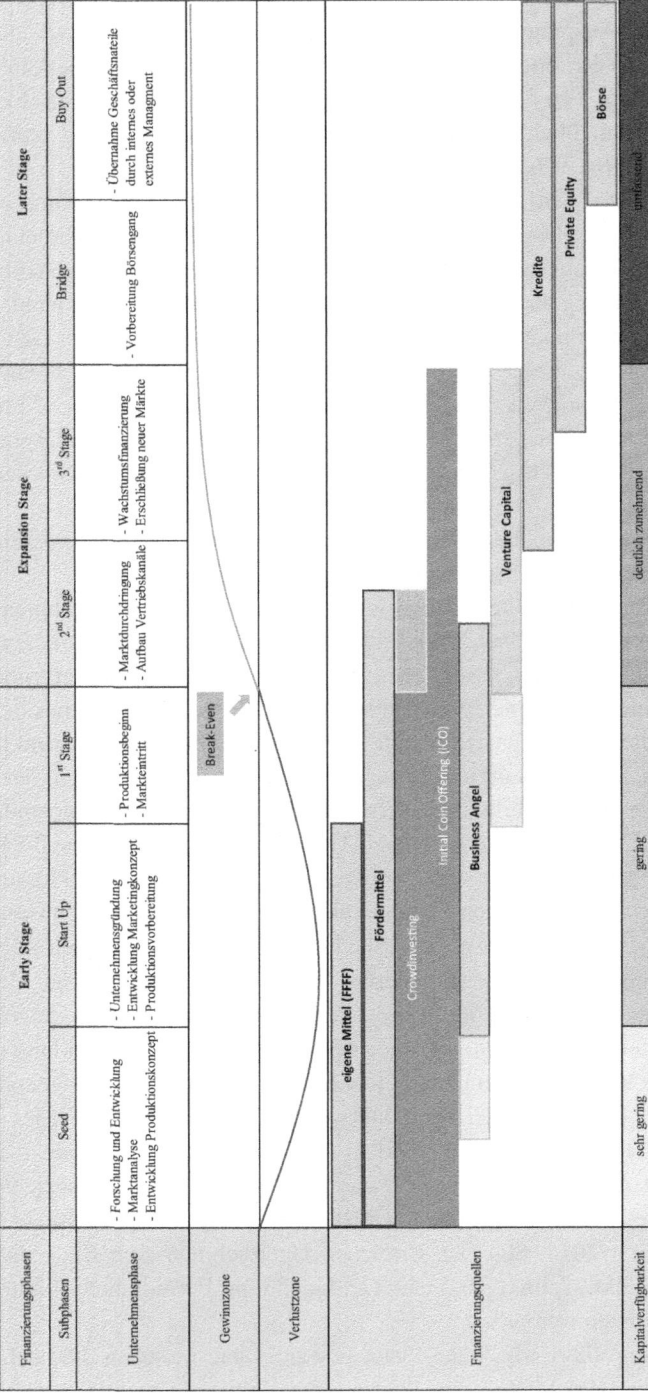

**Abb. 2.2** Einordnung der Finanzierungsquellen zu den entsprechenden Finanzierungsphasen. (Quelle: Eigene, erweiterte Darstellung in Anlehnung an Schefczyk 2000, S. 24; Stadler 2004, S. 197; Beck (Crowdinvesting, 2017))

der Ausweitung des Leistungsangebots über nationale Grenzen hinweg (**2nd-Stage**). Da Technologieunternehmen in dieser Phase in der Regel konstante Umsätze ausweisen können und somit die Marktfähigkeit ihrer Produkte bewiesen haben, erklären sich Kreditinstitute bereit erste Kredite zu vergeben. Die letzte Stufe der Expansionsphase (**3rd-Stage**) setzt ihren Schwerpunkt auf den globalen Wettbewerb und auf eine Vergrößerung aller Geschäftsbereiche. Private-Equity-Gesellschaften sehen nun bei etablierten Wachstumsunternehmen eine gewinnbringende Einstiegschance (Sixt 2014, S. 47 f.; Beck 2017, S. 63 f ).

In der Reifephase (auch Late Stage genannt) ist das Wachstumspotential einer Gesellschaft überwiegend eingeschränkt. Es existieren nun unzählige Geldgeber, die keine künftige Wertsteigerung erwarten und deshalb größtenteils ihre Beteiligungen beenden. Dementsprechend suchen Technologieunternehmen nach neuem Kapital, um den Gang an die Börse vorzubereiten (**Bridge-Finanzierung**).

Das Ziel ist die Erhöhung der Eigenkapitalquote und demzufolge die Steigerung der Attraktivität im Hinblick auf einen potenziellen Investor. Des Weiteren benötigen Unternehmen neue liquide Mittel für Sanierungen oder Umstrukturierungen. Ein nennenswertes Beispiel hierfür ist das **Management-Buy-Out.**

Nachdem unmittelbar der mögliche Zeitpunkt des Einstiegs einer Finanzierungsquelle bezogen auf die jeweiligen Phasen dargelegt wurde, soll Abb. 2.3 Aufschluss über die am häufigsten akquirierten Kapitalquellen geben.

Der Deutsche Startup Monitor hat es sich zur Aufgabe gemacht, all diejenigen mit hilfreichen Informationen, die sich mit dem Thema Entrepreneurship auseinandersetzen möchten, indem er Jungunternehmen jährlich nach bestimmten Kriterien untersucht.

Die aus den Umfragen gewonnenen Kenntnisse werden den Gründern in Form einer Studie zur Verfügung gestellt. Weitere Ziele sind unter anderem das Aufzeigen der Entwicklung von Jungunternehmen sowie die Förderung des „Gründer-Gedankens". Die Studie umfasst mehr als 1800 Startups und gilt somit als repräsentativ.

Unangefochtene Finanzierungsquelle ist und bleiben die eigenen Ersparnisse. Über 80 % der Jungunternehmer stemmen ihr Gründungsvorhaben mit eigenen liquiden Mitteln. Sollten diese nicht ausreichen, greifen Gründer auf externe Kapitalgeber wie beispielsweise den Staat, die Familie oder teilweise – falls möglich – auf Business Angels oder Venture-Capital-Gesellschaften zurück. Das Crowdinvesting als auch der ICO haben sich in Hinsicht auf die anderen Geldquellen bisher noch nicht etablieren können.

## 2.2.2 Marktentwicklung Alternative Finanzierungen/ Crowdinvesting

Seit dem Start der ersten Crowdfunding-Plattform in Europa im Jahr 2010, erfreut sich der Markt für Alternative Finanzierungen an einer positiven Entwicklung. Nach einer Studie der Cambridge Universität aus dem Jahr 2021 dominieren neben Großbritannien

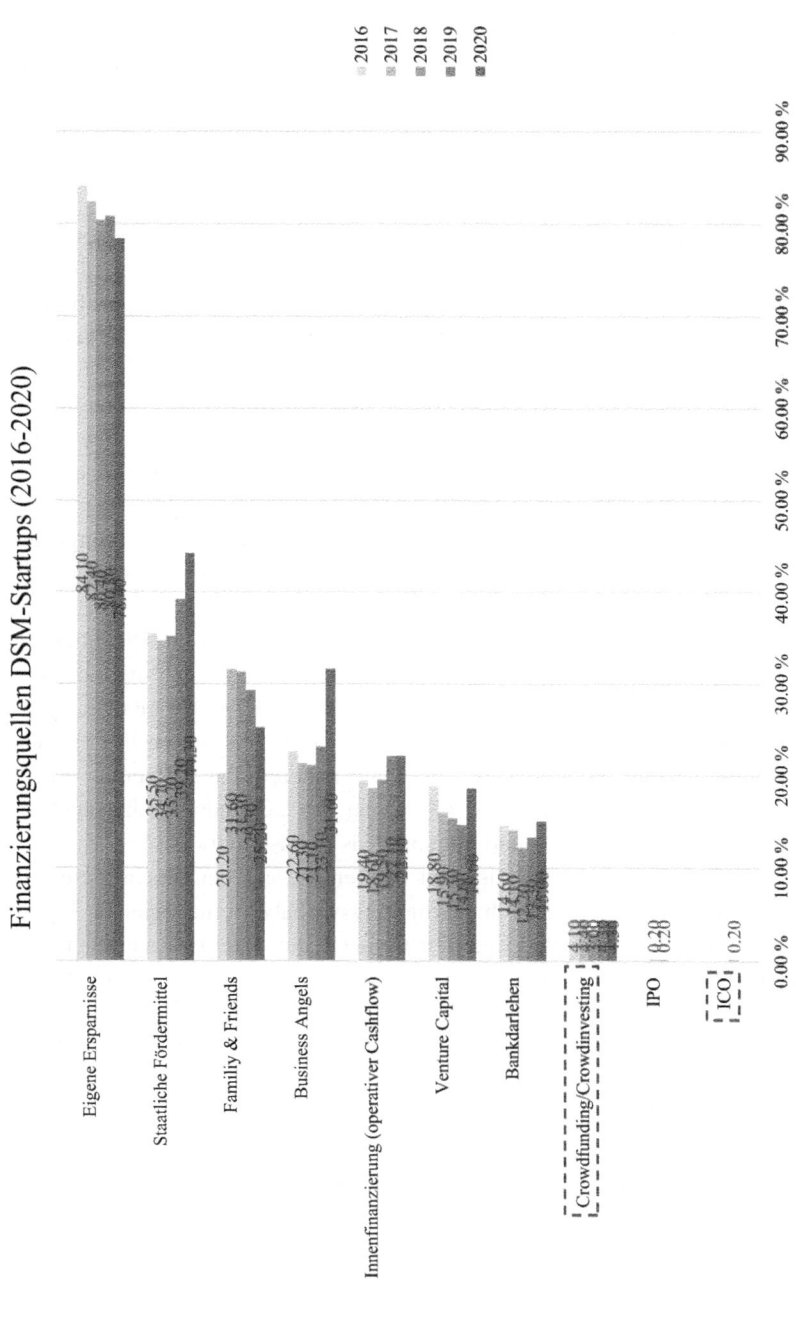

**Abb. 2.3** Finanzierungsquellen Deutscher Startup Monitor nach Häufigkeit der Nutzung von 2016–2020. (Quelle: Eigene Darstellung in Anlehnung an Kollmann et al. 2020, S. 45)

(ca. USD 12,6 Mrd.) vor allem die Länder Italien (ca. USD 1,9 Mrd.) Frankreich (ca. USD 1,7 Mrd.) und Deutschland (ca. USD 1,5 Mrd.) den europäischen online Handelsplatz für Alternative Finanzierungsinstrumente. Es ist unschwer erkennbar, dass England den Krösus hinsichtlich der Volumina bildet. Der Ausstieg des Vereinigten Königreichs aus der EU dämpfte den Heimatmarkt nicht wie zuvor von Experten angenommen wurde. Im internationalen Vergleich kann sich Europa (ca. USD 10 Mrd.) auf den dritten Platz vorschieben. Nur das Vereinigte Königreich (USD 12 Mrd.) und die USA inklusive Kanada (USD 74 Mrd.) weisen ein höheres Volumen auf. China, das bis 2018 noch den größten Marktanteil (74 %) aufweisen konnte, fiel im globalen Ranking auf den letzten Platz (2020: 1 %) zurück. Ein Grund ist, dass das restriktive chinesische Regime den heimischen Kapitalmarkt stärker denn je reguliert (Ziegler et al. 2021, S. 36 ff.). Abb. 2.4 und 2.5 sollen zunächst die Entwicklung der auf dem Grauen Kapitalmarkt am häufigsten gehandelten Crowdlending sowie Crowdinvesting Investitionsmöglichkeiten für den europäischen Markt veranschaulichen.

Betrachtet man den Zeithorizont von 2016 bis 2020, ist ein stetiges Wachstum für alle dargestellten Finanzierungsinstrumente festzustellen. Es ist vor allem das dem Crowdlending zuzuordnende P2P Consumer Lending, welches im Vergleich zu den Alternativen seit Jahren eine überproportionale Wachstumsrate aufweisen kann – bis zur Coronakrise. Ein Grund liegt im Rückgang des Angebots von Verbraucherkrediten. Kapilendo, Lendico und Auxmoney sind die bisher bekanntesten Plattformen, die in dem kreditbasierten Bereich Investoren und kapitalsuchende Unternehmen vermitteln.

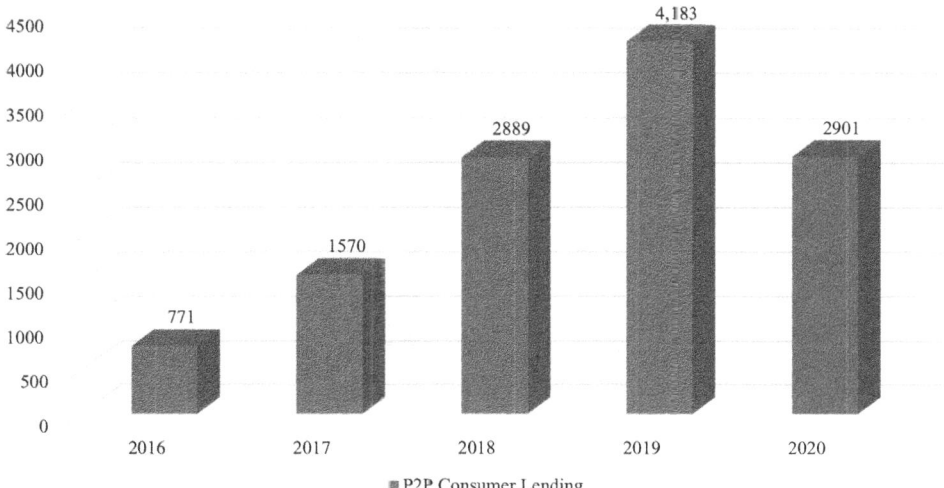

**Abb. 2.4** Gesamtvolumen des europäischen Marktes für Alternative Finanzierungen im Bereich des P2P Consumer Lending ohne Großbritannien (2016–2020) in Mio. USD. (Quelle: Eigene Darstellung in Anlehnung an Ziegler et al. 2021, S. 74)

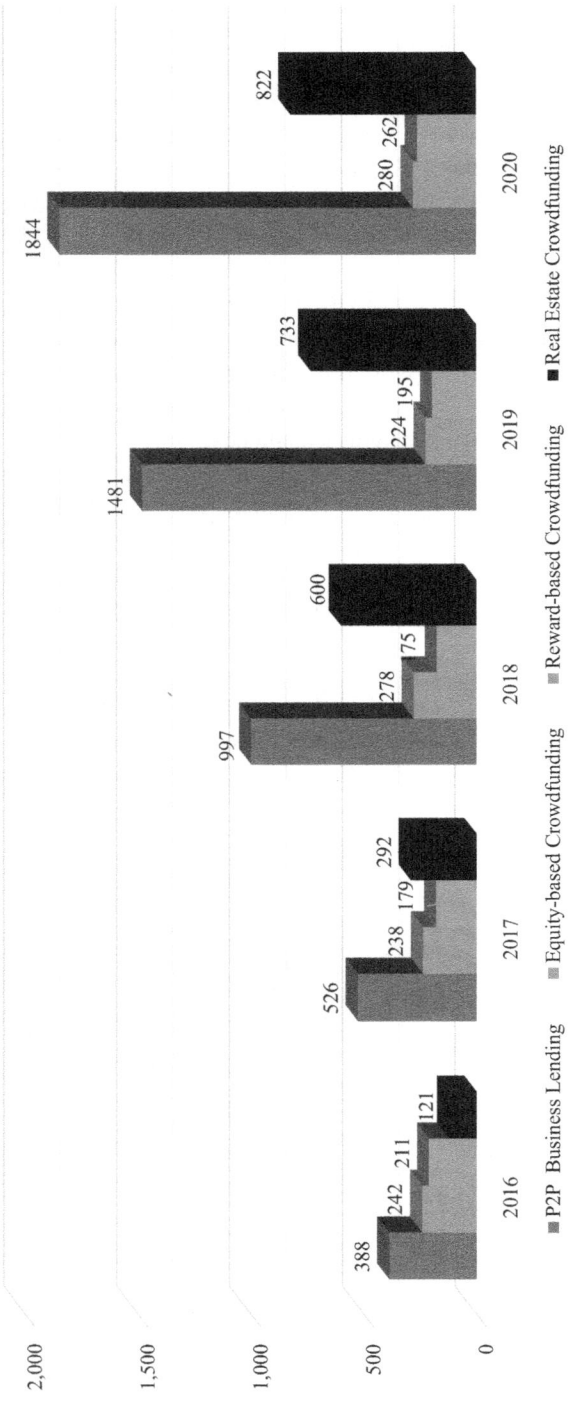

Quelle: Eigene, erweiterte Darstellung in Anlehnung an Cambridge of Alternative Finance Report: EXPANDING HORIZONS. THE 2nd Global Alternative Finance Market Benchmarking Report (2021), URLhttps://www.jbs.cam.ac.uk/wp-content/uploads/2021/06/ccaf-2021-06-report-2nd-global-alternative-finance-benchmarking-study-report.pdf S. 74

**Abb. 2.5**  Gesamtvolumen des europäischen Marktes für Alternative Finanzierungen in den Bereichen außerhalb des P2P Consumer Lendings ohne Großbritannien (2016–2020) in Mio. USD. (Quelle: Eigene Darstellung in Anlehnung an Ziegler et al. 2021, S. 74)

Zudem zeigt Abb. 2.5 eine überproportionale Entwicklung des noch jungen Real-Estate-Crowdfunding. Gründe für den Aufschwung sind u. a. der **bessere Zugang zum Dealflow,** d. h. jede Person, ob akkreditiert oder nicht, hat die Möglichkeit auf unzählige Investitionsvorschläge zuzugreifen, welche wiederum Anlegern erlauben, ein **diversifiziertes Portfolio** zu erstellen. Auf der Seite der Kapitalnehmer ist der **Leverage-Effekt** anzuführen, der es den Unternehmer durch die Ausgabe von Mezzanine-Kapital ermöglicht, den Wert des Eigenkapitals zu erhöhen. Dadurch gelingt es den Unternehmern eine höhere Einstufung der Bonität bei den Banken zu erreichen (siehe Abschn. 2.2.6.2). Das Gesamtvolumen der Alternativen Finanzierungen bleibt im Vergleich zu anderen Ländern, wie beispielsweise den Vereinigten Staaten (siehe Abb. A.1) und China (siehe Abb. A.2) verhältnismäßig gering.

Nachdem in der vorherigen Graphik auf die Entwicklung der am häufigsten verwendeten Finanzierungsinstrumente auf dem Alternativen Kapitalmarkt kurz eingegangen wurde, beleuchtet Abb. 2.6 explizit den zeitlichen Verlauf des Crowdinvestings seit 2011.

Wie aus Abb. 2.6 zu entnehmen ist, befindet sich das eigenkapitalbasierte Crowdfunding auf Wachstumskurs. Im Jahr 2020 musste die Alternative Finanzierungsform den ersten Rückgang seit Erfassung der Daten aus dem Jahr 2011 verzeichnen. Größter Treiber bis dato war die Immobilienfinanzierung mittels Crowdinvesting, gefolgt von der Unternehmensfinanzierung. Energieprojekte zeigten dagegen einen geringen Anstieg des Volumens. Genau dieses Segment wuchs dagegen im Vergleich zu den beiden anderen im Corona-Jahr. Das mag daran liegen, dass potenzielle Kapitalgeber

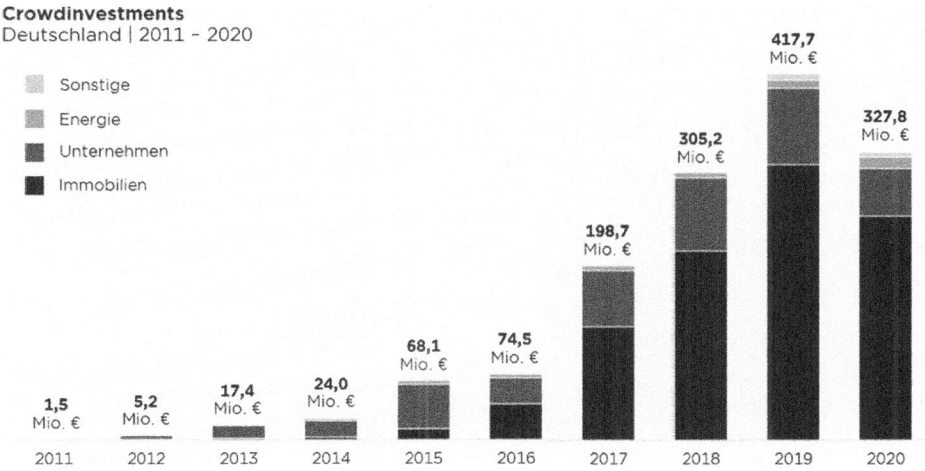

Quelle: Crowdinvest Marktreport. URL: https://www.crowdinvest.de/Crowdinvest_Marktreport_2020_Deutschland_crowdinvest.de.pdf

**Abb. 2.6**  Entwicklung Crowdinvesting in Deutschland seit 2011. (Quelle: Harms 2020, S. 6)

heutzutage ein hohes Augenmerk auf eine emissionsfreiere Welt legen und erkennen, dass Umweltprojekte ein ähnliches Renditepotenzial aufweisen können wie ihre Konkurrenten aus den anderen Marktsegmenten. Einen genaueren Einblick zu den erstgenannten Sektoren erhält der Leser in diesem Kapitel in den Abschn. 2.2.4 und 2.2.5.

Da das Volumen von energiebasierten Projekten weiterhin klein ist und zudem der Teilbereich „Energie" sich noch in einer Durchsetzungsphase befindet, soll diesem in der aktuellen Arbeit keine weitere Beachtung geschenkt werden. Abseits des monetären Zuwachses ist die ansteigende gesellschaftliche Akzeptanz dieser Alternativen Finanzierungsform zu nennen. Eine Begründung der Tatsachen liefert die Internetplattform crowdfunding.de, die 1000 Menschen im Jahr 2021 zu diesem Thema befragt hatte. Gemessen wurden die Variablen Bekanntheit, Verständnis und die Beteiligung. Abb. 2.7 zeigt das Ergebnis der Studie anhand eines 7-Jahres-Trends.

Für alle drei Faktoren ist ein stetiger Anstieg zu verzeichnen. Eine demographische Betrachtung konstatiert, dass das Verhältnis von männlichen als auch weiblichen Kapitalgebern beim klassischen Crowdfunding sehr ausgewogen ist. Weiterhin geht aus der Umfrage hervor, dass ein Durchschnittsinvestor zwischen 30 und 39 Jahre jung ist und einen höheren Bildungsstand vorweist. Ein klares Bild hinsichtlich der Einkommensverteilung ergibt sich nicht, denn eine Beteiligung erfolgt sowohl von Interessenten mit niedrigem (< EUR 750) als auch mit höherem (> EUR 4000) Einkommen. Ein gegensätzliches Muster in Bezug auf die Kategorie „Einkommen" zeichnet sich dagegen bei dem Crowdinvesting ab. Hier liegt der Hauptteil der Investitionen bei Investoren mit

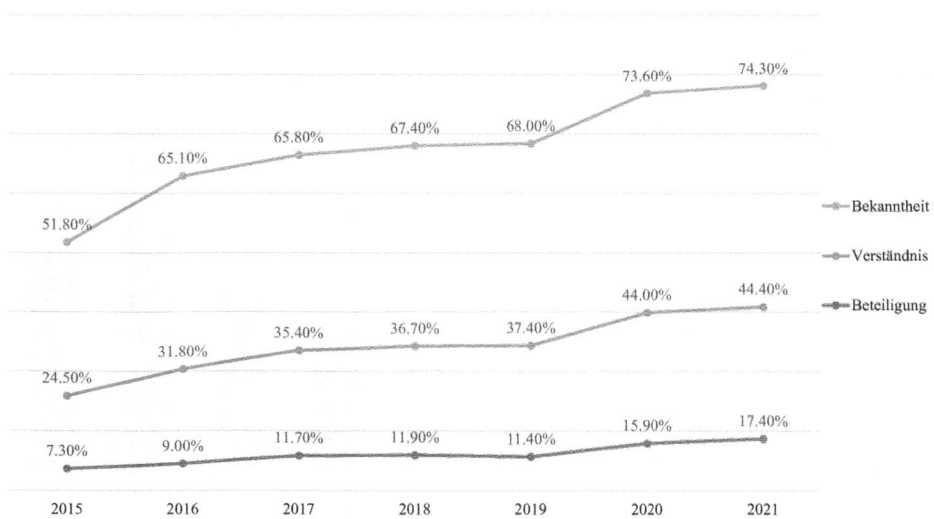

**Abb. 2.7** Crowdfunding im 7-Jahres-Trend. (Quelle: Eigene Darstellung in Anlehnung an Harms 2021, S. 4)

höherem Einkommen (Harms 2021, S. 3 ff.). Ein möglicher Grund kann auf ein höheres Risikobewusstsein zurückzuführen sein. Das Ergebnis der Umfrage macht deutlich, dass doppelt so viele der Befragten in Kampagnen des spenden-basierten Crowdfundings als in Projekte, die auf eine Rendite abzielen, investiert haben.

### 2.2.3 Die Akteure

Bei der Teilnahme an einem in der Praxis üblichen Crowdinvesting treffen folgende Parteien aufeinander: Zuallererst sind die kapitalsuchenden Unternehmen zu nennen, die Anteile in Form von hybriden Finanzierungsinstrumenten abgeben. Um die Vermittlung kümmern sich dabei die Crowdinvesting-Plattformen, die dementsprechend als Intermediäre fungieren. Jenseits der Gründer stehen die Investoren, die ein gewinnbringendes Investment erwarten. Hinzu kommt noch die Zwischenschaltung einer Bank seitens der Plattformen. Dies hat einen gesetzlichen Hintergrund, der im Abschn. 2.2.8 unter dem Punkt „Erlaubnispflicht nach ZAG" näher beschrieben wird.

#### 2.2.3.1 Unternehmen/Projektentwickler

Unternehmen oder Projektentwickler können die verschiedensten Gründe besitzen liquide Mittel via Crowdinvesting zu beschaffen. Auf die unterschiedlichen Motive wird im Abschn. 2.2.4.3 explizit eingegangen. Ziel der Geldsuchenden ist das Einwerben von ausreichendem Kapital unter der Prämisse, dass erstens die Beteiligungsquote und zweitens die Verzinsung der emittierten Finanzierungsinstrumente so gering wie möglich bleibt. Somit muss ein Gleichgewicht zwischen den Geldnehmer einerseits und den Geldgebern andererseits hergestellt werden, um ein reibungslos ablaufendes Crowdinvesting gewährleisten zu können.

Weiterhin sehen sich die Gründer vor dem Start einer Kampagne mit einer umfangreichen Ausarbeitung eines Konzepts zur Überzeugung potenzieller Crowdinvestoren konfrontiert. Ein gutes Erscheinungsbild wird nicht ausreichen, um diese von einer Beteiligung zu überzeugen. Exzellente unternehmerische Fähigkeiten sind zwingend vorauszusetzen und bilden zugleich das Fundament für den künftigen Erfolg des Vorhabens. Dieser kann anhand folgender Punkte gemessen werden: An a) der Besonderheit der Geschäftsidee, b) dem Alleinstellungsmerkmal der Kampagne, c) der Eignung des Teams, d) der kontinuierlichen Nachbereitung neu gewonnener Informationen und e) dem Marktvolumen sowie der Anzahl bestehender Unternehmen am Markt (Beck 2017, S. 93 ff.).

Haben sich die Jungunternehmer bzw. Projektentwickler mit den vorangegangenen Punkten auseinandergesetzt und sich für eine Finanzierung über die Crowd entschieden, folgt die Auswahl einer geeigneten Plattform. Denn Vermittler verfolgen wie Startups jeweils ein eigenes Konzept, das möglicherweise nicht deren Vorstellungen entspricht. Kriterien zur Auswahl des passenden Intermediäres können folgende sein: a) die Einschränkungen seitens der Plattform, b) die werbliche Unterstützung, c) der

Erfahrungshorizont des Vermittlers, d) die Höhe der zu entrichtenden Gebühren, e) Zeit-punkt der Kündigung und Laufzeit des Projekts und f) Möglichkeit einer Anschluss-finanzierung (Beck 2017, S. 93 ff. und 105 ff.).

Schließlich sind **Folgefinanzierungen** für das Fortbestehen eines Startups essenziell und müssen deshalb von Beginn an kommuniziert werden. Heutzutage sind Zweit- oder Drittfinanzierungsrunden über die Crowd keine Seltenheit mehr. Die Phase, in der sich das Jungunternehmen befindet, spielt dabei in der Regel keine übergeordnete Rolle.

Die Vertragsausgestaltung der partiarischen (Nachrang-) Darlehen ermöglichen seit ihrer Etablierung am Markt weitere Finanzierungsrunden und machen Venture-Capital-Gesellschaften, denen normalerweise in den späteren Phasen eine Anschlussfinanzierung vorbehalten war, Konkurrenz. Voraussetzung für erneute Investitionen von Anlegern ist lediglich eine positive Entwicklung des Unternehmenswachstums. Daher sollten Planzahlen, wie zum Beispiel Umsatz, EBIT oder das Betriebsergebnis kontinuierlich erreicht bzw. im besten Fall übertroffen werden.

Des Weiteren besteht die Gefahr, dass es bei den angestrebten Kapitalerhöhungen zu Verwässerungen kommen kann. Das heißt, dass zusätzliche Anleger sich an dem Unternehmenswert beteiligen und die Investmentquote von bestehenden Geldgebern demzufolge sinkt. Dabei verringern sich nicht nur die Anteile an den Gewinnen, sondern auch die Höhe des Exit-Erlöses. Dies betrifft jedoch alle Parteien, die an dem Prozess beteiligt sind. Dennoch bekommen Investoren gewöhnlich eine neue Investitions-möglichkeit, um die entstandene Verwässerung auszugleichen. Weiterhin kann konstatiert werden, dass der Unternehmenswert durch eine Kapitalerhöhung in der Regel an Zuwachs gewinnt. Dadurch ist die indirekte Annahme einer Reduktion des absoluten Wertes eines Investments zurückzuweisen. Zwar sinkt bei der Verwässerung die Höhe der Beteiligungsquote, nichtsdestotrotz steigt aufgrund der Unternehmensaufwertung der absolute Anteil des Investors (Schramm und Carstens 2014, S. 161 f.).

Heutzutage sind nicht ausschließlich Startups als Zielgruppe des Crowdinvesting zu nennen. Zunehmend versuchen etablierte Unternehmen ihr „Glück" mit der Alternativen Finanzierungsform, um Kapital einzuwerben, damit beispielweise Marketingaktivitäten gestärkt werden können oder ein Ausbau der Produktion realisiert werden kann (Löher et al. 2015, S. 7 f.).

## 2.2.3.2 Plattformen

Wie bereits erwähnt, fungieren Plattformen als Online-Dienstleister. Diese verfolgen das Ziel, Kapitalgeber sowie Kapitalnehmer mit ausreichenden Informationen zu versorgen, indem sie die Rolle eines elektronischen Marktplatzes einnehmen. Weiterhin soll eine effektive Kommunikation zwischen beiden Parteien gewährleistet werden, damit der Prozess von der Kapitalbereitstellung bis zur Verfügung über die liquiden Mittel mög-lichst reibungslos ablaufen kann. Dazu zählen unter anderem das Erstellen von Muster-verträgen, welche wiederum alle relevanten Konditionen zu dem Investment festhalten und die Bereitstellung von News via Blogs.

Bevor sich das bewerbende Unternehmen vorstellen darf und es damit zu einem Abschluss eines Crowdinvesting-Vertrags zwischen einem Startup und einer Plattform kommen wird, muss es sich einem strengen **Selektionsverfahren** unterziehen. Dieses kann je nach Intermediär unterschiedlich praktiziert werden.

So verlangen einige Vermittler das Ausfüllen eines Fragebogens durch die Jungunternehmer, andere hingegen legen ihr Augenmerk auf einen einwandfreien Businessplan, der nach positiver Prüfung eine Einladung zu einem persönlichen Gespräch bewirken kann (Klöhn und Hornuf 2012, S. 245 f.). Der Hauptgrund für die strikte Aussortierung von Unternehmen seitens der Plattformen ist die Bewahrung ihres guten Rufs (**Qualität der Emittenten**). Die Vermittler zielen selbstverständlich auf eine Vielzahl an voluminösen als auch erfolgreichen Projekten ab, dennoch würde die Aufnahme sämtlicher Startups eine mögliche Erhöhung der Ausfallrate zur Folge haben und Investoren von erneuten Investments abschrecken. Obendrein haben die unterschiedlich anwendbaren Vergütungsmodelle (**Emissionsparameter**) eine große Auswirkung auf die Attraktivität der Plattformen.

Denn je höher die Gebühren, die zur Realisierung für ein Projekt entgegengenommen werden, sind, desto weniger Kampagnen werden den Plattformen zuzuschreiben sein. Eine detailliertere Beschreibung eines Crowdinvesting-Prozesses in Zusammenhang mit einem Beispiel liefert der Abschn. 2.2.4.2.

In der Praxis werden den Intermediären immer wieder die Rolle als „Gatekeeper" zugeschrieben. Dieses Thema wird kontrovers diskutiert. Die vorangegangenen Ausführungen sollen aufzeigen, dass diese Bezeichnung als angemessen erscheint.

Tab. 2.1 gibt Aufschluss über vier bekannten Crowdinvesting-Vermittler, denen 17 ausgewählte Kriterien gegenübergestellt werden. Eine detailliertere Betrachtung der einzelnen Plattformen erfolgt im Verlauf der Arbeit.

Die Daten hinsichtlich der Anzahl finanzierter Projekte sowie den darauffolgenden Kriterien stammen von der Internet-Plattform Crowdinvest. Diese bietet eine umfangreiche Datenbank zu den unterschiedlichen Sektoren des Crowdinvestments. Ziel ist es, Transparenz auf diesem Gebiet zu schaffen und gleichzeitig den Interessenten eine Erfolgsmessung zu ermöglichen, um sich selbst ein Bild über die Leistungsfähigkeit dieser Anlageklasse machen zu können.

### 2.2.3.3 Investoren

Im Mittelpunkt des Crowdinvestings steht der Mikroinvestor, der als eine Art Schlüsselfigur in einem Crowdinvesting-Prozess gesehen werden kann. Seine Investitionsbereitschaft entscheidet vorerst darüber, ob das Projekt generell durchführbar sein wird. Für den Erfolg der Kampagne ist wiederum die Plattform, die umfangreiche Werbeaktivitäten starten, verantwortlich.

Detailliertere Informationen über die Anleger liefert eine empirische Studie, die das Portal crowdfunding.de erhob. Die Ergebnisse wurden im Abschn. 2.2.2 bereits kurz dargestellt. Weiterhin lassen sich die Anleger als Personen charakterisieren, die im World Wide Web unternehmerisch aktiv werden wollen. Dabei sind sie verstärkt auf der Suche nach rentablen Anlagen, die hohe Renditen abwerfen. Das immanente Risiko

**Tab. 2.1** Übersicht über die vier bekanntesten Crowdfunding-Plattformen. (Quelle: Eigene, erweiterte Darstellung in Anlehnung an (Schramm und Carstens, 2014, S. 138; Hüsing 2019)

| Key models Plattformen | Seedmatch | Companisto | Bergfürst | Exporo |
|---|---|---|---|---|
| Start | 2011 | 2012 | 2011 | 2014 |
| Unternehmensphase | Early stage | Early stage | Expansion stage | – |
| Art der Investition | Start-up und Wachstums-unternehmen | Start-up und Wachstums-unternehmen | Start-up und Immobilien | Immobilien |
| Beteiligungsform | Partiarisches Nachrangdarlehen | **Start up:** Partiarisches Nachrangdarlehen o. Venture Loan **Wachstumsunternehmen:** Aktien o. GmbH-Anteile (A-shares & B-shares) | Besichertes Darlehen | Nachrangdarlehen (mit qualifiziertem Rangrück-tritt), Anleihe |
| Wertpapierprospekt zwingend | Nein | Ja, bei Angebot von Eigen-kapitalbeteiligungen | Nein, da seit Abgabe der Banklizenz 2015 kein Angebot von Wertpapieren mehr | Ja, da seit 2018: Besitz einer KWG-Lizenz → Angebot von Anleihen |
| Mindestbetrag eines Investments | EUR 250 | EUR 500 | EUR 10 | EUR 500 (Finanzierung)/ EUR 1000 (Bestand) |
| Mindestbeteiligungsdauer | 4–8 Jahre | 3–8 Jahre | 1–5 Jahre | 1–3 Jahre |
| Transaktionsvolumen 2020 | EUR 6,1 Mio. | EUR 11,1 Mio. | EUR 21,5 Mio. | EUR 135,7 Mio. |
| Gebühren für Anleger | Keine | 10 % vom Gewinn | → nein, aber Entwickler: 10 % vom Emissions-volumen | Neine, nur für Ent-wickler bei Bestand und Finanzierung |
| Fundingzeit | 60 T. + opt. Weitere 60 Tage | 2 Monate + opt. 2 Monate | 3 Wochen | Projektabhängig |

(Fortsetzung)

**Tab. 2.1** (Fortsetzung)

| Key models Plattformen | Seedmatch | Companisto | Bergfürst | Exporo |
|---|---|---|---|---|
| Renditepotential | Basiszins von 1 % + Bonuszins nach Exit oder Kündigung + jährlicher, gewinn-abhängiger Bonuszins | i. d. R. 1 % (fest) bei partiarischem Nachrangdralehen sowie Gewinn-/Exitbeteiligung bei Start-up | 5–7 % | 5–6 % fester Zinssatz aus Erlösen der Immobilien-projekte |
| Marktanteil in Deutschland nach Volumen (2020) | 11 % | 20 % | 9 % | 53 % |
| Finanzierte Projekte seit Gründung | 152 | 129 | 93 | 321 |
| Registrierte Nutzer gesamt | ca. 74.000 | ca. 111.000 | ca. 91.000 | ca. 31.000 |
| Investiertes Kapital | ca. EUR 61 Mio. | ca. EUR 92 Mio. | ca. EUR 141 Mio. | EUR 655 Mio. |
| Ø Fundingsumme | ca. EUR 400.000 | ca. EUR 710.000 | ca. EUR 1,5 Mio. | EUR 2 Mio. |
| Zweitmarkt | Derzeit nicht existierend | Derzeit nicht existierend | Verfügbar | Verfügbar |

müssen sie zweifelsfrei in Kauf nehmen. Den Investoren stehen hierbei ein ganzer Pool an Vergütungsmodellen zur Verfügung. Dieses ist jedoch von Startup zu Startup unterschiedlich. Eine Rendite kann sich beispielweise aus folgenden Komponenten zusammensetzen: Aus einer Festverzinsung und/oder einer Beteiligung am Ergebnis und/ oder einer Partizipation an der Wertsteigerung des Wachstumsunternehmens.

In der Praxis ist das Angebot aller drei Varianten zur Feststellung des Kapitalertrags gängig. Wichtig für die Geldgeber ist dennoch eine Diversifikation des Portfolios, damit das Risiko weitestgehend gestreut werden kann (Beck 2017, S. 144 f.).

Schließlich begehen einige Anleger eine Vielzahl an Denkfehlern bei einem Crowdinvesting-Engagement. Hierzu ist das noch neue Forschungsfeld der Verhaltens-ökonomie zu nennen. „Sie ergänzt wirtschaftswissenschaftliche Modelle um die psychologischen Aspekte des menschlichen Verhaltens und stellt das Ideal des homo oeconomicus – dem rein rational handelnden Menschen – in Frage" (Harms 2017). Nach Daniel Kahneman existieren zwei unterschiedliche Systeme wie Menschen denken.

System 1 beschreibt dabei das schnelle Denken, das beim Crowdinvesting immer wieder zu beobachten ist. System 2 dagegen definiert das langsame Denken, bei der eine Reflektion der Entscheidung stattfindet, um schließlich bewusst handeln zu können.

Im Folgenden sollen drei häufig auftretende Denkfehler der Anleger kurz erläutert werden: Erstens ist ein Herdenverhalten zu erkennen. Empfehlenswert ist es eigenver-antwortliche Entscheidungen zu treffen. Dennoch kommt es immer wieder vor, dass Investoren sich von Entscheidungen anderer leiten lassen. Grund dafür ist, dass einige Geldgeber der Meinung sind über Informationen zu verfügen, deren Gehalt nicht an das der anderen Mikroinvestoren reicht. Bei diesem Phänomen ist erkennbar, dass der Anleger seine eigenen Entscheidungen ausblendet und sich von der „Masse" beein-flussen lässt.

Zweitens suggeriert die alternative Finanzierungsform einen entgeltlichen Vorteil im Vergleich zum Tagesgeld. Dies gilt zwar für die Verzinsung, aber nicht für das Risiko-profil. Während das Tagesgeld einer gesetzlichen Einlagesicherung unterliegt, besteht beim Crowdinvesting die Möglichkeit einen Totalverlust zu erleiden.

Drittens entsteht die Gefahr des induktiven Denkens. Daten über vergangene Aus-fälle oder Rückflüsse werden oftmals als Prognose für zukünftige Entwicklungen heran-gezogen. Eine Exploration kann in diesem Fall nicht durchgeführt werden, da jedes Projekt in Bezug auf Chancen und Risiken individuell neu zu kalkulieren sind (Harms 2017).

### 2.2.4  Sektor Unternehmen

Wie bereits in Abb. 2.6 erkenntlich geworden ist, führen Plattformen Finanzierungs-runden in verschiedenen Bereichen durch. Den Sektoren „Unternehmen" als auch „Immobilien" ist dabei eine positive Entwicklung seit dem Beginn des Crowdinvestings zuzuschreiben. Dieser Abschnitt soll die wichtigsten Fakten und Funktionsweisen über die Unternehmensfinanzierung aufgreifen.

Die Darstellung über die Finanzierung von Unternehmer mittels Crowdinvesting zeigt eine positive nationale Verbreitung des alternativen Finanzierungsinstruments über die letzten Jahre hinweg (siehe Abb. 2.8). Lediglich im Jahr 2016 ist ein Verlust des Volumens von ca. 40 % gegenüber dem Vorjahr zu verzeichnen. Ein Grund soll die Einführung des Kleinanlegerschutzgesetzes sein, das strengere Vorschriften mit sich zog.

Weiterhin wird erkenntlich, dass das Volumen über die Finanzierung von Aktien und hat. Zudem nahm das Volumen von Fremdkapitalfinanzierung (Anleihe, Kredit) über die letzten Jahre kontinuierlich zu – bis zur Coronakrise. Betrugen die Finanzierungsvolumina eines Bankdarlehens noch ca. EUR 33 Mio. im Jahr 2019, so schrumpfte diese Kennzahl auf ca. EUR 4 Mio. im Jahr 2020 (Harms 2020, S. 18). Schließlich wurden Unternehmen erstmals wieder seit dem Verbot vor einigen Jahren über Genussscheine finanziert. Grund hierfür ist die Aufnahme dieser Vermögensanlage in den Auffangtatbestand des § 2a VermAnlG, die den Kapitalsuchenden fortan mehr Flexibilität bei der Kapitalakquise gewährleisten soll.

Insgesamt 20 Plattformen führen ihre Tätigkeiten in dem oben genannten Teilbereich fort. Dieser unterscheidet wiederum zwei Arten von Finanzierungsmöglichkeiten, welche die Vermittler auf ihrem Portal zulassen. Zum einen ist die reine Kreditfinanzierung, also das „Crowdlending", zu nennen. Führende Internetdienstleister sind hier Kapilendo und

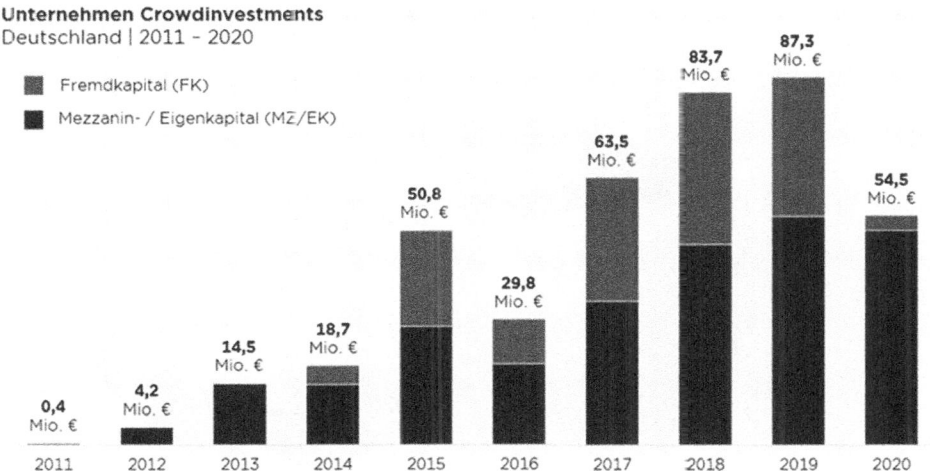

Quelle: in Anlehnung an Crowdinvest Marktreport. URL:
https://www.crowdinvest.de/Crowdinvest_Marktreport_2020_Deutschland_crowdinvest.de
.pdf

**Abb. 2.8** Entwicklung des Crowdinvestments im Sektor Unternehmen unter Einbezug der am meisten genutzten Finanzierungsformen. (Quelle: Eigene Darstellung in Anlehnung an Harms 2020, S. 17)

Funding Circle. Letztgenannter fokussiert sich indessen ausschließlich auf das kredit-basierte Segment. Zum anderen können Geldnehmer Mezzanin- und Eigenkapital-beteiligungen profitieren.

Plattformen, die im Bereich der Unternehmensfinanzierung den größten Marktan-teil aufweisen, sind hierbei Kapilendo, Companisto, GLS Crowd und Seedmatch (siehe Abb. 2.9).

Die Graphik verdeutlicht die Marktführerschaft von Companisto. Zudem wird ersichtlich, dass die sechs Online-Vermittler – kategorisiert nach dem Volumen – mehr als 80 % des Gesamtmarktes für Startup-Finanzierungen abdecken. Der Marktführer besteht seit dem Jahr 2012 und spezialisiert Startup-Finanzierungen sowie anderer-seits auf Beteiligungen an Wachstumsunternehmen unter dem Einsatz von hybriden Finanzierungsinstrumenten. Investoren können sich dabei mit einem Betrag ab EUR 500 an der Unternehmung beteiligen. Im Jahr 2020 lag das Volumen der finanzierten Projekte auf Vorjahresniveau (ca. EUR 11 Mio.). Bei 10 durchgeführten Projekten, bedeutet das ein durchschnittliches Volumen von ca. EUR 1,1 Mio. pro Projekt. Die größte Ent-wicklung im Vergleich zum vorherigen Jahr kann die Crowdinvesting-Plattform Conda aufweisen. Mit über 550 % stieg das Volumen im Jahr 2020 auf ca. EUR 4,3 Mio. an.

Da Seedmatch und Companisto sich als eine der ersten Crowdinvesting-Plattformen etabliert haben und deshalb auf fundiertere Daten zurückgegriffen werden kann, soll im Folgenden genauer auf die Vermittler eingegangen werden.

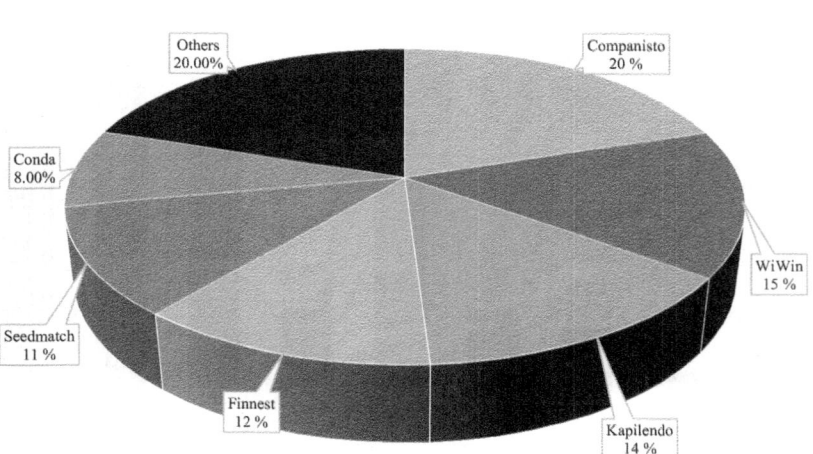

Marktanteile der Crowdinvesting Plattformen in Deutschland nach Volumen – Sektor: Unternehmen (2020)

Quelle: Crowdinvest Marktreport. URL:
https://www.crowdinvest.de/Crowdinvest_Marktreport_2020_Deutschland_crowdinvest.de.pdf

**Abb. 2.9** Marktanteile der Top 6 Crowdinvesting-Plattformen im Bereich der Unternehmens-finanzierung

## 2.2.4.1 Seedmatch

Seit der Gründung der Plattform im Jahr 2011 darf sich Seedmatch als Finanzanlagenvermittler bezeichnen und hat somit den Pflichten nach § 34f. Absatz 1 S. 1 Nr. 3 GewO
nachzukommen.

Der Online-Dienstleister verfolgt von Beginn an eine klare Vision: *„Eine Gesell-*
*schaft, in der Entrepreneurship auf breiter Basis gelebt und gefördert wird."* Damit
will der Vermittler erreichen, dass die Anzahl der Selbstständigen in Zukunft konstant
steigen soll. Die Internet-Plattform sieht das heutige finanzielle Hindernis, mit dem sich
einige Jungunternehmer in der heutigen Zeit konfrontiert sehen. Innovative Ideen müssen
grundsätzlich gefördert werden, um den Titel als moderner und technologieführender
Staat gerecht zu werden. Genau da setzt Seedmatch mit seiner Mission an. Denn die
Plattform bietet Interessierten die Möglichkeit Anteile mittels der Investition von kleinen
Beträgen am Unternehmen zu erwerben und infolgedessen die Frühfinanzierungslücke
zu schließen. Durch einen transparenten und automatisierten Investmentprozess senkt
der Plattformbetreiber etwaige Transaktionskosten. Für die Gründer fallen daher – je
nach Ausgestaltung des Vertrages – beispielweise nach Eintragung einer Gesellschaft ins
Handelsregister lediglich Vermittlungsgebühren an. Für Investoren hingegen ergibt sich
aufgrund der einfachen Zugänglichkeit zu den Projekten, die auf der Plattform beworben
werden, eine Reduktion von Such- und Informationskosten (Kortleben und Vollmar
2012, S. 27 ff.).

Neben den Anlegern und Startups profitiert weiterhin die nationale Volkswirtschaft
von einem Crowdfunding-Projekt. Das Fördern und schließlich das Etablieren eines
Unternehmens am Markt bietet diesen die Gelegenheit einerseits neue Arbeitsplätze zu
schaffen und andererseits Innovationen voranzutreiben, sodass diese Volkswirtschaft als
Leitbild für andere Staaten vorangehen kann.

Grundsätzlich kann jede Person ein Investment bei Seedmatch tätigen. Vorausgesetzt
werden lediglich die Volljährigkeit sowie eine Registrierung bei dem Portal.

Nach der Zustimmung der AGB können User bereits online eingestellte Projekte
einsehen und diese für sich anhand der zur Verfügung stehenden Daten bewerten. Hat
sich der Anleger für eine bestimmte Kampagne entschieden, kommt es zum Abschluss
des Beteiligungsvertrags. Dieser regelt unter anderem die Rechte und Pflichten für die
involvierten Parteien. Aber auch Konditionen, die das Investment betreffen sind in dem
Kontrakt detailliert aufgeführt. Dieser beinhaltet beispielsweise die exakte Beteiligungsquote, die schließlich ein wichtiger Bestandteil zur Berechnung der finanziellen Rückflüsse für den Investor darstellt. Demnach ermöglicht Seedmatch eine Investition ab
einem Betrag von EUR 250.

Die Mindestbeteiligungsdauer beträgt dabei zwischen vier und acht Jahren. Gebühren
für den Investor fallen nicht an, Unternehmen hingegen müssen nach einer erfolgreichen
Finanzierungsrunde ein Honorar von fünf bis zehn Prozent des Funding-Volumens ent-
richten. 159 Projekte wurden bisher auf Seedmatch realisiert. Dem stehen 21 Ausfälle
gegenüber. Demzufolge beträgt die Ausfallrate des Online-Dienstleisters ca. 13 %.
Das mag für den ersten Augenblick nicht erschreckend hoch erscheinen, ein Blick auf

das demzufolge verlorene Kapital von über vier Millionen Euro lässt Kritiker jedoch wieder aufhorchen. Unklar ist auch, ob es sich bei der eben genannten Summe um eine Kumulation der letzten Jahre oder um den Betrag des Jahres 2019 handelt. Eine Recherche des Portals gruenderszene.de über gescheiterte bzw. zu scheitern drohende Crowdfinanzierungen zeigt, dass allein Seedmatch im Krisenjahr 2017 Ausfälle in Höhe von mehr als fünf Millionen Euro zu verzeichnen hatte (Penke 2019). Genauere Angaben zu bisher ausgefallenen Projekten sind schwer zu ermitteln, da Plattformunternehmen die Schattenseite dieser Alternativen Finanzierungsform selten nach außen tragen. Um diese Risiken abzumildern und obendrein die Reputation des Dienstleisters nicht zu gefährden, lockt er den Investor mit einem attraktiven Vergütungsmodell. Die Rendite der Beteiligung mittels eines partiarischen Nachrangdarlehens setzt sich bei Seedmatch aus einer erfolgsunabhängigen Bonuszins zzgl. gewinnabhängiger, jährlicher Bonusverzinsung zzgl. einem Bonuszins nach Kündigung oder einem Exit zusammen. Um einen tieferen Einblick in die Verfahrensweise bei der Berechnung der Rendite zu erhalten, liefert der Abschn. 2.2.4.5.

Jedenfalls musste Seedmatch im Jahr 2020 einen Rückgang seines Volumens um ca. 17 % im Vergleich zum Vorjahr auf ca. EUR 6 Mio. melden. Bei elf realisierten Projekten bedeutet das ein durchschnittliches Volumen pro Projekt von über EUR 500.000. Informationen über die durchschnittliche Funding-Summe sowie die Anzahl der Investoren bzw. der registrierten User können aus der Tab. 2.2 entnommen werden.

### 2.2.4.2 Companisto

Companisto darf sich wie Seedmatch seit der Aufnahme ihrer Geschäftstätigkeit im Jahr 2012 als eingetragener Finanzanlagenvermittler bezeichnen und hat infolgedessen gleichermaßen die aufsichtsrechtlichen Pflichten nach § 34f. Absatz 1 Satz 1 Nr. 3 GewO zu erfüllen.

Der Online-Dienstleister sieht wie sein Konkurrent das Potenzial innovative Ideen auf einem alternativen Weg national als auch europaweit zu fördern. Hier löst Companisto die inländische Begrenzung auf und weitet das Vorhaben Gründer in ihren gesellschaftsfördernden Ideen zu unterstützen auf internationale Ebene aus. Des Weiteren lockt die Plattform mit einer etwas provokanten Definition bezüglich des Pioniergeistes auf ihrer Hompage. *„Unter Pioniergeist verstehen wir den unbedingten Drang und Willen, über neue Wege zu Erfolgen zu gelangen. Pioniere gehen Wagnisse ein. Nicht alle erreichen ihr Ziel. Jene jedoch, die sich durchsetzen, haben das Potenzial Großes zu erschaffen."*

Den potenziellen Anlegern soll mit dieser Aussage das Gefühl des „Verpassens einer großartigen Gelegenheit" gegeben werden. Außerdem unterstellen die Sätze zwei und drei dem Interessenten indirekt eine Art Zurückhaltung und Angst, wenn er nicht nach ihrer Definition nach als Pioniergeist gelten würde. Fazit: Companisto will mit diesem Leitspruch im besten Fall jeden Besucher der Plattform zu einer Investitionstätigkeit bewegen.

Die Voraussetzungen für das Fördern eines Projektes bleiben wie bei Seedmatch dieselben. Demnach ermöglicht der Dienstleister eine Geldanlage ab einem Betrag von lediglich EUR 5. Die Mindestbeteiligungsdauer beträgt dabei zwischen drei und acht

**Tab. 2.2** Plan GuV der „XYZ" GmbH

ModelCompany – Forecast

| Plan GuV (in EUR) | | 2020 | 2021 | 2022 | 2023 | 2024 | 2025 |
|---|---|---|---|---|---|---|---|
| Plan GuV (in EUR) | Umsatzerlöse | 156.635 | 1.135.992 | 2.688.240 | 4.520.898 | 6.646.251 | 9.456.687 |
| | Bestandsveränderungen | 21.500 | 0 | 0 | 0 | 0 | 0 |
| | Gesamtleistung | 178.135 | 1.135.992 | 2.688.240 | 4.520.898 | 6.646.251 | 9.456.687 |
| | Materialaufwand | 137.904 | 285.539 | 557.471 | 838.913 | 1.244.589 | 2.125.763 |
| | Rohertrag | 40.231 | 850.454 | 2.130.769 | 3.681.985 | 5.401.662 | 7.330.924 |
| | Personalaufwand | 142.033 | 652.583 | 1.012.208 | 1.299.408 | 1.505.996 | 1.641.970 |
| | Abschreibungen | 1271 | 4736 | 11.122 | 14.271 | 15.837 | 18.391 |
| | Miete und Verwaltung | 13.485 | 28.800 | 36.960 | 63.552 | 66.663 | 70.395 |
| | Verpackung und Transport | 30.213 | 196.417 | 181.538 | 190.259 | 181.311 | 210.810 |
| | Werbekosten | 42.330 | 557.220 | 1.046.944 | 1.443.016 | 1.754.005 | 2.140.284 |
| | Reisekosten | 9179 | 62.177 | 95.102 | 118.395 | 134.999 | 148.928 |
| | Rechts- und Beratungskosten | 41.728 | 82.272 | 85.235 | 112.560 | 141.720 | 170.846 |
| | Versicherungen, Gebühren u. ä | 1343 | 5750 | 6688 | 7860 | 9324 | 11.156 |
| | Software | 11.148 | 51.941 | 133.969 | 193.389 | 259.999 | 331.460 |
| | Sonstige Aufwendungen | 26.701 | 60.317 | 115.525 | 157.039 | 218.571 | 251.006 |

(Fortsetzung)

**Tab. 2.2** (Fortsetzung)

ModelCompany – Forecast

| | 2020 | 2021 | 2022 | 2023 | 2024 | 2025 |
|---|---|---|---|---|---|---|
| Summe sonstige betriebliche Aufwendungen | 176.125 | 1.044.892 | 1.701.960 | 2.286.069 | 2.766.591 | 3.334.882 |
| **Betriebsergebnis** | −279.198 | −851.758 | −594.521 | 82.237 | 1.113.239 | 2.335.681 |
| Finanzergebnis | −917 | −4927 | −17.383 | −106.773 | −269.292 | −462.401 |
| Ordentliches Ergebnis | −280.115 | −856.684 | −611.904 | −24.535 | 843.947 | 1.873.280 |
| Ergebnis vor Steuern | −280.115 | −856.684 | −611.904 | −24.535 | 843.947 | 1.873.280 |
| Steuern | 0 | 0 | 0 | 0 | 0 | 0 |
| Jahresüberschuss | −280.115 | −856.684 | −611.904 | −24.535 | 843.947 | 1.873.280 |

Jahren. Aus einer Performance-Statistik aus dem Jahr 2017 geht hervor, dass fünf von 33 Startups Insolvenz anmelden mussten. Das entspricht einer Ausfallquote von ca. 15 % und einem Kapitalverlust von mehr als EUR 700.000. Informationen über mögliche Liquidationen von Wachstumsunternehmen sind bisher nicht bekannt. Die tatsächliche Höhe des ausgefallenen Investmentvolumens bleibt weiterhin ungeklärt, da sich Widersprüche zu den Daten des Portals gruenderszene.de ergeben. Nach eigenen Angaben sollen den EUR 700.000 mehr als EUR 5 Mio. gegenüberstehen.

Die Anzahl der Investoren beziffert sich laut Angaben auf der Homepage von Companisto auf ca. 112.000.

Bevor es zu einer Präsentation des Unternehmens auf der Plattform kommt, muss dieses sich einem – wie bereits angesprochen – strengen Auswahlverfahren unterziehen. Der Crowdinvesting-Prozess von Companisto soll mittels Abb. 2.10 von Beginn an kurz beschrieben werden.

In der Regel bewerben sich eine Vielzahl an Unternehmen, um durch die Crowd bereitgestelltes Kapital aufzunehmen. Lediglich ein Viertel aller Bewerber überstehen das erste Screening und dürfen anschließend ihre Unterlagen an die Plattform weiterleiten. Nach erfolgreicher Prüfung der relevanten Dokumente werden weitere 15 % aus dem Bewerbungsverfahren eliminiert. Die verbliebenen Unternehmen bekommen die Chance auf ein persönliches Gespräch mit den Plattformbetreibern. Dabei scheiden wiederum die Hälfte aller Startups aus dem Prozess aus. Gründe können die fehlende „Chemie" zwischen dem Online-Dienstleister und den Gründern, verschiedene Ansichten bezüglich der vorgestellten Kampagne oder eine Nichtübereinkunft bei der Festlegung des Unternehmenswerts sein.

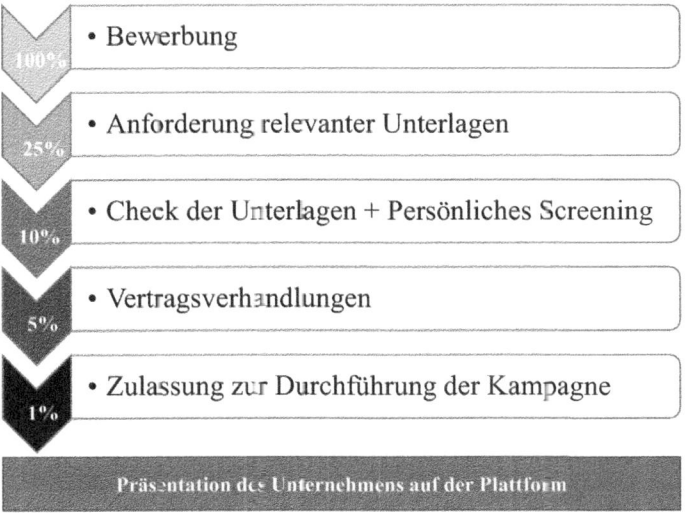

**Abb. 2.10** Crowdinvesting-Prozess der Plattform Companisto. (Quelle: Eigene Darstellung in Anlehnung an Companisto)

Nach den Vertragsverhandlungen qualifiziert sich maximal ein Prozent aller Bewerber für eine Finanzierungsrunde auf Companisto.

Der Plattformbetreiber ermöglicht den Mikroinvestoren eine Beteiligung an einem Startup **oder** an einem Wachstumsunternehmen. Als Grund für diese Unterscheidung zwischen beiden Unternehmungsarten nennt er gesetzliche Vorgaben, die seitens des Staates auferlegt wurden. Die Investition kann dabei in eine GmbH oder AG erfolgen. Der Dienstleister differenziert wiederum zwischen zwei Formen der Eigenkapital-beteiligung. Zum einen werden A-Shares, die ausschließlich von Investoren mit einer Mitgliedschaft gezeichnet werden können, angeboten. Das Mindestinvestment beträgt in diesem Fall EUR 10.000. Des Weiteren werden Anleger in das Handels-register eingetragen. Um bei strategischen Entscheidungen, wie zum Beispiel bei Übernahmeangeboten oder Anschlussfinanzierungen, Jungunternehmen nicht in ihrer Handlungsfähigkeit einzuschränken, kommt bei Companisto das Stimmrechtpooling zum Einsatz. Ein weiterer Vorteil der Bündelung aller Investorenstimmen ist, dass ein zentraler Ansprechpartner geschaffen wird. Ein Ablöseangebot gilt allerdings erst dann als angenommen, wenn eine Drei-Viertel-Mehrheit erreicht wurde.

Zum anderen bietet der Plattformbetreiber weniger finanzstarken Anlegern die Möglichkeit innerhalb einer offenen Finanzierungsrunde sogenannte B-Shares zu zeichnen. Hier sind Beteiligungen ab EUR 1000–EUR 25.000 möglich. Im Hinblick auf die Zusammensetzung der Rendite (Gewinn- und Exit-Beteiligung) sind B-Shares als auch A-Shares gleich. Einzig in der Haltung der Wertpapiere sowie in der Voll-machterteilung bestehen Unterschiede. Während die Beteiligung an der GmbH von den A-Shares-Anlegern selbst gehalten wird, verfügt ein Special Purpose Vehicle (SPV) über die Anteile der B-Shares-Investoren. Außerdem bedürfen Vollmachten bei einer Angel-Beteiligung einer notariellen Beurkundung. Anleger der B-Shares hingegen bleibt der Gang zu einem Notar erspart.

Die Funktionsweise einer Investition mit Einschaltung einer Zwischengesellschaft soll im Folgenden kurz erläutert werden. Zuerst investieren Anleger in das Eigen-kapital des Jungunternehmens über eine Zweckgesellschaft (SPV). Anschließend beteiligt sich diese als selbstständiger Gesellschafter an dem Wachstumsunter-nehmen. Erlöse aus einem Exit als auch Dividenden werden von der SPV direkt an die Investoren weitergeleitet. Weiterhin vertritt die Zweckgesellschaft die Geldgeber bei Gesellschafterbeschlüssen. Kommt es demnach während einer Beteiligung zu wichtigen Abstimmungen über das Unternehmen, werden alle Stimmen über das „Special Purpose Vehicle" gepoolt.

Demzufolge repräsentiert die Stimme dieser Gesellschaft die Gesamtheit aller Stimmen der Investoren und es kommt damit bei Gesellschafterversammlungen zu einer einheitlichen Stimmabgabe (Biesterfeldt o. J.).

Ein aktuelles Beispiel in Hinsicht auf eine Investition mit B-Shares ist die Aresus Pharma GmbH, die als erstes Unternehmen eine Beteiligung am Eigenkapital mittels depotfähiger Wertpapiere zuließ. Die Kampagne startete am 09.07.2019. Innerhalb von nur ca. zweieinhalb Wochen wurde das geforderte Fundingvolumen von EUR 765.655 erreicht. Das Durchschnittsinvestment betrug dabei EUR 5086.

Die zweite Beteiligungsform umfasst eine Investition in ein Startup-Unternehmen mittels partiarischer Darlehen oder Venture Loan. Erstgenannte beteiligen Anleger am Gewinn- und einem möglichen Exit. Das endfällige Darlehen dagegen garantiert eine feste Verzinsung von acht Prozent pro Jahr. Das Mindestinvestment ist bei beiden Varianten auf EUR 250 festgeschrieben. Auch hier findet das Stimmrechtpooling Anwendung.

### 2.2.4.3 Motive der Investition seitens Investoren

Jeder Anleger besitzt unterschiedliche Motive im Hinblick auf die Unterstützung eines Projektes. Dabei spielt die Quelle der Motivation eine große Rolle. Der Ursprung einer bestimmten Handlungsweise kann demnach intrinsischer, aber auch extrinsischer Natur sein. Erstgenannte ist jedoch eher beim Crowdfunding zu beobachten. Demnach bestehen Beweggründe aus:

> **Übersicht**
> - „Der Identifikation mit den Werten oder Zielen des jeweiligen Projekts,
> - ihrer Zufriedenheit, Teil der Community von Unterstützern zu sein,
> - ihrer Freude an Erhalt und Nutzung des zu entwickelnden Produkts (ein Buch, ein Film, eine CD, ein Computerspiel usw.), evtl. mit Autogramm des Autors oder einer zu finanzierenden Dienstleistung,
> - ihrer Zufriedenheit mit dem Erfolg des eigenen Engagements,
> - der Möglichkeit, an exklusiven Veranstaltungen wie Vernissagen, Gala-Diners etc. teilzunehmen,
> - dem Erhalt eines Zertifikats oder einer Anerkennung als Förderer, unterzeichnet durch den Autor oder Initiator,
> - der namentlichen Erwähnung auf einer öffentlichen Liste von Unterstützern (z. B. Filmabspann),
> - oder, ganz prosaisch, dem Spaß, der mit der mit dem Engagement an dem Vorhaben und mit der Interaktion mit den Initiatoren verbunden ist" (Hemer et al. 2011, S. 41)

Teile dieser Leitgedanken treffen auch auf das Crowdinvesting zu. Mag sein, dass Anleger das Unternehmen von der Gründung bis hin zur vollständigen Wettbewerbsfähigkeit begleiten wollen oder sich von der Idee der Gründer inspiriert fühlen. Der Hauptmotivator bleibt dennoch der entgeltliche Vorteil durch eine Beteiligung an einem Unternehmen. Investoren zielen hierbei auf möglichst hohe Gewinne ab, wobei darüber hinaus Mitsprache- oder Informationsrechte wünschenswert sind. Partiarische Darlehen, die zu den meistgehandelten Finanzierungsinstrumenten zählen, entsprechen hiernach genau den Renditeerwartungen der Anleger.

### 2.2.4.4  Gründe für Kapitalaufnahme über die Crowd

Projektentwickler oder Unternehmer greifen in der heutigen Zeit immer wieder bei der Suche nach Kapital auf das Crowdinvesting zurück. Die Gründe hierfür können vielschichtig sein. Erstens ermöglicht die alternative Finanzierungsform eine **einfachere und kostensparendere Kapitalbeschaffung** im Vergleich zur Speisung von Krediten durch Banken. In der gegenwärtigen Nullzinspolitik ist zwar die Kapitalaufnahme bei den Kreditinstituten zu günstigen Konditionen möglich jedoch werden den Startups, die wenig Sicherheiten mit sich bringen, infolgedessen Zuschläge in Form eines Risikozinsaufschlags auferlegt. Zudem werden Mehrkosten, die bei der Geldaufnahme über die Zentralbank entstehen, dem Kreditsuchenden „in Rechnung" gestellt. Das bedeutet, dass sich Unternehmen nicht zwingend zu geringeren Zinsen über Crowdinvesting-Plattformen finanzieren können, allerdings wird überwiegend nur ein Teil der Gebühren von der Plattform einbehalten. Der von dem Online-Dienstleister festgelegte Zinssatz fließt hingegen nicht in den Gesamterlös der Banken ein, sondern wird an direkt an die Investoren weitergereicht. Des Weiteren ist es für Gründer einfacher mit ihrer Geschäftsidee eine Vielzahl von Mikroinvestoren zu beeindrucken, besonders da diese – je nach Investmenthöhe – vergleichsweise ein geringeres Ausfallrisiko zu tragen haben.

Entsteht die Situation, dass – aus diversen Gründen – ein Startup Insolvenz anmelden muss, werden Gläubiger aufgrund deren nachrangig ausgestatteten Finanzierungstitel als vorletzte Partei befriedigt (Meyer 2019).

Zweitens zeichnet Crowdfunding-Plattformen ein **schnellerer Finanzierungsabwicklungsprozess,** der zumal mit einem **geringeren Dokumentationsaufwand** einhergeht, aus. Die Standardisierung sowie Automatisierung der Ablauforganisation ermöglicht zum einen eine schnellere Freischaltung der Kampagne auf der Website und zum anderen einen geringeren bürokratischen Aufwand sowie die Zuweisung eines zentralen Ansprechpartners. Anzufügen ist dennoch die umfassende Kreditwürdigkeitsprüfung. Diese geschieht bei den Dienstleistern zumeist auf Bankenniveau. Das bedeutet, dass Unternehmen oder Projektentwickler, die den Eigenkapitalanforderungen der Kreditinstitute nicht nachkommen konnten, zwar die Chance bekommen sich dem Crowdinvesting zuzuwenden, jedoch aus Gründen des unzureichenden Scorings bzw. Ratings auch hier zurückgewiesen werden können (Lücke 2019).

Drittens bietet eine erfolgreich gestartete Crowdinvesting-Kampagne einen **zusätzlichen Mehrwert.** Genauer gesagt: Überzeugt ein Projekt die Geldgeber, verbreitet sich dieses rasant auf den unterschiedlichsten Kanälen, wie zum Beispiel über E-Mail, Social-Media-Plattformen, Freunde, Bekannte und Kollegen. Keine andere Finanzierungsform besitzt dieses Alleinstellungsmerkmal in Hinsicht auf das kostenlose Bewerben einer Kampagne. Wie effektiv das *Marketing* für das Unternehmen ist, hängt von ihnen selbst und den Online-Dienstleistern ab und bemisst sich an dem Grad der Entwicklung der Reichweite und am Grad der Bekanntheit. Darüber hinaus können Kapitalnehmer über Crowdinvesting *Marktforschung* betreiben. Denn der Erfolg oder auch Nicht-Erfolg des Produktes zeichnet sich durch die Reaktionen der Konsumenten am Markt aus. Des Weiteren ermöglicht die alternative Finanzierungsform, dass neue

Kontakte über die Crowd geknüpft werden können. Die Wahrscheinlichkeit ist beispielsweise im Vergleich zu einer Business-Angel-Finanzierung eher gering, dennoch verfügen
die Mikroinvestoren gelegentlich über ein *nutzbringendes Netzwerk,* das den Gründern
auf bestimmten Gebieten weiterhelfen kann (Beck 2017, S. 88 f.).

### Zusammenfassung

Das Crowdinvesting bietet den Geldsuchenden eine Reihe von Vorteilen. Besonders
die rechtlichen Anforderungen sind hier geringer als bei den Banken. Diese
finanzieren in der Regel nicht mehr als 80 % eines Projektes, da Startups oder
Projektentwickler meistens eine zu geringe Eigenkapitalquote vorweisen können und
zudem eine Stellung von Sicherheiten nahezu unmöglich ist. Das über die Crowd auf-
genommene Kapital wird dementsprechend als Ergänzung zu den von den Kreditinstituten aufgenommenen liquiden Mitteln gesehen.

### 2.2.4.5 Renditebeispiel anhand der „XYZ" GmbH

Im folgenden Abschnitt soll die Berechnung der Rendite anhand eines fiktiven Unternehmens Aufschluss über die Höhe der Rückflüsse für den Anleger geben. Hierzu wurde
eine Plan-GuV, die als Basis für gesamten die in diesem Rechenbeispiel enthaltenen
Schritte gilt (Tab. 2.2).

Wie aus der Tab. 2.2 hervorgeht, steigen die jährlichen Absatzzahlen stetig an, wobei
der Break-Even in Bezug auf den EBIT erst nach vier Jahren erreicht wird. Aus Verein-
fachungsgründen sind Steuern aus dem Beispiel ausgenommen.

Als Fundingziel sind EUR 500.000 angesetzt. Als Grundlage für die Post-Money-
Bewertung (Unternehmenswert + Fundinglimit) wurde der höhere Betrag gewählt.
Außerdem ist von einem Investment ab dem 01.01.2020 auszugehen. Weiterhin wird eine
vollständige Investition des Darlehensbetrags in das Vorhaben der Gründer sowie keine
Kapitalerhöhung, die mit einer Verwässerung der gehaltenen Anteile am Unternehmen
einhergeht, unterstellt. Der Early-Bird-Bonus, der bei frühen Kapitalüberlassungen
beansprucht werden kann und zu einer Erhöhung der Beteiligungsquote führt, kommt in
diesem Modell obendrein nicht zur Anwendung. Schließlich soll das in Abschn. 2.2.4.1
angesprochene Beteiligungsmodell der Crowdinvesting-Plattform Seedmatch unter
Zugriff echter Daten angewendet werden. Zunächst liefert Tab. 2.3 eine Übersicht über
die Art des emittierten hybriden Finanzierungsinstruments und der wichtigsten Daten zur
Berechnung der Rendite.

Im folgenden Beispiel investiert ein Anleger EUR 1000 in das Projekt der XYZ
GmbH. Die Beteiligungsquote (Investitionsbetrag × Post-Money-Bewertung) beträgt
dementsprechend 0,015 %. Der Unternehmenswert ist für Investoren von großer
Bedeutung, da dessen Höhe Auswirkungen auf die Investmentquote hat. Während die
Kapitalsuchenden einen sehr hohen Wert anstreben, zielen Geldgeber auf eine niedrige
Bewertung ab. Denn je geringer diese ist, desto höher wird der Anteil am Unternehmen
sein. Die Berechnung des Unternehmenswerts kann dabei mit verschiedenen Verfahren

**Tab. 2.3** Ausgangslage „XYZ" GmbH

| Ausgangslage: Unternehmen GIGMIT (Plattform: Seedmatch) | |
|---|---|
| Beteiligungsform | Partiarisches Nachrangdarlehen |
| Unternehmensphase | Startup |
| Unternehmensbewertung | EUR 7.166.667 |
| Fundingschwelle | EUR 500.000 |
| Laufzeit | 6 Jahre |
| Planumsatz 2019 | EUR 78.000 |
| Plan EBIT 2019 | −EUR 248.000 |
| Investition (Annahme) | EUR 1000 |
| Beteiligungsquote | 0,015 % |
| endfällige, feste Verzinsung | 1 % |
| EBIT-Multiplikator | 6 |
| Umsatz-Multiplikator | 1,25 |

erfolgen. Die am häufigsten verwendeten Bewertungsmethoden sind das kapitalmarkt-orientierte Discounted-Cashflow- als auch das marktwertorientierte Multiplikatorenver-fahren. Zweitgenanntes findet in dieser Aufgabenstellung seine Anwendung, wobei der Ermittlung der Multiplikatoren hier keiner Relevanz zuzuschreiben ist. Gegenwärtig vertreten Plattformen grundsätzlich die Interessen der Investoren und versuchen infolge-dessen eine angemessene Unternehmensbewertung zu erzielen.

Der Investmentvertrag beinhaltet folgende Komponenten: Eine **ertragsunabhängige, endfällige Verzinsung** von einem Prozent, einen **gewinnabhängigen, jährlichen Bonuszins** sowie eine **Beteiligung an den Gewinnen** bei einem **Exit-Ereignis** oder bei **Kündigung.**

Bei einer Investition von EUR 1000 in diese Kampagne erhält der Geldgeber bei einer **endfälligen Verzinsung** von einem Prozent– unter Vorbehalt einer auftretenden Insolvenz – EUR 60 nach Kündigung des Vertrages oder nach Beendigung des Verhält-nisses auf eine andere Art und Weise (siehe Tab. 2.4).

Maßgeblich zur Ermittlung des **jährlichen Bonuszinses** ist der sich aus dem steuer-lichen Jahresabschluss errechnete Gewinn. Bei Berechnung der Höhe der Gewinn-beteiligung ist die Investmentquote mit dem Jahresüberschuss zu multiplizieren.

Angenommen es kommt zu einem Ausweis eines Jahresfehlbetrags, so entfällt der gewinnabhängige wirtschaftliche Vorteil. Zudem sind Anpassungen des Bonuszinses vor-zunehmen, wenn sich der Jahresabschluss verändern sollte.

Wie aus der Tab. 2.5 herauszulesen ist, rechnet das Startup mit einem negativen Ergebnis bis Ende 2023. Danach ist ein starker Gewinnzuwachs zu erwarten. Das bedeutet für den Investor, dass nach ca. zwei Jahren erste Bonuszinsen ausgezahlt werden können. Kumuliert ergeben diese bis ins Jahr 2025 Zinsansprüche in Höhe von EUR 142.

**Tab. 2.4** Berechnung ertragsunabhängiger Bonuszins

| Laufende Zinszahlungen (Plan) | | | |
|---|---|---|---|
| Jahre | Investment | Verzinsung | Ertrag |
| 2020 | EUR 1000 | 1 % | EUR 10 |
| 2021 | EUR 1000 | 1 % | EUR 10 |
| 2022 | EUR 1000 | 1 % | EUR 10 |
| 2023 | EUR 1000 | 1 % | EUR 10 |
| 2024 | EUR 1000 | 1 % | EUR 10 |
| 2025 | EUR 1000 | 1 % | EUR 10 |
| Gesamtertrag (nach 6 Jahren) | | | EUR 60 |

**Tab. 2.5** Berechnung Gesamtbetrag unter Einbezug der gewinnabhängigen Verzinsung zzgl. des Exit Ereignisses

| Gewinnabhängige, jährliche Verzinsung + Exit-Erlös (Plan) | | | | |
|---|---|---|---|---|
| Jahre | Jahresüberschuss-/fehlbetrag | Ausschüttung (relevant für Ermittlung Bonuszins) | EBIT (für Bewertung) | Bewertung für Kündigung und Exit |
| 2020 | −EUR 289.115 | EUR 0 | | |
| 2021 | −EUR 855.684 | EUR 0 | | |
| 2022 | −EUR 611.904 | EUR 0 | | |
| 2023 | −EUR 24.535 | EUR 0 | | |
| 2024 | EUR 843.947 | EUR 0 | | |
| 2025 | EUR 1.873.280 | EUR 943.989 | EUR 2.335.681 | EUR 14.014.084 |
| „Summe für 100 % Anteil" | **EUR 943.989** | **EUR 943.989** | | **EUR 14.014.084** |
| „Summe für 0,015 % – Anteil" | | EUR 142 | + | EUR 2102 |
| (+) gewinnunabhängige Verzinsung | | | | EUR 60 |
| Zwischensumme | | | | EUR 2304 |
| (+) Darlehensbetrag | | | | EUR 1000 |
| (=) Rückzahlungsbetrag | | | | **EUR 3304** |

Um nun die Höhe des **Zusatzzinses bei Kündigung** berechnen können, werden der EBIT- und Umsatz-Multiplikator hinzugezogen. Aus dem Investmentvertrag der „XYZ" GmbH geht folgendes hervor:

> „Der Bonuszins nach Kündigung bemisst sich nach dem der Investmentquote (§ 2 Abs. 6 i.V.m. § 14) entsprechenden Anteil am Ergebnis (EBIT) der Steuerbilanz des letzten zum Zeitpunkt der Fälligkeit der ersten Rate (§ 7 Abs. 2) abgeschlossenen Geschäftsjahres, welches mit dem Faktor 6,0 zu multiplizieren ist; abzüglich eines Werts, der der Höhe nach dem gewährten Darlehensbetrag des Investors entspricht [...]. Anstelle des EBIT-Multiples wird der Umsatz-Multiple herangezogen, sofern der Wert des Ergebnisses (EBIT) multipliziert mit Faktor 6,0 kleiner ist als der Wert des Umsatzes multipliziert mit Faktor 1,25".

Der Reiter „Bewertung" aus Tab. 2.6 zeigt, dass das Produkt aus dem EBIT und seinem Multiplikator einem größeren Betrag entspricht als dem des Umsatzes multipliziert mit 1,25. Dementsprechend ziehen Anleger das EBIT als Grundlage zur Berechnung des Bonuszinses nach Kündigung heran.

Dieses vervielfacht mit dessen Multiplikator zzgl. der Investmentquote der Geldgeber ergeben das Produkt von EUR 2102. Der Gesamtbetrag ermittelt sich schließlich aus dem Betrag der gewinnabhängigen Verzinsung von EUR 142 zzgl. dem Absolutwert der Verzinsung nach Beendigung des Vertragsverhältnisses von EUR 2102 zzgl. dem Ertrag aus dem endfälligen Zinsanspruch von EUR 60 zzgl. des Darlehensbetrags in Höhe von EUR 1000. Summa Summarum ergibt sich ein Auszahlungsbetrag von ca. EUR 3304 nach sechs Jahren.

Zuletzt ist neben einer fristgerechten Kündigung auch die Situation **eines Exit-Ereignis** möglich. Um das Beispiel einfach zu halten, ist ein Verkauf von 100 % der Geschäftsanteile vorgesehen. Dadurch, dass der Key Performance Indicator (KPI) „EBIT" sowie dessen Multiple von 6,0 in der Praxis überwiegend Anwendung bei der Bewertung eines Unternehmens finden, sollen demzufolge beide Faktoren bei der Ermittlung des Exit-Erlöses herangezogen werden. Das bedeutet nun, dass sich wie bei der Kalkulation des Bonuszinses nach Beendigung des Vertragsverhältnisses der gleiche Endwert in Höhe von EUR 14.014.084 ergibt. Somit entspricht der Exit-Erlös in diesem Fall dem EBIT vervielfacht mit seinem Multiplier. Dadurch generiert der Investor nach Multiplikation seiner Beteiligungsquote mit dem Verkaufserlös Rückflüsse von genau

**Tab. 2.6** Daten zur Berechnung des Bonuszinses bei Kündigung

| Bonuszins nach Kündigung (Plan) | | |
|---|---|---|
| Jahr 2024 | EBIT für Bewertung | Umsatz für Bewertung |
| | EUR 2.335.681 | EUR 9.456.687 |
| Aach Anwendung der Multiplikatoren | | |
| Bewertung | EUR 14.014.084 | EUR 11.820.859 |
| Bewertungsansatz | Max EUR{11.820.859; 14.014.084} | |
| Ergebnis | EBIT wird für die Bewertung herangezogen | |

EUR 2102, die – wie ersichtlich wird – demselben Betrag entsprechen, der nach einer Kündigung erzielt wird. Der Nettogewinn, den Anleger nach sechs Jahren erwirtschaftet, bleibt infolgedessen unverändert.

Ein Blick auf Tab. 2.7 verdeutlicht noch einmal die enorme Performance der Beteiligung. Für die Investition spricht vor allem die Rendite (mit Berücksichtigung des Zeitfaktors und Zinseszinsen) von ca. 14,9 % pro Jahr. Vergleicht man diese relative Performance mit den Zinsen sicherer Wertpapiere wie bspw. 10-jähriger Bundesanleihen (−0,05 %) und 10-jähriger US-Treasuries (1,78 %), wird schnell erkenntlich, dass das Ergebnis der Investition in ein Crowdinvesting-Projekt deutlich über dem der festverzinslichen Schuldverschreibungen liegt.

Allerdings unterscheiden sich die beiden Anlageklassen in ihrem Merkmal der „Sicherheit". Während Deutschland und die USA im Durchschnitt das Triple A-Rating der bekanntesten Rating-Agenturen besitzen und somit zu den sichersten Assetklassen zählen, sind Anlagen in Startup-Unternehmen mit einem erhöhten Risiko verbunden. Denn Studien zufolge müssen 80 % aller neu gegründeten Gesellschaft nach ca. drei bis vier Jahren Insolvenz anmelden. Aus diesem Grund ist der höhere Ertrag für den Investor gerechtfertigt.

Anleger dürfen dennoch von der in diesem Beispiel errechneten Rendite keineswegs „geblendet" werden, da bei deren Errechnung alle drei Komponenten des Vergütungsmodells einflossen. Es können auch Fälle eintreten, in denen der Exit-Erlös deutlich geringer sein wird und zudem nur noch der gewinnunabhängige Bonuszins inbegriffen ist. Des Weiteren kann sich die Ertragslage der Gesellschaft durch externe (wirtschaftliche Krisen) oder interne (Veruntreuung von Geldern) Ereignisse unverzüglich ändern. Ersteres soll die Auswirkung auf die Performance bzgl. der Rendite der Anleger mithilfe eines Worst-Case-Szenarios dargestellt werden. Dabei wird von einem Umsatzeinbruch von 20 % ausgegangen. Da wie oben bereits erwähnt für die Bewertung des Exit-Ereignisses bzw. bei Kündigung das Maximum aus Umsatz oder EBIT – jeweils multipliziert mit seinem Multiplier – herangezogen wird, um den Bonuszins bestimmen zu können, ändert sich im folgenden Beispiel die Basis-Kennzahl. Wurde zuvor noch das Ergebnis vor Steuern als Berechnungsgrundlage etabliert, so bildet nachstehend der Umsatz das Fundament für die Berechnung des Bonuszinses für die eben aufgeführten Ausstiegsmöglichkeiten.

**Tab. 2.7**  Rendite des Investments nach sechs Jahren in %

| Erwirtschaftete Rendite nach 6 Jahren „(ohne Zeitfaktor)" | 230,4 % | (Rückzahlungsbetrag − 1000)/1000 |
|---|---|---|
| Erwirtschaftete Rendite nach 6 Jahren (mit Zeitfaktor, aber ohne Zinseszins) | 38,4 % | ((Rückzahlungsbetrag − 1000)/6 Jahre)/1000 |
| Erwirtschaftete Rendite „(mit Zeitfaktor und mit Zinseszins)" | **14,9 %** | Zinseszinsrechnung |

Das Ergebnis des Szenarios ist ernüchternd. Bei einem Umsatzeinbruch von 20 % erhält der Kapitalgeber nach Ablauf der Vertragszeit seinen Einsatz in Höhe von EUR 1000 zzgl. EUR 1479 Zinsen zurück (siehe Tab. 2.8). Das entspricht einer relativen Performance innerhalb von sechs Jahren unter Berücksichtigung des Zeitfaktors sowie des Zinseszinses von 6,7 %. Zudem zeigt der Vergleich mit dem Base-Case-Szenario ein Ausfall der absoluten Rendite in Höhe von EUR 825. Dies entspricht einem relativen Renditeverlust von 35,81 % bei 20 %-igem Umsatzeinbruch! Sinken die Absatzzahlen um 40 %, beträgt die absolute Rendite EUR 1124, während der relative Anteil im Vergleich zur Ausgangsbasis (EUR 2304) um ca. 51 % schrumpft. Das in diesem Kapital aufgeführte Rechenbeispiel gilt lediglich als Anhaltspunkt zur Errechnung der Rendite einer Kapitalanlage in ein Crowdinvesting-Projekt und soll dem Leser bei der Erstellung eines individuellen Risiko-Rendite-Profils unterstützen.

Von dem an den Gewinnen gekoppelte Zins kann grundsätzlich nur Gebrauch gemacht werden, wenn Unternehmen positive Jahresergebnisse ausweisen. Diese sind, wie erwähnt, allerdings in der Regel in den Frühphasen eines Startups noch nicht zu

**Tab. 2.8** Berechnung Gesamtbetrag unter Einbezug der gewinnabhängigen Verzinsung zzgl. des Exit Ereignisses bei 20 %-igem Umsatzeinbruch

| Gewinnabhängige, jährliche Verzinsung + Exit-Erlös (bei 20 % Umsatzeinbruch) | | | | |
|---|---|---|---|---|
| Jahre | Jahres- überschuss-/fehl- betrag | Ausschüttung (relevant für Ermittlung Bonuszins) | Umsatz (für Bewertung) | Bewertung für Kündigung und Exit |
| 2020 | −EUR 280.115 | EUR 0 | | |
| 2021 | −EUR 916.201 | EUR 0 | | |
| 2022 | −EUR 888.977 | EUR 0 | | |
| 2023 | −EUR 577.236 | EUR 0 | | |
| 2024 | −EUR 27.666 | EUR 0 | | |
| 2025 | EUR 638.555 | EUR 0 | EUR 7.565.349 | **EUR 9.456.686** |
| Summe für 100 % Anteil | −EUR 2.051.640 | EUR 0 | | EUR 9.456.686 |
| Summe für 0,015 % – Anteil | | EUR 0 | + | EUR 1419 |
| (+) gewinn- unabhängige Verzinsung | | | | EUR 60 |
| Zwischensumme | | | | **EUR 1479** |
| (+) Darlehens- betrag | | | | EUR 1000 |
| (=) Rück- zahlungsbetrag | | | | **EUR 2479** |

erwarten. Hinzu kommt, dass der Bonuszins nach Kündigung lediglich dann gewährt wird, wenn die Erfolgsgröße (hier: $EBIT \times 6{,}0$) multipliziert mit der Beteiligungsquote des Geldgebers größer ist als der gewährte Darlehensbetrag. Deshalb sollen an einem bestimmten Projekt interessierte Anleger dessen zukünftige Erfolgschancen am Markt genauestens kalkulieren, indem sie dieses beispielsweise mit ähnlichen Kampagnen auf derselben oder auf einer anderen Plattform vergleichen, bevor eine Investition in Erwägung gezogen wird.

### 2.2.5  Sektor Immobilien

Waren es noch die Unternehmensfinanzierungen, die bis ins Jahr 2015 ihre Dominanz innerhalb des Crowdinvestings ausstrahlten, so sind es gegenwärtig die Immobilien-investitionen, die einen starken Zuwachs zu verzeichnen haben. Gründe hierfür sind zum Beispiel die respektable Rendite von ca. vier bis sieben Prozent und das relativ einfache Verständnis von Bauprojekten. Abb. 2.11 skizziert die Entwicklung des Crowdinvestings im Immobiliensektor sowie dessen Finanzierungsformen.

Besonders Anleihen und Forderungen aus Bankdarlehen gewinnen zunehmend als Finanzierungsformen an Bedeutung. Die Kreditvergabe über partiarische Nachrangdarlehen, die in Abschn. 2.2.6.5 näher beschrieben werden, galt dagegen bis ins Jahr 2018 noch als Vorreiter in diesem Segment.

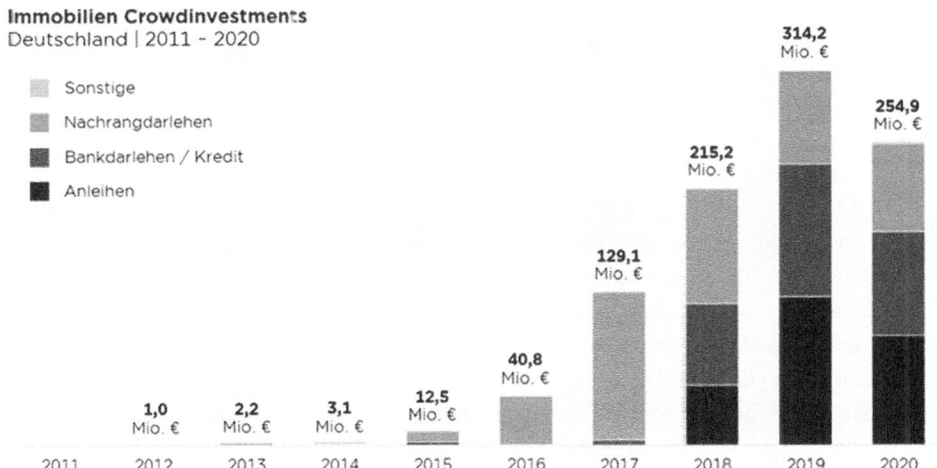

Quelle: in Anlehnung an Crowdinvest Marktreport. URL: https://www.crowdinvest.de/Crowdinvest_Marktreport_2020_Deutschland_crowdinvest.de .pdf

**Abb. 2.11** Entwicklung des Crowdinvestment im Sektor Immobilien unter Einbezug der am meisten genutzten Finanzierungsformen (Harms 2020, S. 9)

Der nachfolgende Unterpunkt dieses Kapitels gibt zunächst einen Überblick über die Entwicklung des Immobilienmarktes, damit die Entstehung und Verbreitung des Real Estate Crowdfunding vom Leser besser nachvollzogen werden kann.

### 2.2.5.1 Immobilienmarkt in Deutschland

Der deutsche Immobilienmarkt blickt seit der Subprime-Krise im Jahr 2008 auf eine sehr positive Entwicklung zurück. Vor allem stehen Investitionen in Büro- als auch Wohnimmobilien im Fokus der Anleger. Im Allgemeinen ist jedoch festzuhalten, dass die anhaltende Beliebtheit in Grundvermögen zu investieren auf die Niedrigzinspolitik der EZB zurückzuführen ist. Denn die Senkung des Leitzinses auf 0,00 % führte zu einer gleichzeitigen Minderung des Zinses auf Geldanlagen. Tagesgeldkonten und Sparbücher wurden für Anleger demzufolge unattraktiver. Andererseits steht den niedrigen Zinsen auf Einlagen eine Kreditaufnahme zu günstigen Konditionen, wie zum Beispiel in Hinsicht auf die Sicherung von einer langfristigen Zinsbindung zu niedrigen Leihgebühren, gegenüber.

Waren es noch ca. EUR 25 Mrd. an Investments in Immobilien im Jahr 2008, so hat der Markt bei Gewerbe- und Wohnimmobilieninvestitionen eine Performance von über 300 % zwölf Jahre später vorzuweisen (siehe Abb. 2.12).

Unterscheidet man nach der Hauptnutzung der Immobilie, wird erkenntlich, dass insbesondere die Asset-Klasse „Wohnen" die meisten gefundeten Kampagnen vorzuweisen hat. Vor allem Mikroapartments – also Wohnobjekte mit Küche und Bad und in der Regel nicht größer als 30 Quadratmeter – Pflegeimmobilien als auch Kita-Projekte rücken in den Fokus der Beteiligten. Mit einem Anteil von 73,4 % sind Investitionen in Wohnimmobilien weiterhin am beliebtesten. Allerdings verringerte sich der Anteil seit dem Jahr 2015 um ca. 12 % (Abb. 2.13).

Da während der Bearbeitung dieses Buches die Daten zum Jahr 2019 noch nicht vollständig vorlagen, wird der relative Anteil in Bezug auf die Hauptnutzung der Immobilie aus dem Jahr 2018 herangezogen (siehe Abb. 2.14).

Abb. 2.15 gibt einen Einblick in die Anzahl der Projekte nach der Projektphase. Mit 71 Projekten weisen **Neubauten** die meisten Finanzierungen im Bereich des Immobilien-Crowdinvestings auf. Unter einem Neubauprojekt ist die Neuerrichtung eines Gebäudes zu verstehen. Das gleiche Ziel sieht eine **Projektierung** vor, einzig mit dem Unterschied, dass zum einen der Start des Projektes vor dem Erhalt einer Baugenehmigung liegt und zum anderen das Grundstück teilweise mit einem rechtswirksamen Bauplan vor dem Spatenstich verkauft wird. Bestandsobjekte folgen mit 31 Projekten auf Platz zwei. Unter einer Bestandsimmobilie versteht die Literatur ein Objekt, das keinen generalsanierenden Arbeiten bedarf und darüber hinaus keine Änderungen in der Substanz erfordert. Bei der **Revitalisierung** dagegen sind Umgestaltungen bzgl. der Substanz vorgesehen.

Der stetige Anstieg der Kaufpreise für Immobilienobjekte trübt dennoch die positive Entwicklung in diesem Segment. Denn einer hohen Nachfrage nach Kaufobjekten steht ein gleichzeitig verringertes Angebot gegenüber. Manche Experten gehen sogar von

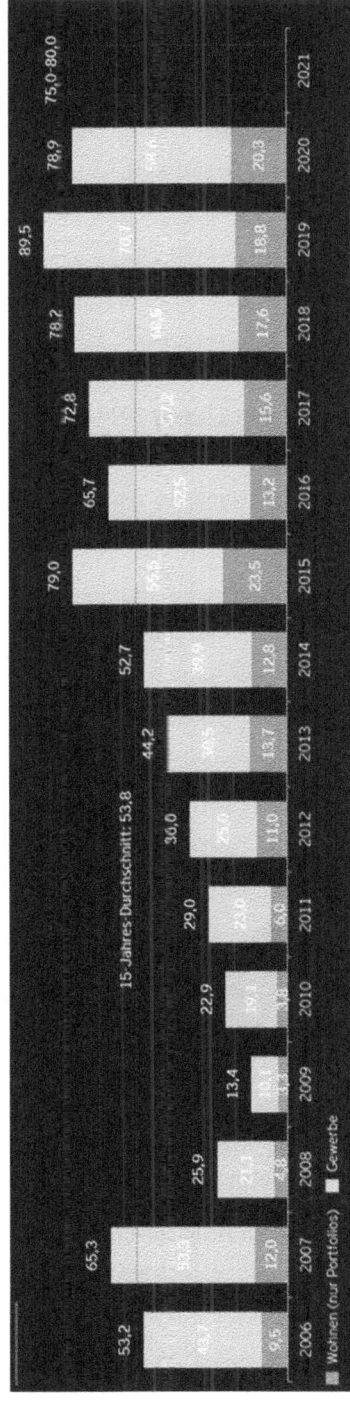

Quelle: Ernst & Young Real Estate GmbH, Trendbarometer Immobilien-Investmentmarkt 2019, URL: https://assets.ey.com/content/dam/ey-sites/ey-com/de_de/news/2021/01/ey-trendbarometer-immobilien-investment-markt-2021.pdf, S. 8

**Abb. 2.12**  Transaktionsvolumina in Mrd. EUR in Deutschland (2006–2021). (Quelle: Schultz-Wulkow und Drygalski 2021, S. 9)

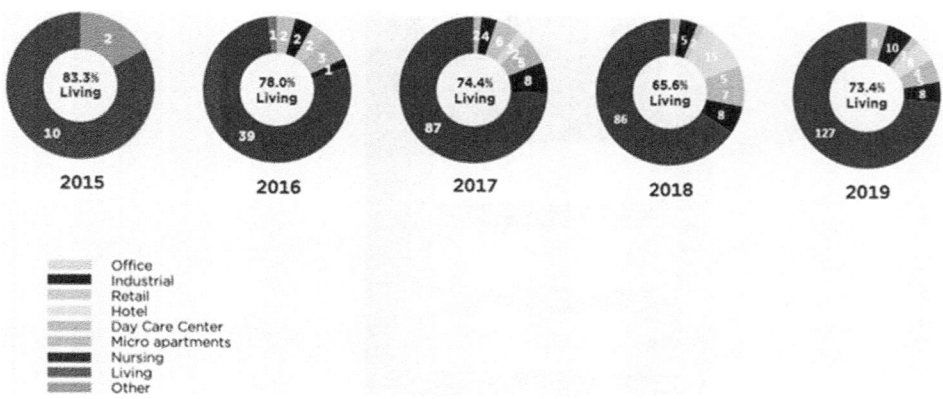

Quelle: Helmrich SM (2020) Real Estate Crowdfunding Report 2020.
https://www.crowdinvest.de/Real-Estate-Crowdfunding-Report-2020.pdf

**Abb. 2.13** Anzahl der Projekte nach Hauptnutzung der Immobilie. (Quelle: Helmrich 2020, S. 16)

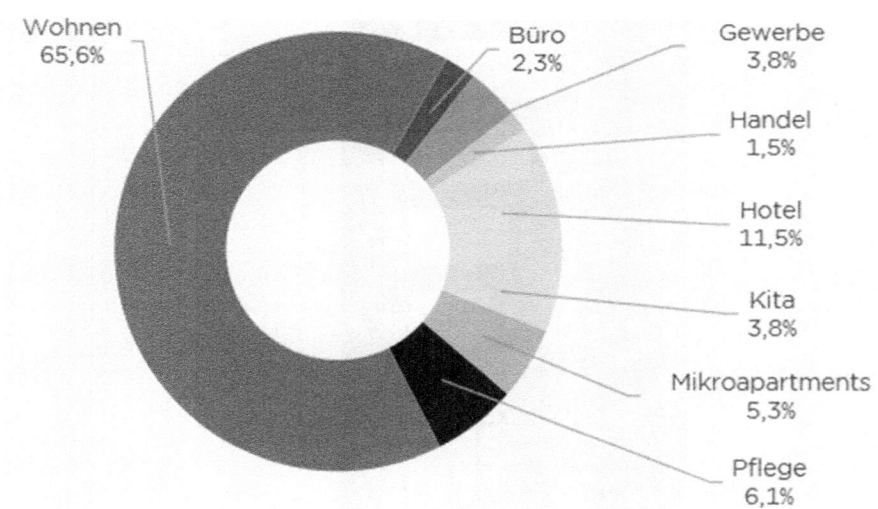

Quelle: Helmrich SM, Harms M, Gruschwitz E-E (2019) CrowdinvestImmobilien-Report 2019.
https://www.crowdinvest.de/Crowdinvest_Immobilien-Report_2019.pdf.

**Abb. 2.14** Prozentuale Anzahl der Projekte nach Hauptnutzung der Immobilie. (Quelle Helmrich 2019, S. 44)

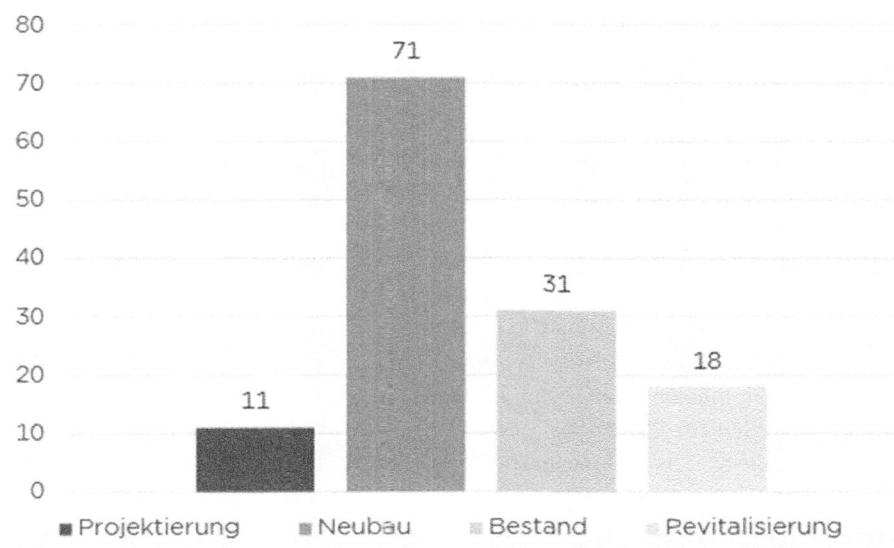

Quelle: Helmrich SM, Harms M  Gruschwitz E-E (2019) CrowdinvestImmobilien-Report 2019.
https://www.crowdinvest.de/C owdinves _Immobilien-Report_2019.pdf.

**Abb. 2.15**  Anzahl der Projek e nach Lebenszyklus im Jahr 2018. (Quelle: Helmrich 2019, S. 45)

einer, in naher Zukunft platzenden Immobilienblase, die sich ih en Einschätzungen nach
über die Jahre hinweg aufgebaut hat, aus.

Jedenfalls sprechen eine unverhältnismäßige Steigerung der Preise von Immobilien
im Vergleich zu den Mieten bzw. dem Einkommen, für eine sich anbahnende Blase.
Ein weiterer Indikator dürfte die lockere Geldpolitik seitens der Europäischen Zentralbank darstellen. Diese ermöglicht den Banken derzeit eine günstige Kreditvergabe, die
Anleger zusätzlich zu neuen Investitionstätigkeiten bewegen. Sollte die EZB ihre Vor-
gehensweise jedoch ändern und den Leitzins leicht anheben, würden Kreditnehmer, die
sich keiner langfristigen Zinsbindung bedient haben, eine „harte‘ Landung erleben.

Gegen ein „Aufblähen‘ des Immobilienmarktes spricht das strenge Bewertungs-
verfahren der Banken bei der Vergabe von Darlehen. Das bedeutet, das Kredite nicht, wie
es im Jahr 2008 der Fall war, leichtfertig an Kunden herausgegeben werden.

Des Weiteren ist zwar ein Zuwachs an Neubauten zu verzeichnen, gleichzeitig
herrscht ungeachtet dessen ein Mangel an Wohnraum in den Metropolregionen (Iliev
2019a).

### 2.2.5.2 Plattformen
Insgesamt 21 Plattformen bieten ihre Vermittlungsdienste im Bereich der Immobilienfinanzierung an. Der absolute „Spitzenreiter‘ dabei ist Exporo. Danach folgen Engel &

Völkers Capital und Zinsbaustein. Andere Plattformen, die einen Marktanteil unter zwei Prozent aufweisen, sind in der nachfolgenden Darstellung zur Verteilung der Marktanteile am Gesamtmarkt nicht aufgeführt (siehe Abb. 2.16).

Mit 53 % Marktanteile beherrscht Exporo unangefochten das Crowdinvesting für Immobilienfinanzierungen. Hinter dem Marktführer reiht sich die Internet-Plattform Engel & Völkers Capital ein. Auf Platz vier ist die Plattform Zinsbaustein zu finden. Mit einem finanzierten Volumen von EUR 17,2 Mio. konnten die Mittelzuflüsse um 16 % gegenüber dem Vorjahr gesteigert werden. Bei 8 durchgeführten Projekten, bedeutet das ein Durchschnittsinvestment pro Kampagne in Höhe von ca. EUR 2 Mio. Negativ hingegen fiel die Plattform Zinsland auf. Denn nachdem 2017 ein auf der Plattform beworbenes Projekt in die Insolvenz rutschte, stand 2019 eine weitere Kampagne vor dem Aus. Anleger müssen wieder um Einlagen im niedrigen einstelligen Millionenbereich fürchten (Schlenk CT 2019).

Die spektakulärste Entwicklung bezogen auf das Volumen der realisierten Projekte legten jedoch EstateGuru und dagobertinvest hin. Erstgenannter Online-Dienstleister erfuhr im Jahr 2020 verglichen mit dem Vorjahr einen Zuwachs von ca. 600 %. Dem steht ein Absolutwert von über EUR 5,8 Mio. gegenüber. dagobertinvest kann mit diesem unglaublichen Anstieg zwar nicht unmittelbar mithalten, dennoch ist die Zunahme von 250 % im Vergleich zu 2019 gleichwohl ein beachtliches Ergebnis. Der Absolutwert hier beträgt etwa EUR 4,1 Mio. (Harms 2020, S. 10).

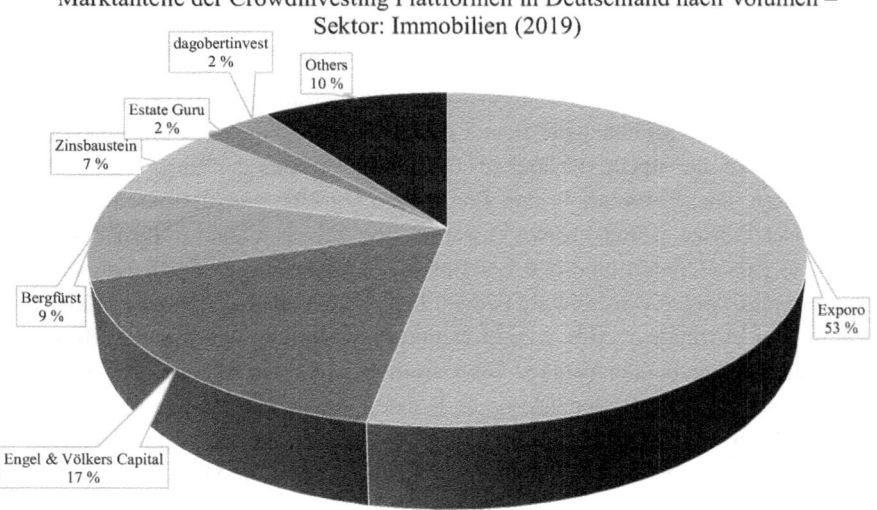

Marktanteile der Crowdinvesting Plattformen in Deutschland nach Volumen – Sektor: Immobilien (2019)

Quelle: in Anlehnung an Crowdinvest Marktreport. URL:
https://www.crowdinvest.de/Crowdinvest_Marktreport_2020_Deutschland_crowdinvest.de.pdf

**Abb. 2.16** Marktanteile der Top 6 Crowdinvesting-Plattformen im Bereich der Immobilienfinanzierung. (Quelle: Eigene Darstellung in Anlehnung an Harms 2020, S. 10)

#### 2.2.5.2.1 Bergfürst

Bergfürst besitzt wie Seedmatch und Companisto eine Lizenz nach § 34f. Absatz 1 Satz 1 GewO, die die Durchführung von Geschäften als eingetragener Finanzanlagenvermittler erlaubt. Doch die Crowdinvesting-Plattform war vor ca. sieben Jahren einmal mehr als nur ein „einfacher" Vermittler von Vermögensanlagen. Denn die im Jahr 2011 gegründete Plattform besaß einst den Titel als „Finanzdienstleister", der eine Erlaubnis (nach Maßgabe des § 32 Abs. 1 S. 1 und Abs. 2 KWG) zur Durchführung von Finanzdienstleistungen (nach § 1 Abs. 1a S. 2 Nr. 1, 1a–c, 2 und 4 KWG) zuließ. Damit war der Entwicklungsprozess der Plattformbetreiber noch nicht abgeschlossen. Im Jahr 2014 firmierte Bergfürst bekanntermaßen in eine Bank AG um. Grund für diesen aufwendigen Entschluss war das Vorhaben einer Modernisierung des traditionellen Bankings durch Anwendung neuer gewonnener Erkenntnisse. Dieses beinhaltete unter anderem mehr Seriosität und Sicherheit im Einklang mit mehr Transparenz und einer effizienten Online-Struktur. Aus dem Begriff „Crowdinvesting" wurde nun „Neo-Investing" (Kyriasoglou 2015).

Das Agieren als Wertpapierhandelsbank hatte den Vorteil, dass Bergfürst berechtigt war, selbst Aktien oder Anleihen zu emittieren. Die Freude an dem neuen Geschäftsmodell war jedoch nur von begrenzter Dauer, da der Online-Dienstleister aufgrund von zu hohen rechtlichen Anforderungen, die mit einer administrativen Mehrarbeit einhergehen, seine Bank-Lizenz nur ein Jahr später wieder abgab (Wirminghaus 2014; Kyriasoglou 2015).

Bergfürst vermittelt nun klassische Crowdinvesting-Projekte überwiegend im Immobilienbereich. Die Gründer haben es sich wie seine Konkurrenten zur Aufgabe gemacht, nicht nur institutionellen Anlegern, sondern auch Mikroinvestoren einen Zugang zu Immobilien-Kampagnen zu ermöglichen. Zudem erkennen die Betreiber auch das finanzielle Hindernis, dem sich Projektentwickler heutzutage ausgesetzt sehen. Denn Banken sind in einem geringeren Umfang gewillt eine 100-%-Finanzierung durchzuführen. Vielmehr bedarf es einem Mix aus verschiedenen Finanzierungsarten, um Projekte mit ausreichendem Kapital zu versorgen. Dieser setzt sich laut Bergfürst aus einem hohen Anteil der Banken (ca. 70 % des benötigten Kapitals), das durch die Crowd bereitgestellte Kapital (ca. 18 %) und dem von den Entwicklern eingebrachten Eigenkapital (ca. 12 %) zusammen.

Vorteile, die der hohe Bankenanteil mit sich bringt, sind zum einen niedrige Finanzierungskosten und ein noch vernünftig erzielbarer Gewinn (Kummermehr o. J.).

Die Crowdinvesting-Plattform erlaubt Investments ab lediglich EUR 10 bei einer Mindestvertragslaufzeit zwischen einem bis fünf Jahr(en). Der große Unterschied zu seinen Konkurrenten besteht in dem Angebot eines dem normalerweise Crowdlending zugeschnittenen Finanzierungsinstruments. Anstelle des überwiegend offerierten partiarischen Nachrangdarlehen, kommt hier ein besichertes Bankdarlehen, das eine Rendite zwischen 5 % und 7,0 % p.a. hält zum Einsatz. Bergfürst sieht die Nutzung der nachrangig ausgestatteten Finanztitel in der Immobilienfinanzierung als unangemessen an, da Projektentwickler im Gegensatz zu Startup-Gründer planbaren Geschäftstätig-keiten nachgehen können und deshalb wirtschaftliche Schwierigkeiten eher zu ver-meiden sind. Das bedeutet, das partiarische Darlehen, die insolvenzverhindernde Eigenschaften aufweisen und den in einer Schieflage befindlichen Immobiliengesell-schaften die Möglichkeit geben, Zins- und Tilgungszahlungen aussetzen zu können, aufgrund der eben angesprochenen Planbarkeit einen unverhältnismäßig niedrigen Investorenschutz bieten. Die besicherten Darlehen hingegen, bieten die Option einer Stellung von Sicherheiten an, die schließlich bei einer Insolvenz verwertbar gemacht werden können. Zudem ist eine qualifizierte Nachrangigkeit ausgeschlossen und Anleger werden demzufolge bei eintretender Zahlungsunfähigkeit – falls keine Bank vorhanden – als erstes befriedigt. Außerdem ist keine Aussetzung von Zins- und Tilgungszahlungen möglich, das heißt, dass der Projektenwickler den schuldrechtlichen Vertrag bei Fällig-keit vorbehaltslos zu erfüllen hat. Normalerweise ist das Angebot von besicherten Darlehen nur mit Besitz einer Bankerlaubnis, die Bergfürst seit 2015 nicht mehr besitzt, erlaubt. Da die Plattformbetreiber sich jedoch in einer Kooperation mit einer Fronting-Bank befinden, welche die erlaubnispflichtigen Geschäfte der Plattform übernimmt, sind diese befugt das Crowdlending-Produkt anzubieten (Iliev 2019b). Dieses kann – falls wünschenswert – auf einem Sekundärmarkt gehandelt werden. Die Anforderungen für Plattformen bei der Kreditvermittlung ändern sich ab dem November 2021. Denn die Europäische Union hat mit der European Crowdfunding Service Provider Verordnung (ECSP-VO) ein Gesetz geschaffen, welches den Plattformen die Kreditvergabe unter bestimmten Voraussetzungen ohne Zwischenschaltung einer Partnerbank erlaubt (siehe Abschn. 2.2.8).

Im Jahr 2020 umfasste das Volumen der Kampagnen insgesamt mehr als EUR 21,5 Mio. Zwar verringerte sich das investierte Kapital um ca. 35 % im Vergleich zum Vorjahr. Doch bei 8 realisierten Projekten (Vorjahr: 20) erhöhte sich das durch-schnittliche Volumen pro Kampagne um ca. EUR 1 Mio. auf EUR 2,6 Mio. Zudem hat Bergfürst bislang lediglich eine Insolvenz (Projekt: Z19 Stadthaus Plus), die im Mai 2018 gemeldet wurde, zu verzeichnen.

### 2.2.5.2.2 Exporo

Exporo, ebenfalls eine Crowdinvesting-Plattform für Immobilienfinanzierungen, wurde 2014 gegründet. Der große Unterschied zu seinen Wettbewerbern besteht hinsichtlich der gehaltenen Lizenz. Denn die Plattform besitzt die Erlaubnis (nach § 32 KWG) Bank- und Finanzdienstleistungen (gemäß § 1 Absatz 1a Satz 2 Nr. 1, 1a und 2 KWG) durch-zuführen und fungiert somit seit 19.12.2017 als Wertpapierdienstleistungsunternehmen. Das vorgenommene Ziel, Immobilieninvestments zu demokratisieren, wurde mit dem Erhalt der Lizenz erreicht. Zusätzlich erfüllten die Plattformbetreiber mit dem Angebot einer Anleihe den Wunsch des Marktes, Investitionen mittels depotfähiger Kapital-anlagen in Immobilien tätigen zu können.

Der Online-Dienstleister bietet den Anlegern zwei unterschiedliche Möglichkeiten in Objekte zu investieren. Zum einen kann die Kapitalbereitstellung für vermietete

Bestandsimmobilien erfolgen. Diese eigenen sich vor allem für Investoren, die eine langfristige Kapitalanlage suchen. Dabei sind Investitionen schon ab einem Betrag von EUR 1000 möglich. Die Rendite setzt sich aus entstandenen Mietüberschüssen sowie dem gewonnen Mehrwert der Immobilie zusammen. Die Auszahlung der Erträge aus den Mieteinnahmen erfolgt quartalsweise. Zum anderen bietet Exporo den Anlegern die Gelegenheit sich an neuen Immobilienprojekten zu beteiligen. Dies geschieht über ein zweckgebundenes Nachrangdarlehen, welches eine feste jährliche Verzinsung beinhaltet. Eine gewinnabhängige Komponente ist in diesem Fall über die Crowdinvesting-Plattform nicht gegeben. Bei dieser Investitionsvariante können sich Anleger ab einem Mindestbetrag von EUR 500 an einer Kampagne beteiligen. Die Stellung von Sicherheiten bleibt wieder projektabhängig. Sollten jedoch Patronatserklärungen oder persönliche Bürgschaften eingeräumt werden, mindert dies zweifelsohne den möglichen Kapitalverlust. Damit eine erste Einschätzung des Projektes vorgenommen bzw. mit anderen Kampagnen verglichen werden kann, entwickelte Exporo ein standardisiertes Verfahren. Hierbei sollen sechs Kriterien, denen wiederum eine unterschiedliche Punktzahl zugrunde gelegt wird, die Beurteilung des Objektes einfacher gestalten. Die Bewertungskriterien sind folgende:

**Übersicht**
- der Standort
- die Kapitalverteilung bzw. Finanzierungsstruktur
- der Verkaufs- und Vermietungsstands
- der Status des Immobilienprojekts
- die Erfahrung des Projektentwicklers
- die Maßnahmen zur Finanzierung der Risiken

Die bestbewerteten Objekte finden sich in der Risikoklasse AA wieder. Dazu sind bis zu maximal sechs Risikopunkte erlaubt. Kampagnen, die dagegen mehr als 22 Punkte aufweisen, gehören der Risikoklasse F an und sind somit als eine Investition mit sehr hohem Ausfallrisiko einzustufen.

Nachdem die Auswahl eines Projektes durch den Anleger erfolgte, kommt es zum Abschluss eines Darlehensvertrags mit dem Projektunternehmen. Die Investoren überweisen dabei zunächst eine definierte Summe an den zwischengeschalteten Finanzdienstleister Secupay AG.

Ist die Fundingschwelle erreicht, erfolgt eine Weiterleitung des Gesamtbetrags an einen Treuhänder (hier: Ebtreuhand Martius Steuerberatungsgesellschaft mbH). In der Regel werden jedoch Banken als Treuhänder eingesetzt. Der letzte Schritt beinhaltet die Transaktion der gesammelten Gelder an die Projektgesellschaft. Grundsätzlich agieren Plattformen nach dem „All-or-Nothing"-Prinzip, das heißt, dass die geforderte Fundingschwelle erreicht werden muss, damit ein Transaktionsprozess eingeleitet wird.

Dennoch ist das „Keep-it-all"-Prinzip in der Praxis nicht unüblich. Zu finden ist es jedoch üblicherweise bei dem Reward-based-Crowdfunding. Bei dieser Variante wird den Unternehmen auch bei Nichterreichen der Schwelle das bis dato eingesammelte Kapital überwiesen.

Sollten Anleger mit der Performance der Projektgesellschaft unzufrieden sein, besteht immerhin noch die Möglichkeit, die festverzinslichen Schuldverschreibungen auf einem Sekundärmarkt zu handeln. Abb. 2.17 skizziert die bereits erwähnten Ausführungen.

Im Jahr 2020 vermittelte Exporo Investments mit einem Volumen von über EUR 136 Mio. Dies entspricht einem Rückgang von 30 % gegenüber dem Vorjahr. Bei 60 realisierten Projekten entspricht das einem durchschnittlichen Volumen pro Projekt von weiterhin über EUR 2 Mio. (Harms 2020, S. 10). Nach Angaben von frei verfügbaren Informationen musste Exporo bisher drei Ausfälle von Immobilienprojekten verzeichnen.

### 2.2.5.3   Immobilienfonds vs. Immobilien-Crowdinvesting

Dem Crowdinvesting im Bereich der Immobilienfinanzierung stehen derzeit zwei bekannte und konkurrierende Immobilienanlagen gegenüber. Dabei handelt es sich um offene Immobilienfonds (OIFs) und Alternative Investment Fonds (AIFs). Jede Anlageform weist bestimmte Charakterzüge auf, die entweder ein Vor- bzw. ein Nachteil gegenüber der rivalisierenden Investitionsform darstellt (siehe Tab. 2.9). Darunter spielen Kriterien, wie beispielsweise die Transparenz, Sicherheit und Kosten eine entscheidende Rolle für einen Investor bei der Auswahl der richtigen Finanzierungsform.

Eine Investition bei OIFs ist in der Regel ab einem Betrag von EUR 50 möglich. Da die Investition in Immobilienprojekte nicht nur deutschlandweit, sondern auch auf globaler Ebene erfolgt, umfasst diese Fondsart demzufolge meist ein milliardenschweres Volumen. Im Hinblick auf die Diversifikation sind OIFs deshalb dem Crowdinvesting weitaus überlegen. Hierunter leidet jedoch die Rendite, die aufgrund der niedrigen Transparenz geschmälert wird. Denn die breite Streuung des Portfolios hat zur Folge, dass das Depot zumeist eine hohe Anzahl an unrentablen Objekten enthält. Die Höhe der Renditen mag mit zwei bis drei Prozent pro Jahr nicht sonderlich viel klingen; ein Blick auf das aktuelle Niedrigzinsumfeld lässt den erzielbaren Betrag allerdings wieder größer wirken. Manager sehen sich sogar zwecks großer Nachfrage gezwungen die Anteilsausgabe zu stoppen, da überschüssige Liquidität eine hemmende Wirkung bzgl. der Renditen mit sich bringt. Zudem berechnen OIFs eine Vielzahl an unterschiedlichen Gebühren (z. B. für Verwaltung, Vermittlung etc.). Bei der Laufzeit ist dennoch eine Gemeinsamkeit mit dem Crowdinvesting erkennbar, denn Anleger haben hier die Möglichkeit bereits nach 24 Monaten ihren Vertrag zu kündigen und das bereitgestellte Kapital zurückzufordern.

Bei **geschlossenen Immobilienfonds** dagegen ist durch die geringe Streuung des Portfolios eine ähnliche Transparenz wie bei dem Crowdinvesting festzustellen. Nachteil ist jedoch das höhere Verlustrisiko im Vergleich zu OIFs. Hohe Vermittlungsgebühren und Provisionen sowie lange Laufzeiten der AIFs sind weitere negative Eigenschaften, die demzufolge das Crowdinvesting in seiner Entwicklung zu einer

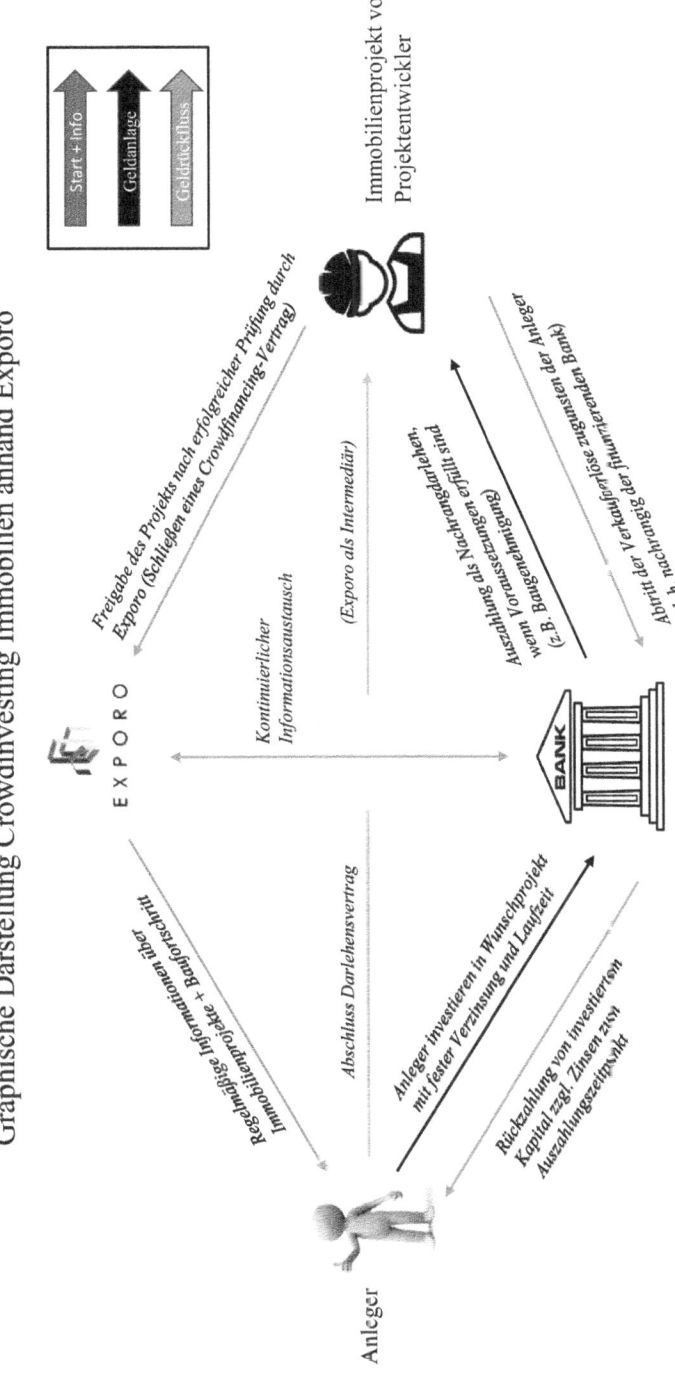

Graphische Darstellung Crowdinvesting Immobilien anhand Exporo

Start + Info

Geldanlage

Geldrückfluss

Immobilienprojekt vom
Projektentwickler

Freigabe des Projekts nach erfolgreicher Prüfung durch
Exporo (Schließen eines Crowdfinancing-Vertrag)

(Exporo als Intermediär)

Kontinuierlicher
Informationsaustausch

EXPORO

Auszahlung als Nachrangsdarlehen,
wenn Voraussetzungen erfüllt sind
(z.B. Baugenehmigung)

Abtritt der Verkaufserlöse zugunsten der Anleger
(d. h. nachrangig der finanzierenden Bank)

BANK

Regelmäßige Informationen über
Immobilienprojekte + Baufortschritt

Abschluss Darlehensvertrag

Anleger investieren in Wunschprojekt
mit fester Verzinsung und Laufzeit

Rückzahlung von investierten
Kapital zzgl. Zinsen zum
Auszahlungszeitpunkt

Anleger

Quelle: Eigene Darstellung in Anlehnung an o. V., URL: https://www.brokervergleich.de/exporo/, abgerufen am 16.07.19

**Abb. 2.17**  Graphische Darstellung des Verlaufs beim Immobilien-Crowdinvesting anhand Exporo

**Tab. 2.9** Vergleich Immobilien-Crowdinvesting mit Immobilienfonds

|  | Offene Immobilienfonds | Geschlossene Immobilienfonds | Immobilien-Crowdinvesting |
|---|---|---|---|
| Rendite | 2–3 % | 5–7 % | 4–7 % |
| Laufzeit | Mind. 2 Jahre | 5–15 Jahre | 1–2 Jahre |
| Mindestbetrag | EUR 50 | EUR 5000 | EUR 500 |
| Risiko | Niedrig, breite Streuung | Hoch ggfs. Nachschusspflicht | Mittel, eigene Streuung möglich |
| Kosten | Ausgabeaufschlag in Höhe von meist 5 %, weitere Gebühren | Agio, Gebühren, Provisionen in Höhe von bis zu 10–20 % | Keine |
| Weitere Vor- und Nachteile | Sparplan möglich; 12 Monate Kündigungsfrist; Ausstieg oft nur zu bestimmten Stichtagen möglich | Lange Laufzeit und schlechte Veräußerbarkeit auf Zweitmarkt; eventuell Haftung mit Privatvermögen | Gezielte Auswahl und Diversifizierung mit Kleinbeträgen in selbst ausgesuchte Immobilienprojekte möglich |

künftigen konkurrenzfähigen Anlageform bestärken. Mit einer Mindestinvestitionssumme von EUR 5000 liegt die finanzielle Hürde deutlich höher als bei der alternativen Finanzierungsform.

Die Höhe der erzielbaren Rendite stellt dagegen einen klaren Wettbewerbsvorteil dar. Zudem beinhalten AIFs gegebenenfalls, wie seine rivalisierende Form zur Geldanlage, eine gewinnabhängige Komponente. Denn Investoren werden hier bei der Investition in ein Immobilienobjekt durch die Bereitstellung von Eigenkapital zum Miteigentümer und dürfen sich – falls vertraglich vereinbart – bei einem Wertzuwachs der Immobilie über einen zusätzlichen Gewinn freuen.

### 2.2.5.4 Interview zum Immobilien Crowdinvesting

Das nachstehende Interview wurde mit Gerald Hörhan am 26.02.2021 durchgeführt. Ziel ist es einen detaillierteren Einblick in das Immobilien-Crowdinvesting zu erlangen, damit der Leser seine eigene Meinung auf Grundlage der enthaltenen Informationen bilden kann. Bevor das Gespräch startet, erhält der Leser ein paar Fakten über die Person Gerald Hörhan.

Gerald Hörhan alias Investmentpunk wurde 1975 in Wien geboren. Er studierte angewandte Mathematik und Wirtschaft an der Harvard University, an der er bis heute als Lektor für Statistik fungiert. Seit 2003 ist er erfolgreicher Unternehmer in den Bereichen Corporate Finance, Investment Banking und Immobilien. Mit mehr als EUR 30 Mio. in Immobilien Assets ist er ein sehr erfolgreicher Immobilien-Investor in Deutschland und Österreich. Außerdem ist er Gründer und CEO der Investmentpunk Academy, einer der führenden deutschsprachigen Online-Finanzausbildungsplattformen. Beeindruckend ist auch sein Werdegang als Autor. Denn mit „Investment Punk",

„Gegengift", „Null Bock Komplott" und „Der Stille Raub" hat er bereits vier Bestseller geschrieben. Mit der Verleihung des goldenen Buches des österreichischen Buchhandels hat er gezeigt, dass das öffentliche Publikum von seiner fachlichen Kompetenz sehr angetan ist.

> *Mario Baumgärtner:* Hallo Gerald, schön, dass du dir die Zeit für ein kurzes Interview genommen hast. Lass uns gleich starten. Der Crowdinvesting-Markt befindet sich seit Jahren auf dem Wachstumspfad. Seit letztem Jahr kam mit Corona eine Krise, die wirtschaftliche Aktivitäten zu einem nie da gewesenen Ausmaß zum Erliegen brachte. Welche Auswirkungen in Bezug auf die Entwicklung des Crowdinvestings bringt dieses Dilemma mit sich und welche Chancen ergeben sich daraus?
>
> *Gerald Hörhan:* Hallo, gerne. Grundsätzlich wurden die Segmente, die das Crowdinvesting betreffen, kaum bzw. gar nicht beeinträchtigt. Im Gegenteil: Die Immobilienbranche, in der Finanzierungen meist über nachrangige Darlehen getätigt werden, sowie Unternehmensfinanzierungen erlebten während dieser Phase regelrecht einen Boom. Ein Grund für den Preisanstieg im Immobiliensektor bleibt die hohe Nachfrage nach Objekten. Demgegenüber steht ein begrenztes Angebot. Hinzu kommen Faktoren wie das niedrige Zinsniveau als auch die mangelnden Anlagealternativen in unsicheren Zeiten. Bei Unternehmensfinanzierungen ist das Wachstum auf die digitale Transformation zurückzuführen. Um konkurrenzfähig zu sein, müssen Unternehmen ihr Geschäftsmodell hinterfragen und ggfs. neu ausrichten. Das Ergebnis: Gesellschaften in den Bereichen E-Commerce, digitale Plattformen, die Sharing Economy, On-Demand-Modelle und Free-Modelle (kostenlose Apps, die von einem Nutzer heruntergeladen werden können. Die Finanzierung erfolgt größtenteils über Werbeanzeigen als auch über die Weitervergabe von personenbezogenen Daten).
>
> *Mario Baumgärtner:* Die drei wichtigsten Investment-Segmente des Crowdinvestings am Gesamtmarkt sind Immobilien, Unternehmensfinanzierung sowie Energie. Mit einem Anteil von ca. 80 % (= ca. einem Volumen in Höhe von EUR 320 Mio.) nahm der Teilbereich Immobilien-Crowdinvesting Platz 1 im Jahr 2019 unter den vorher aufgeführten Segmenten ein. Welche Chancen hinsichtlich der zukünftigen Entwicklung für das Immobilien-Crowdinvesting gibt es und welche Vorteile bestehen gegenüber den Bereichen der Unternehmensfinanzierungen und Energie?
>
> *Gerald Hörhan:* Solange die Immobilienmärkte boomen, werden viele Projekte entwickelt und das Finanzierungsvolumen bleibt auf einem hohen Niveau. Das ermöglicht den Projektgesellschaftern weiterhin solide zu wirtschaften und ihrem Kapitaldienst (Zins- und Tilgung) nachzukommen. Nach aktuellem Stand gehe ich von einer positiven Entwicklung für die nächsten Jahre aus.

Ein Unsicherheitsfaktor bleibt jedoch die Politik. Maßnahmen, wie die Mietpreisbremse und der Mietendeckel setzen dem Immobilienmarkt zu. Weitere Regulierungen sind in Zukunft nicht ausgeschlossen. Den zweiten Teil der Frage kann ich folgendermaßen beantworten: Zum einen sehe ich eine einfachere Möglichkeit hinsichtlich einer Standardisierung in diesem Segment und zum anderen ist die Nachfrage nach Immobilienprojekte größer als die nach Startup- und Energieprojekten. Darüber hinaus ist das Risiko bei Bauprojekten planbarer und quantifizierbarer als bei Gesellschaftsbeteiligungen. Außerdem ist aus Anlegersicht eine Immobilien-Kampagne leichter zu erklären als ein esoterisches Startup-Geschäftsmodell.

*Mario Baumgärtner:* Bis 2018 liefen Immobilien-Projekte ausschließlich über (partiarische) Nachrangdarlehen (ca. 24 % aller Finanzierungen). Seitdem rücken Forderungsverkäufe aus Bankdarlehen (ca. 34 %) als auch die Emission von Anleihen (ca. 42 %) in den Fokus der Kapitalsuchenden. Welche Gründe siehst du für den Wandel und wird dieser weiter in diese Richtung gehen oder siehst du eine andere Finanzierungsart im Kommen?

*Gerald Hörhan:* Zuerst möchte ich festhalten, dass es keinen wesentlichen Unterschied zwischen einem Nachrangdarlehen und einer Anleihe gibt. Von der Rechtsstruktur ändert sich kaum etwas, da beide Finanzierungsformen dem Fremdkapital zuzuordnen sind. Die einzige Unterscheidung, die man aufführen könnte, ist, dass sich festverzinsliche Wertpapiere leichter bei größeren Anlegern platzieren lassen. Die Zukunft sehe ich unter anderem in der Tokenisierung von Immobilien, bei der Liegenschaften direkt an Kleinanleger verkauft werden. Diese Finanzierungsart gehört allerdings nicht zum klassischen Crowdinvesting. Dennoch setzt die neuartige Beteiligungsform aufgrund der aktuellen Regularien auch auf nachrangige Darlehen. Allerdings handelt es sich hierbei um keine Immobilienentwicklung. Anleger sind hier nämlich langfristig am Ertrag und der Wertsteigerung einer Liegenschaft beteiligt.

*Mario Baumgärtner:* Die prozentuale Anzahl der Projekte der Nutzungsart „Wohnimmobilie" an der Gesamtzahl der Projekte nach Hauptnutzung einer Immobilie ist seit 2015 um ca. 20 % zurückgegangen. Im Gegenzug stieg der Anteil an Investitionen in Mikroapartments, Pflege-Immobilien sowie in das Segment der Kita-Finanzierungen. Siehst du dort einen aufstrebenden Trend und wenn ja, warum?

*Gerald Hörhan:* Bei Pflege-Immobilien als auch bei Mikroapartments sehe ich keinen nachhaltig andauernden Trend, da Corona seine Nachwirkungen für einige Zeit hinterlassen wird. Außerdem sind die Preise dieser Objekte überteuert und langfristig wird keiner die hohen Mieten bezahlen. Projekte im Bereich der Kita-Finanzierungen könnten meiner Meinung nach ihren Trend fortführen. Eine positive zukünftige Entwicklung bleibt allerdings auch dort ungewiss.

*Mario Baumgärtner:* Wir haben uns noch gar nicht über Gewerbeimmobilien unterhalten. Diese standen zuletzt aufgrund der der flächendeckenden Maßnahmen zur Eindämmung der COVID-19-Infektionen unter Druck. Die anhaltenden Unsicherheiten dürften den Immobilienpreisen weiter einen Dämpfer versetzen. Positive Nachrichten kommen dagegen von der Deutschen Bank, die in ihrer Prognose leicht anziehende Mietrendien für das Jahr 2021 erwartet. Die Begründung liegt in den „weniger flexibel anpassbaren Mieten" der betreffenden Objekte. Stimmst du diesen Aussagen zu oder welche Entwicklung erwartest du in diesem Segment für die kommenden Jahre?

*Gerald Hörhan:* In erster Linie muss innerhalb der Gewerbeimmobilien differenziert werden. Denn Gewerbeimmobilie ist nicht gleich Gewerbeimmobilie. Grundsätzlich sehe ich den Retail-Markt als tot an. Selbst in den besten Lagen nimmt die Zahl der Leerstände zu. Das war auch vor Corona so. Die Krise diente nur noch als Katalysator zur Fortführung dieses negativen Trends. Bei Büroimmobilien sehe ich eine leicht fallende Tendenz, da das Arbeiten im Home-Office in Zukunft beständig sein wird. Diese Entwicklung wird zwar nachlassen, aber immer noch einen größeren Platz in unserer modernen Arbeitswelt einnehmen. Das bedeutet, dass Post-Covid die genutzte Fläche pro Mitarbeiter geringer sein wird als vor dem Ausbruch der Krise. Im Gastrogewerbe sehe ich dagegen eine rasche Erholung, auch wenn ich dort einen Marktbereinigungseffekt erwarte. Außerdem erwarte ich, dass der Bereich Logistik sowie der Tourismussektor – je nach Lage – gestärkt zurückkommen wird. Stadthotels sind vor allem abhängig von Kongressen sowie Geschäftsreisen. Fazit: Um genauere Aussagen treffen zu können, muss erstens der weitere Verlauf der Pandemie betrachtet, sowie die Art der Immobilie als auch die Marko- sowie Mikroanalage näher analysiert werden.

*Mario Baumgärtner:* Welche durchschnittlichen Renditen erwartest du in den Bereichen Wohn- und Gewerbeimmobilien pro Jahr für die nächsten drei Jahre?

*Gerald Hörhan:* Das kann ich nicht pauschal sagen. Es hängt wie oben erwähnt von der Art der Immobilie sowie der Makro- als auch Mikrolage ab. Jede Liegenschaft muss im Einzelfall betrachtet werden.

*Mario Baumgärtner:* Neben den positiven Aspekten einer Investition wie beispielsweise die geringe Beteiligungssumme oder der Erhalt einer Rendite deutlich über derer eines festverzinslichen Wertpapiers, lauern auch Gefahren wie z. B. das Risiko eines Totalverlustes, falls die Projektgesellschaft Insolvenz anmelden muss. Welche weiteren Gefahren siehst du bei der Investition in Bezug auf das Immobilien-Crowdinvesting?

*Gerald Hörhan:* Die größte Gefahr bleibt das Totalverlustrisiko für den Anleger. Denn die nachrangige Ausstattung der Finanzierungsvehikel führt eben dazu, dass Kapitalgeber bei einer Insolvenz leer ausgehen. Mehr „Glück" dagegen haben Gläubiger, wie beispielsweise Lieferanten, die eine Quote (in Prozent) aus der Insolvenzmasse erhalten. Ein weiterer Nachteil ist, dass Immobilien-Investments beim Crowdinvesting nicht inflationsgesichert sind.

*Mario Baumgärtner:* Die EZB will weiterhin an ihrer expansiven Geldpolitik festhalten und sogar bei Bedarf mehr stimulieren. Allerdings sehen wir Anzeichen einer wirtschaftlichen Erholung mit wieder anziehenden Unternehmensgewinnen. Das globale BIP soll laut BNP Paribas im Jahr 2021 um 5,2 % steigen. Diese Faktoren kombiniert mit weiteren Konjunkturprogrammen können mittel- bis langfristig zu einer stark steigenden Inflation führen. Das wiederum könnte die Währungshüter dazu veranlassen, doch über eine Normalisierung der Zinspolitik, also über die Anhebung der Leitzinsen nachzudenken. Welchen Einfluss würden zukünftige Zinsanhebungen der Zentralbanken auf das Immobilien-Crowdinvesting haben?

*Gerald Hörhan:* Die Auswirkungen wären katastrophal. Natürlich kommt es noch darauf an, wie stark die Zinsen angehoben werden und in welcher Verfassung sich die Wirtschaft zu diesem Zeitpunkt befindet. Wir sehen derzeit Überteuerung der Vermögenspreise. Bei Aktien, Immobilien, Anleihen, Unternehmensbeteiligungen, Kunst, Oldtimern, Gold und Kryptowährungen, wie Bitcoin und Ethereum sieht man die Überhitzung recht deutlich. Eine Korrektur wird dann unausweichlich sein, sobald die Notenbanken von ihrer ultra-expansiven Geldpolitik absehen und gleichzeitig die Zinsen steigen. Die Frage wird sein, ob es die Zentralbanken schaffen werden die Zinsanhebung so sanft durchzuführen, um einen Kollaps der Finanzmärkte zu verhindern.

*Mario Baumgärtner:* Kommen wir nun zu einer persönlichen Frage. Würdest du auch Investitionen in Crowdinvesting-Projekte wagen, da dort Renditen von bis 7 % p.a. möglich sind oder bleibst du bei dem klassischen Kauf einer Immobilie und wenn ja, warum?

*Gerald Hörhan:* Nein, da ich kein Kleinanleger bin. Meine Ertragserwartungen aus meinen Investments sind ca. 15–30 % per annum.

*Mario Baumgärtner:* Welche sonstigen wichtigen Tipps kannst du potenziellen Anlegern mitgeben, wenn sie sich ernsthaft für eine Immobilienanlage im Bereich des Crowdinvestings entscheiden?

*Gerald Hörhan:* Das Wichtigste ist die Prüfung der Qualität eines potenziellen Immobilienprojekts. Die Rückzahlbarkeit hängt nämlich von zwei Faktoren ab: Zum einen von den Reserven der Kampagne und zum anderen von der Bonität des Betreibers. In der Regel ist es aber so, dass die Gesellschafter aus Reputationsgründen ausreichend Ressourcen zur Verfügung haben, um ihre

Projekte erfolgreich abschließen zu können. Ein Teil der Verantwortung für das Gelingen einer Kampagne liegt auch bei den Plattformen, die Projektgesellschaften vorab einer Prüfung unterziehen. Diese sollten vor allem auf den Nachweis eines Track-Records als auch auf eine schlüssige Kalkulation eines jenen Vorhabens achten.

## 2.2.6 Rechtliche und geschichtliche Einordnung der Beteiligungsformen und deren Auswirkungen für die Akteure

Zur Finanzierung eines Projektes stehen den Geldsuchenden eine Vielzahl an Finanzierungsinstrumenten zur Verfügung. Besonders mezzanine Finanzierungsformen sind bei den Akteuren innerhalb des Crowdinvestings sehr beliebt. Weshalb sich diese solch einer großen Beliebtheit erfreuen, soll unter Abschn. 2.2.6.2 näher erläutert werden. In der Praxis häufig verwendete Instrumente sind unter anderem partiarische (Nachrang-)darlehen. Eher ins Abseits geraten sind dagegen stille Beteiligungen und Genussrechte. Grund ist einerseits, dass die Finanzierungsinstrumente nicht von den Ausnahmeregelungen für Schwarmfinanzierungen gemäß des § 2a VermAnlG profitieren und andererseits, dass das Angebot von Vermögensanlagen nach § 1 Abs. 2 Nr. 1, 2 und 5 auf max. EUR 100.000 (vgl. § 2 VermAnlG) beschränkt ist. Heutzutage befinden sich finanzierte Projekte grundsätzlich deutlich über dieser Grenze. Genussrechte genießen seit der Insolvenz von Prokon im Jahr 2014 ein schlechtes Ansehen, da die Finanzierungsform – nach Meinung der Experten – als Hauptverantwortlicher für die Pleite des Unternehmens galt. Vielmehr sollte das Augenmerk auf das operative Geschäft gelegt werden, da dort erwirtschaftete Gewinn offenbar nicht zur Befriedigung der Zins- und Tilgungsleistungen ausreichte. Doch mit der jüngsten Gesetzesänderung, die die Ausweitung des Paragrafen 2a VermAnlG auf Genussrechte statuiert, zeigte sich der Gesetzgeber wieder offen gegenüber dem hybriden Finanzierungsinstrument und ermöglicht infolgedessen gleichzeitig bessere Gestaltungsmöglichkeiten innerhalb des Crowdinvestings.

### 2.2.6.1 Rechtsformen und vertragliche Ausgestaltung

Das Crowdinvesting bietet den Beteiligten eine einfache Möglichkeit Rechte und Pflichten wunschgemäß zu gestalten. Dennoch können durch gesetzliche Normen gelegentlich Einschränkungen auftreten. Der Typus der gewählten Beteiligung hat zunächst einen Einfluss auf die juristischen Konsequenzen. Nichtsdestotrotz existieren bei den jeweiligen Finanzierungsformen recht beträchtliche Handlungsspielräume, die sich schließlich für eine explizite vertragliche Ausarbeitung als nützlich erweisen können. Standardlösungen waren beim Crowdinvesting nicht zu finden. Denn Verträge

mit den Startups wiesen zunächst einen individuellen Charakter auf. Das mag ein
Grund gewesen sein, weshalb die alternative Finanzierungsform in ihrer Entwicklung
eingeschränkt wurde. Nachdem die ersten Plattformen, wie zum Beispiel Seedmatch
und Innovestment ein Grundkonzept entwickelten, übernahmen bereits vorhandene
Online-Dienstleister diesen Ansatz und passten ihn gegebenenfalls entsprechend ihrer
bestehenden Idee an.

Normalerweise werden die Finanzierungsformen nach der Zurechenbarkeit zum
Eigenkapital oder Fremdkapital kategorisiert. Die in der Praxis bei der Durchführung
einer Crowdinvesting-Kampagne anzutreffenden Finanzierungsinstrumente lassen jedoch
diese Zweiteilung kontrovers erscheinen, besonders da diese Finanzierungsformen häufig
einen eigenkapital- und gleichzeitigen fremdkapitalähnlichen Charakter aufweisen.
Diese willkürlich erscheinende Einordnung zieht einige Konsequenzen mit sich. Hierzu
zählen überwiegend steuerliche und bilanzielle Veränderungen; aber auch der Einfluss
auf die Bonität eines Startups ist nicht auszuschließen (Beck 2017, S. 169 ff.).

Wie bereits unter Abschn. 2.2.6 aufgeführt, setzen Projektentwickler und
Startup-Gründer bei der Durchführung einer Crowdinvesting-Kampagne auf
Mezzanine-Finanzierungen. Diese sind durch ihre eigenkapital- und gleichzeitig fremd-
kapitalähnlichen Eigenschaften geprägt (Gräfer et al. 2014, S. 109). Es besteht durchaus die Möglichkeit, dass Investoren Teilhaber einer KG, GmbH oder AG werden
können. Doch Kosten und erhöhte Risiken, wie z. B. für Ausgaben für die notarielle
Beurkundung und das Tragen von Verlusten als vollhaftender Komplementär bei einer
KG, sprechen gegen solch ein Vorhaben. Demzufolge stellen hybride Finanzierungsformen die perfekte Lösung für den Crowdinvesting-Markt dar. Typisch angewendete
Instrumente sind dabei partiarische (Nachrang-)darlehen, Genussrechte, typisch oder
atypisch stille Beteiligungen (Beck 2017, S. 175).

### 2.2.6.2 Mezzanine-Finanzierung

Die Bezeichnung „Mezzanine-Kapital" definiert als Hyperonym unterschiedliche
Finanzierungsformen, bei denen zugleich Merkmale des Eigen- als auch des Fremd-
kapitals aufeinandertreffen. Ursprünglich stammt der Begriff jedoch aus der italienischen
Sprache und bezeichnet eine Zwischenetage in einem Bauwerk. Übertragen auf die
Finanzierung, steht Mezzanine-Kapital zwischen den beiden Passivpositionen „Eigen-
und Fremdkapital". Eine flexible Anpassung an die Bedürfnisse der Beteiligten aufgrund
von fehlenden Formvorschriften spricht neben weiteren unzählig nennbaren Gründen für
die Verwendung dieser Sonderform zur Finanzierung von Projekten. Daneben existieren
noch hybride Finanzierungsformen des Mezzanine-Kapitals, die sich aus bilanzieller
Sicht jeweils aus einem Eigenkapital- sowie Fremdkapitalanteil zusammensetzen
lassen. Beispiele hierfür sind Options- und Wandelanleihen. Da diese Formen beim
Crowdinvesting in der Regel keine Anwendung finden, sollen diese demzufolge nicht
weiter erläutert werden (Putnoki et al. 2011, S. 156 f.).

Nichtsdestotrotz lassen sich neben einigen Unterschiedlichkeiten der Finanzierungsformen des Mezzanine-Kapitals auch etliche **Gemeinsamkeiten** feststellen:

**Übersicht**
- Die bereits erwähnte flexible Ausgestaltungsmöglichkeit der Finanzierungstitel
- Die befristete Laufzeit (i. d. R. drei bis sieben Jahre)
- Das Kriterium der Nachrangigkeit gegenüber dem Fremdkapital, aber der Vor-
  rangigkeit gegenüber dem Eigenkapital der Gründer
- Die verbesserte Bonitätseinstufung aufgrund der eigenkapitalähnlichen
  Behandlung der Finanzierungsinstrumente
- Der Vergütungsmix (siehe Renditebeispiel anhand der GET a GIG GmbH)
- Eine höhere Renditeanforderung angesichts der sich aus der Nachrangigkeit
  ergebenen erhöhten Risikoposition (Bösl et al. 2014, S. 82 f.)

Die Einstufung der einzelnen mezzaninen Finanzierungsformen hinsichtlich der Risiko-
Rendite-Verteilung (siehe Abb. A.3) soll in dieser Arbeit nicht näher betrachtet werden.

Abb. 2.18 zum einen die fünf bisher beim Crowdinvesting verwendeten mezzaninen
Finanzierungsinstrumente und grenzt diese zum anderen anhand ausgewählter Kriterien
voneinander ab.

Vor einigen Jahren genossen die stillen Beteiligungen bei der Durchführung
von Crowdinvesting-Projekten noch ein hohes Ansehen. Wie bereits angesprochen
begünstigte die gesetzliche Ausnahme nach § 2 Abs. 1 Nr. 3 lit. b VermAnlG in Verbindung mit den noch damalig gering gehandelten Volumina die Teilhabe als stiller
Gesellschafter an einem Unternehmen. Nachdem im Jahr 2015 eine Änderung des Kleinanlegerschutzgesetzes, die schließlich partiarische (Nachrang-) Darlehen in den Ausnahmebereich für Schwarmfinanzierungen einbezog, folgte, zeigten erste Tendenzen in
Richtung der Emission von schuldrechtlich ausgestalteten Verträgen. Doch spätestens
zum jetzigen Zeitpunkt dürfte klar sein, dass aufgrund der sich im mittleren bis hohen
sechsstelligen Bereich befindlichen Investitionsvolumina eine Anwendung dieser
Finanzierungsform als ungeeignet erscheinen lassen.

In den nächsten Abschnitten sollen nun die einzelnen beim Crowdinvesting gängigen
Instrumente näher betrachtet werden.

### 2.2.6.3 Stille Beteiligung
Eine stille Beteiligung liegt immer dann vor, wenn eine natürliche oder juristische
Person eine Einlage in ein Handelsgewerbe leistet. Dabei verfolgen beide Parteien
das zweckmäßige Ziel der Förderung des Geschäftsbetriebes. Bei der Aufsetzung des
Gesellschaftsvertrags sind etwaige Ausgestaltungsmöglichkeiten erdenklich, da keine
konkreten Regelungen seitens des Gesetzgebers bestehen. Lediglich Grundmerkmale –
statuiert in den §§ 230 bis 236 HGB – dienen als Anhaltspunkte, von denen jedoch im

| Seedmatch | Companisto | Bergfürst | Exporo |
|---|---|---|---|
| 2011 | 2012 | 2011 | 2014 |
| Early Stage | Early Stage | Expansion Stage | - |
| Start-up und Wachstumsunternehmen | Start-up und Wachstumsunternehmen | Start-up und Immobilien | Immobilien |
| Partiarisches Nachrangdarlehen | **Start-up:** Partiarisches Nachrangdarlehen o. Venture Loan **Wachstumsunternehmen:** Aktien o. GmbH-Anteile (A-shares & B-shares) | besichertes Darlehen | Nachrangdarlehen (mit qualifiziertem Rangrücktritt), Anleihe |
| nein | ja, bei Angebot von Eigenkapitalbeteiligungen | nein, da mit Abgabe der Banklizenz 2015 kein Angebot von Wertpapieren mehr | ja, da seit 2018: Besitz einer KWG-Lizenz -> Angebot von Anleihen |
| EUR 250 | EUR 5 | EUR 10 | EUR 500 (Finanzierung) / EUR 1000 (Bestand) |
| 4-8 Jahre | 3-8 Jahre | 1-5 Jahre | 1-3 Jahre |
| EUR 4,9 Millionen | EUR 8,9 Millionen | EUR 13,1 Millionen | EUR 125,3 Millionen |
| keine | 10 % vom Gewinn | -> nein, aber Entwickler: 8 % vom Emissionsvolumen | keine, nur für Entwickler |
| 60 T. + opt. Weitere 60 Tage | 2 Monate + opt. 2 Monate | 3 Wochen | projektabhängig |
| Basiszins von 1 % + Bonuszins nach Exit oder Kündigung + jährlicher, gewinnabhängiger Bonuszins | Festzins von 8% bei Wachstumsunternehmen o. Gewinn- / Exitbeteiligung bei Start-up | 5 % – 7,5 % | **Nachrangdarlehen:** abhängig von Projektart, Risikoprofil und Projektdauer **Anleihe:** X% Rendite (setzt sich aus laufenden Mieteinnahmen sowie X %-iger Anteil an Wertsteigerung der Immobilie zusammen) |
| 11 % | 20 % | 9 % | 53 % |
| 125 | 125 | 62 | 197 |
| ca. 63.000 | ca. 98.000 | ca. 42.000 | ca. 20.000 |
| ca. EUR 45 Millionen | ca. EUR 64 Millionen | ca. EUR 66 Millionen | EUR 420 Millionen |
| ca. EUR 360.000 | ca. EUR 512.000 | ca. EUR 1,1 Millionen | EUR 2,1 Millionen |
| derzeit nicht existierend | derzeit nicht existierend | verfügbar | verfügbar |

**Abb. 2.18** Vergleich der am häufigsten emittierten mezzaninen Finanzierungsformen

Quelle: Eigene, erweiterte Darstellung in Anlehnung an Schramm/Carstens (2014): Startup-Crowdfinanzierung; Crowdinvesting: Ein Guide für Gründer, S. 138.; Petzold (www.seedmatch.de, 30.07.19), URL: https://www.seedmatch.de/presse/facts; o. V. (www.fincompare.de, 31.07.19), URL: https://fincompare.de/fintech-vergleich/companisto-vs-creditgate-24

Regelfall abgewichen werden können. Dadurch bleibt das Eintreten in sowie das Austreten aus der Gesellschaft unkompliziert. Einzig der Abschluss eines privatrechtlichen Vertrags, der keiner notariellen Beurkundung bedarf, ist erforderlich. Des Weiteren tritt der „still" Beteiligte in keine Rechtsbeziehungen mit Dritten, da seine Person der Öffentlichkeit vorenthalten wird. Das bedeutet, dass zwischen dem Gesellschafter und dem Unternehmenseigentümer eine bloße Trennung entsteht. Eine weitere positive Eigenschaft der Finanzierungsform ist das Fortbestehen des Vertrags des „Stillen" bei einem Verkauf der Gesellschaft. Denn beim Crowdinvesting ist es nicht unüblich, dass Gründer ihr Startup in naher Zukunft gewinnbringend verkaufen wollen. Somit bleibt der Anteil an der Unternehmung auch nach dem Wechsel der Besitzer erhalten (Bösl et al. 2014, S. 261 f.). Im Hinblick auf die Gewinnbeteiligung lassen sich – verglichen mit partiarischen (Nachrang-) Darlehen – kaum Unterschiede feststellen. Auch hier sind eine feste Zinszahlung, eine anteilsmäßige Beteiligung an den Gewinnen sowie das Profitieren von einer Kicker-Komponente vorgesehen. Diese kann zum einen in Gestalt eines Non-Equity-Kickers, der eine vorab festgelegte Sonderzahlung (**Back End Fee)** oder eine Prämie, die sich an dem Wertzuwachs des Unternehmens orientiert (**Shadow Warrants),** vorkommen. Demzufolge liegt keine direkte Beteiligung des Anlegers an der Unternehmung vor. Der Equity-Kicker hingegen gewährt dem Investor ein Options- und Wandlungsrecht. Er hat somit die Möglichkeit früher oder später Anteile an der Gesellschaft zu bekommen; im Gegenzug erlischt jedoch jedweder Rückzahlungsanspruch. Zusammengefasst: Der Inhaber hat das Recht eine Fremdkapitalposition in einen Eigenkapitaltitel umzuwandeln (Weitnauer 2019, S. 152 f.).

Fällt nach reichlichen Überlegungen über die Art der Beteiligung die Wahl auf die stille Teilhaberschaft, kann ein Investor zwischen zwei Ausprägungsformen wählen. Entweder er entscheidet sich für eine typisch oder atypisch stille Beteiligung. Dabei erfolgt eine Differenzierung mithilfe verschiedenster Kriterien; der Hauptunterschied ist dennoch in Bezug auf die divergierende steuerliche Behandlung festzumachen umzuwandeln (Weitnauer 2019, S. 152 f.). Eine genauere Analyse der unterschiedlichen Besteuerungsansätze der beiden Varianten soll in diesem Werk nicht folgen.

Die **typisch stille Beteiligung** entspricht zwar dem Idealtypus des § 230 ff. HGB, eignet sich jedoch aufgrund von „unvorteilhaften" charakteristischen Merkmalen nicht für das Crowdinvesting. Denn der Investor erhält nach seinem Ausscheiden aus der Gesellschaft lediglich seine Einlage zurück und kann im besten Fall noch von einer Gewinnbeteiligung profitieren. Eine Verlustbeteiligung besteht in Prinzip; abweichende vertragliche Vereinbarungen sind allerdings möglich (Weitnauer 2019, S. 152 f.). Da Startups in ihrer Frühphase zumeist noch mit Verlusten zu kämpfen haben, können Anleger von der gewinnabhängigen Komponente bedauerlicherweise kein Gebrauch machen.

Zudem gestaltet sich die Einräumung von Mitsprache-, Kontroll- und Informationsrechten für Kapitalgeber als vorteilhaft. Erstere sind im Normalfall in Hinsicht auf das Einflussnehmen auf die Geschäftsführung nicht vorhanden. Allerdings können Rechte bzgl. der Einsicht in den Jahresabschluss oder darüberhinausgehende Rechte vereinbart werden.

Der **atypisch stille Gesellschafter** dagegen beteiligt sich nicht einzig am Gewinn und Verlust eines Unternehmens, sondern auch an dem wertmäßigen Zuwachs des Vermögens. Mit der Vermögensbeteiligung stehen dem Kapitalgeber zumeist neben Informationsrechten auch Mitsprache- und Kontrollrechte zur Verfügung. In der Praxis sieht der Regelfall dennoch anders aus, da einerseits die Gründer kein Interesse an der Mitwirkung bei alltäglichen Entscheidungen durch die Gesellschafter haben. Andererseits besteht die Intention der mehrheitlichen Anleger nicht in der Einschränkung der Entscheidungsfreiheit durch die aktive Teilnahme am Geschäftsgeschehen. Vielmehr agieren sie im Hintergrund, es sei denn, die Gründer handeln nicht im Interesse aller Beteiligten. Bei dieser Ausgestaltungsform ist schon eher dem Investor die Rolle als Mitunternehmer zuzuschreiben. Je stärker also die Ausprägungsmerkmale einer Mitunternehmerschaft ersichtlich sind, desto eher liegt eine atypisch stille Beteiligung vor (Beck 2017, S. 179 f.).

---

**Zusammenfassung**

Diese Grundform würde wieder im Hinblick auf das Crowdinvesting an Bedeutung gewinnen, besonders dann, wenn die regulatorischen Benachteiligungen in Bezug auf den § 2a VermAnlG aufgelöst werden. Denn mit der zusätzlichen Partizipation an den stillen Reserven einer Gesellschaft existiert bereits eine Grundlage, und zwar in Form eines attraktiven Vergütungsmodell für potenzielle Investoren. Zudem bieten flexibel ausgestaltbare Verträge sowie eine geringe Anteilsvergabe, die entweder keine bzw. nur geringe Mitspracherechte vorsieht, Vorteile für die Kapitalsuchenden (Schedensack 2018, S. 168 f.).

### 2.2.6.4 Genussrechte

**Genussrechte,** die keiner Legaldefinition unterliegen und zudem keinen gesetzlichen Vorgaben unterstellt sind, können entweder durch eine Verbriefung an Wertpapierqualität erlangen oder in ihrer buchmäßigen Form bestehen bleiben.

Verbriefte Genussrechte werden auch als **Genussscheine** bezeichnet. Eine Emission dieser schuldrechtlichen Titel erfordert jedoch das einen aufnahmefähigen Kapitalmarkt, das Erreichen einer bestimmten Mindestgröße einer Gesellschaft sowie die mit der Ausgabe gekoppelten Publizitätsanforderungen. Voraussetzung für eine Ausgabe von Genussrechten durch eine Aktiengesellschaft ist (nach § 221 Absatz 3 AktG) eine Drei-Viertel-Mehrheit der Hauptversammlung, wobei § 221 Absatz 4 AktG Aktionären ein generelles Bezugsrecht einräumt (Portisch 2008, S. 252).

Besonders dann, wenn eine gewisse Handelbarkeit und eine Erhöhung der Liquidität erwünscht ist, kommt das verbriefte mezzanine Finanzierungsinstrument zum Einsatz. Mitwirkungsrechte bleiben den Investoren aufgrund deren Stellung als Gläubiger verwehrt. Dennoch ist die Gewährung von Informationsrechten, der Besuch einer

Hauptversammlung und Einsichtnahme in die Jahresbilanz nicht auszuschließen. Des Weiteren ist eine Beteiligung an den Gewinnen, Verlusten als auch am Liquidationserlös vorgesehen, wobei letzteres in der Regel unterbunden wird. Grund dafür ist, dass bei der simultanen Partizipation an den Gewinnen als auch dem Liquidationserlös Genussscheine steuerrechtlich nicht mehr als Fremdkapital behandelt werden können (Putnoki et al. 2011, S. 158 f.).

Bei Genussrechten bestehen wie bei den stillen Beteiligungen flexible Ausgestaltungsmöglichkeiten. Es können dementsprechend, eine Verlustbeteiligung oder sogar ein Rangrücktritt vereinbart werden. Deshalb ist frei wählbar, ob die unverbrieften Titel eher einen eigenkapital- oder fremdkapitalähnlichen Charakter ausweisen sollen.

Erstgenanntes bedarf einer vom Erfolg der Gesellschaft abhängige Vergütung. Diese kann dabei unterschiedlich ausgestaltet sein, wie beispielweise eine Mindestausschüttung gekoppelt an einen gewinnbezogenen Bonus beinhalten oder gar einer festgelegten Rendite zugeordnet werden. Bestehen außerdem nur die geringsten Anzeichen auf eine bedingte Rückzahlungspflicht bei Liquidation, so sind Genussrechte dem Eigenkapital zuzuordnen. Im umkehrten Fall ist bei unbedingter Rückzahlungsverpflichtung ein Ausweis als Fremdkapital erforderlich. Ein weiteres Indiz, das für einen fremdkapitalähnlichen Charakter spricht, ist die Zahlung einer im Regelfall endfälligen erfolgsunabhängigen Verzinsung. Diese entfällt jedoch bei Bestehen eines Bilanzverlustes oder wenn dieser dadurch vorkäme (Weitnauer 2019, S. 157 f.).

**Zusmmenfassung**

Das mezzanine Finanzierungsinstrument kann in unverbriefter oder verbriefter Form bestehen. Beide Ausprägungsmöglichkeiten erlauben eine flexible Ausgestaltung und nehmen dementsprechend entweder einen eigen- oder fremdkapitalähnlichen Charakter an. Die Vergütung beinhaltet die Beteiligung an den Gewinnen, Verlusten sowie am Liquidationserlös. Letztere wird allerdings zunehmend unterbunden, da eine steuerliche Behandlung der Genussscheine als Fremdkapital nicht mehr zu begründen ist. Übertragen auf das Crowdinvesting stellt sich dieser Ausschluss jedoch als unvorteilhaft heraus, da Kapitalgeber auf der Suche nach Eigenkapitalsurrogate sind, um ihre Kreditwürdigkeit bei Banken zu erhöhen und somit an zusätzliches Fremdkapital gelangen. Heutzutage sind nur noch wenige Plattformen zu finden, die im Rahmen des Crowdinvesting Finanzierungen über Genussrechte anbieten. Gesetzliche Vorgaben führten im Vergleich mit anderen mezzaninen Finanzierungsformen zu Benachteiligungen. Jüngste Gesetzesänderungen sorgten nun dafür, dass Genussrechte in den Auffangtatbestand des § 2a VermAnlG integriert wurden, um dem Crowdinvesting mehr Flexibilität zu verleihen. Demzufolge dürfte die Lockerung der Normen positiv auf die zukünftige Anzahl der Emissionen der schuldrechtlichen Finanztitel wirken. ◀

## 2.2.6.5 Partiarische (Nachrang-) Darlehen

Die Kapitalbereitstellung beim Crowdinvesting kann heutzutage über viele Finanzierungs-instrumente erfolgen. Dennoch entschied sich der Gesetzgeber dazu, zwei Finanz-titel hervorzuheben. Zu nennen sind dabei zum einen das partiarische Darlehen und zum anderen das Nachrangdarlehen. Beide Vehikel profitieren von den festgelegten Erleichterungen des § 2a VermAnlG im Rahmen des Kleinanlegerschutzgesetzes. Eine getrennte Emission der beiden Finanzierungsinstrumente ist bei der Durchführung von Crowdinvesting-Kampagnen unüblich. Vielmehr werden partiarische Darlehen mit Nachrangdarlehen kombiniert, sodass schließlich eine Ausgabe von partiarischen Nachrangdarlehen durchgeführt wird (Beck 2017, S. 184).

Ein **partiarisches Darlehen** liegt dann vor, wenn keine feste Zinszahlungen ent-stehen, sondern eine Erfolgsbeteiligung vorliegt. Hier sind klare parallelen zum Genuss-recht zu erkennen. Dennoch unterscheiden sich beide Instrumente in Hinsicht auf die Verlustbeteiligung, die bei Genussrechten generell vorhanden sind und bei partiarischen Darlehen grundsätzlich ausgeschlossen werden. Weiterhin sei zu erwähnen, dass sich eine Verlustteilnahme bei den Genussrechten aus dem Vertrag herausnehmen lässt. Außerdem bestehen Ähnlichkeiten zu den stillen Beteiligungen.

Beispiele hierfür sind die in der Regel fehlende Begründung eines Gesellschafterver-hältnisses, fehlende Mitspracherechte sowie eine Beteiligung am Gewinn. Neben diesen Gemeinsamkeiten sind jedoch auch Unterschiede, wie beispielsweise in Bezug auf die Bilanzierung des Kapitals zu erkennen.

Denn während die aufgenommenen liquiden Mittel bei den partiarischen Darlehen als Fremdkapital zu betrachten sind, hat der Kreditnehmer bei der stillen Beteiligung das eingeworbene Kapital im Regelfall als Eigenkapital zu bilanzieren. Des Weiteren besteht bei den stillen Beteiligungen eine Verlusthaftung, die wie bereits erwähnt bei der Sonder-form des Darlehens definitiv auszuschließen ist. Größtes Abgrenzungskriterium bleibt ohnehin die fehlende Verfolgung des gemeinsamen Zwecks eines Handelsbetriebs. Der Nachteil dieser Darlehensform ist, dass Kreditgeber nicht an den Wertzuwächsen einer Unternehmung partizipieren können.

Allerdings ergibt sich auch hier ein großer Gestaltungsspielraum, da ein Non-Equity-Kicker in Form einer Sonderzahlung auch hier wie bei den stillen Beteiligungen verein-bart werden kann.

**Nachrangdarlehen** hingegen zeichnen sich durch eine Rangrücktrittserklärung aus, welche den Rückzahlungsanspruch auf Zins- und Tilgungszahlungen des Gläubigers hinter den Ansprüchen erstrangiger Fremdkapitalgeber zurücktreten (Weitnauer 2019, S. 153). Eine einfach Nachrangabrede ist laut BaFin nicht genug. Vielmehr muss ein qualifizierter Rangrücktritt bestehen. Dieser zeichnet sich dadurch aus, dass *„die Geldendmachung des Anspruchs auf Rückzahlung solange und soweit ausgeschlossen [wird], wie die Rückzahlung einen Grund für die Eröffnung eines Insolvenzverfahrens herbeiführt"* (Beck 2017, S. 186). Der Grund einer Vereinbarung eines Rangrücktritts liegt nicht ausschließlich darin, dass sich damit eine Überschuldung eines Unternehmens verhindern lässt. Genauer gesagt, soll damit die Erfordernis einer Bankenerlaubnis nach § 32 KWG umgangen werden. Die zweite Variante dieser Erlaubnis aus dem Weg zu gehen, wäre eine Besicherung des Darlehens durch die Gründer. Bezogen auf die Immobilienbranche könnte eine Stellung von Sicherheiten (z. B. die Immobilie) ein Faktor sein. Diese müssten jedoch auf alle Investoren verteilt werden, was sich als zu aufwendig herausstellen würden. Deshalb bleibt der qualifizierte Nachrang das gängigste Verfahrensmittel (Beck 2017, S. 185).

Im Gegensatz zum partiarischen Darlehen sehen Nachrangdarlehen keine gewinnabhängige Vergütung vor, sondern gewähren dem Kapitalgeber eine feste Zinszahlung. Diese fällt in der Praxis im Vergleich zu gewöhnlichen Darlehen hoch aus. Begründet wird dies in dem höheren Ausfallrisiko, welches durch die vereinbarte Nachrangabrede entsteht.

Die Mischform aus beiden Darlehensarten, das **partiarische Nachrangdarlehen** ist das meistgenutzte Finanzierungsinstrument beim Crowdinvesting. Es profitiert bekanntlich von den Ausnahmeregelungen für Schwarmfinanzierungen gemäß des § 2a VermAnlG.

Das heißt, dass öffentliche Angebote von mehr als EUR 100.000 möglich sind, ohne unter die Prospektpflicht zu fallen. Die Grenze liegt indes bei aktuellen sechs Millionen Euro pro Funding. In Bezug auf die Vergütung kombiniert die Darlehensart die Komponenten des partiarischen Darlehens und Nachrangdarlehens. Bedeutet: Im Regelfall werden den Anlegern eine gewinnunabhängige endfällige Verzinsung zzgl. ein erfolgsabhängiger jährlicher Zins und ein Bonuszins nach Kündigung bzw. Exit versprochen (siehe Abschn. 2.2.4.5).

### Zusammenfassung

Das partiarische Nachrangdarlehen ist das meistverwendete Finanzierungsinstrument beim Crowdinvesting und vereint Komponenten aus dem partiarischen Darlehen mit denen der Nachrangdarlehen. Des Weiteren kommt durch die Verwehrung von Mitwirkungsrechten keine enge gesellschaftsrechtliche Beziehung zwischen den Vertragsparteien zustande. Immerhin stehen dem Anleger gemäß § 233 HGB Einsichts- und Kontrollrechte zu (Weitnauer 2019, S. 153 f.; Gräfer et al. 2014, S. 175). Gemeinsamkeiten zu den anderen vorgestellten Vehikeln sind in Bezug auf den Vergütungsmix zu erkennen. Denn neben einer festen Verzinsung erhält der Investor meist noch einen erfolgsabhängigen Bonuszins. Ein großer Unterschied zu den Genussrechten und der stillen Beteiligung ist indessen die fehlende Haftung bei Verlusten. Dies mag zwar für das partiarische Nachrangdarlehen sprechen, dennoch findet durch eine vereinbarte Rangrücktrittserklärung die Begleichung der Forderungen erst nach den Ansprüchen anderer erstrangiger Fremdkapitalgeber statt.

## 2.2.7  Chancen und Risiken des Crowdinvestings

Die Chancen auf Unternehmer- als auch auf Investorenseite sind enorm. Aus den unter dem Abschn. 2.2.4.3 und 2.2.4.4 aufgeführten Motiven der Investition seitens der Gründer und der Anleger kann das durch ein Crowdinvesting entstehende Potenzial abgeleitet werden. Demnach besteht die Zielgruppe nicht, wie zuvor ausschließlich aus Risikokapitalgebern, sondern vielmehr aus Anlegern, die sich mittels kleiner Beträge an Startups beteiligen können. Deshalb bietet die alternative Finanzierungsform eine attraktive Vergütung in der aktuellen Niedrigzinsphase für Anleger jeglicher Art. Denn die lockere Geldpolitik der EZB brachte nicht nur die Senkung des Leitzinses auf 0,00 % mit sich, sondern wirkte sich auch negativ auf die Zinsen für Geldanlagen der Sparer aus. Auf der Seite der Jungunternehmer bietet das Crowdinvesting die Möglichkeit sich schnell und unkompliziert mit Kapital von einer Vielzahl an Kleinanlegern zu versorgen, ohne dabei einer Stellung von Sicherheiten – wie es bei Banken üblich ist – unterworfen zu werden. Zudem fördern erfolgreich finanzierte Unternehmen die volkswirtschaftliche Entwicklung eines Landes, da durch deren Etablierung am Markt neue Arbeitsplätze geschaffen werden können.

Doch die durch das Crowdinvesting vergleichsweise stehts hoch angesetzten Rendite gehen mit weitreichenden Risiken einher. Das „Worst-Case-Szenario" für den Anleger ist das Erleiden eines Totalverlustes durch eine Insolvenz einer Gesellschaft, d. h., dass der komplette Investitionsbetrag verloren ginge. Darüber hinaus könnte noch eine Verlustbeteiligung in Form einer Nachschusspflicht vertraglich festgeschrieben sein. In der Praxis jedoch ist solch ein Vorgehen bisher nicht praktiziert worden. Ein Grund für den Verlust des gesamten Kapitals liegt in den risikobehafteten Charakterzügen der noch sehr jungen Unternehmen. Denn diese weisen zunächst lediglich eine Geschäftsidee auf. Diese umfasst zunächst wage Prognosen über die Zukunft. Je unsicherer die Vorhersagen, desto höher ist bekanntlich das zu tragende Risiko. Doch was passiert, wenn sich der Markt plötzlich gegen die Strategie der Unternehmer richtet oder andere nicht kalkulierbare Barrieren das Startup in seinen Entwicklungen beschränken? Eine Frage, die in der heutigen Geschäftswelt üblich ist und von den Unternehmern in jeder Hinsicht zu beantworten ist. Zudem muss berücksichtigt werden, dass Gründer junge, risikoaffine und noch weitestgehend unerfahrene Personen verkörpern. Das bedeutet, dass Anleger ihr ganzes Vertrauen somit in den von den Gesellschaftern suggerierten Informationsgehalt über ihre Unternehmung bzw. über deren Geschäftsidee legen.

Des Weiteren dürfen sich Investoren keinesfalls von den hohen Renditen blenden lassen. Plattformen bieten zwar einen attraktiven Vergütungsmix für potenzielle Kapitalgeber an, der jedoch grundsätzlich den „Best-Case-Fall" für Anleger darstellt. Unternehmen kämpfen bekanntermaßen in ihrer frühen Gründungsphase mit der Bewältigung sämtlicher Kosten. Beispiele hierfür sind unter anderem Aufwendungen für das Marketing, die Geschäftsführung, die Rechtsberatung und schließlich für Versicherungen. Das hat nun zur Folge, dass das gefundete Unternehmen zuerst seine betrieblichen Ausgaben decken muss, um den Break-Even-Point zu erreichen und schließlich Gewinne erwirtschaften zu können. Bis diese Schwelle erreicht wird, vergehen meist einige Jahre. Demzufolge fallen die gewinnabhängigen Boni für Investoren vorerst weg, was eine Schmälerung der Rendite mit sich zieht.

Schließlich bergen mezzanine Finanzierungsinstrumente hinsichtlich ihrer nachrangigen Ausstattung ein erhebliches Ausfallrisiko für den Investor. Bei partiarischen Nachrang(darlehen) bspw. „erkaufen" Anleger sich eine hohe Rendite durch das Eintragen einer Rangrücktrittsklausel. Aufgrund der Nachrangigkeit erhält das Darlehen einen eigenkapitalähnlichen Charakter. Das hat zur Folge, dass im Falle einer Insolvenz des Unternehmens bzw. der Projektgesellschaft zuallererst die Forderungen der Fremdkapitalgeber aus der Konkursmasse bedient werden. Sind diese und nachfolgende Darlehensgeber befriedigt worden, folgt – falls noch liquide Mittel vorhanden sind – die Ausschüttung der restlichen Gelder an die Eigenkapitalgeber.

In Bezug auf das Crowdinvesting bei Immobilienprojekter lassen sich auch weitgehende Risiken feststellen. Zum einen hängt der Erfolg – unabhängig von der Immobilienart – primär von deren geographischen Lage und des hinter dem Vorhaben stehenden Teams ab. Das bedeutet, dass zum einen eine hohe Nachfrage am Standort der Immobilie zwingend vorhanden und zum anderen ausreichende Kenntnisse über Liegenschaften und deren Lage vorhanden sein sollte, um das Projekt wirtschaftlich rentabel gestalten zu können (Nickel 2019).

Des Weiteren sind Projekt- als auch Bestandsimmobilien hinsichtlich ihrer Risikostruktur abzugrenzen.

Risiken, die im Fokus der **Projektimmobilie** stehen, ergeben sich während der Bauarbeiten und zum Zeitpunkt des Vertriebs. Zentrale Fragen, die sich jeder Anleger stellen sollte, sind Folgende:

**Fragen**

1. Liefern die Händler die gewünschte Qualität für das Bauvorhaben?
2. Liegt das Projekt im Zeitplan?
3. Werden die Baukosten eingehalten?
4. Können die Wohnungseinheiten zu den vorher festgelegten Preisen verkauft werden?

Zieht der Investor eine Beteiligung an einer **Bestandsimmobilie** in Betracht, sind die nachfolgenden zentralen Fragen zu stellen:

**Fragen**

5. Auf welche Laufzeit sind die Mietverträge ausgelegt?
6. Wie steht es um die Kreditwürdigkeit der Mieter?
7. Gibt es nicht versicherbare Risiken in dem Haus?

8. Wie schnell kann die Immobilie nach Auszug neu vermietet werden?
9. Wie steht es um die Bausubstanz der Immobilie? D. h., stehen etwaige Sanierungs-
   und/oder Instandsetzungsarbeiten an?

Eine tabellarische Darstellung soll eine grobe Einschätzung des Risikos des Crowdinvesting vermitteln. Dabei wurden die vier, in dieser Arbeit bereits vorgestellten Plattformen (Seematch, Companisto, Bergfürst und Exporo) anhand bestimmter Kriterien gegenübergestellt (siehe Tab. 2.10).

Aus der Tab. 2.10 kann entnommen werden, dass vor allem ein erhöhtes Risiko bei den Unternehmensfinanzierungen festzustellen ist. Ein zu nennendes Negativbeispiel ist Companisto, das mit einer Ausallquote von ca. 33 % deutlich über dem Gesamtdurchschnitt der Ausfallraten bei dem Crowdinvesting liegt. Dieser beträgt nach Addition aller Projekte aus den Bereichen Unternehmens-, Immobilien sowie Wachstumsfinanzierung ca. 6 % (69 Ausfälle bei 1276 Projekten). Allein der Sektor „Unternehmen" hat 65 Ausfälle bei 394 finanzierten Projekten zu beklagen. Das mag im Allgemeinen daran liegen, dass Startups einer Ungewissheit in Hinblick auf die Planbarkeit der Geschäftätigkeit unterliegen. Ein Blick auf die Ausfallquoten im Bereich der Immobilienfinanzierung macht deutlich, dass Anleger sich aktuell nicht um ihre Investition fürchten müssen. Dennoch muss erwähnt werden, dass es auch zu drohenden Ausfällen kommen kann, wie es letztes Jahr bei Exporo zu beobachten war. Dort standen bei sieben Kampagnen Zins- und Tilgungszahlungen aus. Insgesamt bezifferte sich das Anlagevolumen auf EUR 12 Mio.

---

**Fazit**

Das Crowdinvesting bietet den Anlegern eine attraktive Vergütung in der aktuellen Niedrigzinsphase. Diese geht jedoch mit einer Vielzahl an Risiken einher. Deshalb sollte jeder Einzelne eine genaue Prüfung der Projekte und eine Abwägung des Rendite-Risiko-Verhältnisses vornehmen, bevor letztendlich eine Investition getätigt wird.

---

**Tab. 2.10** Gegenüberstellung der vier Crowdinvesting-Plattformen anhand ausgewählter Kriterien

|                                          | Seedmatch     | Companisto    | Bergfürst     | Exporo        |
|------------------------------------------|---------------|---------------|---------------|---------------|
| Finanzierte Projekte                     | 152           | 129           | 93            | 321           |
| Finanziertes Volumen                     | EUR 61 Mio.   | EUR 118 Mio.  | EUR 141 Mio.  | EUR 655 Mio.  |
| Ausfall an Projekten                     | 19            | 42            | 0             | 0             |
| Ausfallvolumen                           | EUR 4 Mio.    | EUR 20 Mio.   | EUR 0         | EUR 0         |
| Ausfallquote nach bekannten Informationen | 12,5 %        | 32,5 %        | 0 %           | 0 %           |
| Ausfall pro Projekt                      | EUR 210 Tsd.  | EUR 475 Tsd.  | EUR 0         | EUR 0         |

**Orientierung:** Durchschnittliche Ausfallquote beim Crowdinvesting im Bereich der Unternehmens-, Immobilien und Wachstumsfinanzierung liegt bei ca. **5,5 %** (Stand: 2021)

## 2.2.8   Rechtslage des Crowdinvesting

Das folgende Kapitel gibt einen Überblick über die rechtlichen Bestimmungen auf nationaler als auch auf internationaler Ebene in Bezug auf das Crowdinvesting. Besonders die gesetzlichen Normen der folgenden Länder werden in dieser Arbeit näher beleuchtet: Deutschland, Schweiz, Frankreich, Niederlande, Schweden und USA. Eine Neuerung gibt es hingegen auf europäischer Ebene. Denn das Europäische Parlament verabschiedete im Oktober 2020 die Verordnung zum European Crowdfunding Service Provider (ECSP) Regime, die am 10.11.2021 in Kraft treten wird. Ziel ist es, europäischen Crowdfunding-Dienstleistern einen einheitlichen rechtlichen Rahmen zur Verfügung zu stellen, welcher Rechtssicherheit schafft und Start-ups bzw. anderen kleinen Unternehmen einen erleichterten Zugang zum restlichen Binnenmarkt ermöglicht. Mit diesem disruptiven Eingriff in ein bereits stark reguliertes Marktgeschehen, treibt die Europäische Union die Harmonisierung der europäischen Kapitalmärte voran. Vor ein paar Jahren war die Lage noch eine andere, da jeder einzelne Mitgliedsstaat seine eigene Rechtsordnung besaß und noch keine grenzüberschreitende Regulierung existierte. Zwar reagierte die EU-Kommission auf den rasanten Technologiefortschritt den FinTechs in den letzten Jahren hingelegt haben, indem sie einen entsprechenden Aktionsplan entwarf. Dieser enthielt einen Verordnungsvorschlag, der das Crowdfunding auf EU-Ebene regulieren soll (COM (2018) 113). Bedauerlicherweise gelang es der Kommission nicht eine einheitliche Norm für das Crowdfunding zu schaffen, sondern erschuf vielmehr ein Zwei-Schichten-Modell. Denn die Plattformbetreiber konnten entweder unter der von der ESMA ausgestellten Erlaubnis – diese gilt letztendlich EU-weit – oder weiterhin unter den nationalen Vorschriften operieren (Will und Quarch 2018).

Crowdfunding-Dienstleister, die über staatliche Grenzen hinweg operieren möchten, haben nun innerhalb einer einjährigen Übergangsfrist Zeit den Anforderungen der ESCP-Verordnung gerecht zu werden, bevor diese am 10.11 2022 verpflichtend sein wird. Bei Schwarmfinanzierungsdienstleistungen, die ab diesem Zeitpunkt unter das ESCP-Regime fallen, finden nationale Vorschriften keine Anwendung mehr, obgleich ein Angebot von Wertpapieren nur im eigenen Land geplant ist.

Die Kernpunkte der Verordnung sind:

---

**Übersicht**
- Gilt für kredit- und anlagebasierte Schwarmfinanzierungen
- Einheitliche Grundregeln für Crowdfunding-Plattformen, die in mehr als einem EU-Land tätig sind.
- Der Crowdfunding Service Provider (CSP) hat eine Erlaubnis bei der Behörde seines Sitz-Mitgliedsstaates einzuholen.
- Möglichkeit europaweit verschiedene Kapitalanlagen zu vermitteln (unbedingt rückzahlbare Kredite sowie übertragebare Wertpapiere im Sinne des Art. 4 Abs. 1 Nr. 44 der Richtlinie 2014/65/EU).

- Crowdfunding-Angebote über eine Zweckgesellschaft (SPV) sind bei darlehens-basierten Schwarmfinanzierungen nicht vorgesehen.
- Emittent darf keine Privatperson sein. Deshalb ist Peer-to-Peer Lending nicht möglich und Crowdfunding-Plattform darf seine Tätigkeiten nur unter der Rechtsform einer juristischen Person aufnehmen.
- Emittent kann Kapital in Höhe von bis zu EUR 5 Mio. innerhalb von 12 Monaten europaweit einsammeln (auch mehrere Emissionen mit unterschiedlichen Finanzinstrumenten möglich).
- Bei einem prospektfreien Angebot von Wertpapieren bis zur oben genannten Grenze hat der Emittent den Anlegern ein Anlagebasisinformationsblatt (Key Investment Information Sheet) zur Verfügung stellen. Dieses muss auf maximal sechs Seiten alle relevanten Informationen über das angebotene Produkt enthalten. Wichtig: Geltungsbereich der EU-Prospektverordnung entfällt in diesem Fall!
- Nachrangdarlehen fallen nicht in den Anwendungsbereich, d. h., dass weiterhin die nationalen Gesetze (in Deutschland: Vermögensanlagengesetz, §34f. Gewerbeordnung und die Finanzanlagenvermittlungsverordnung) einzuhalten sind.
- Es besteht eine Offenlegungspflicht der jährlichen Ausfallquoten der auf der Plattform angebotenen Schwarmfinanzierungsprojekte. Diese gilt für mindestens der letzten 36 Monate.
- Die ECSP-VO differenziert nach „nicht kundigen" als auch „kundigen" Anlegern. Bei Letzteren gelten höhere Anforderungen bei der Vermittlung von Kapital für die Plattformen.
- Entscheidet sich ein nicht kundiger Investor einen Betrag von EUR 1000 oder 5 % seines Reinvermögens (Basis der Berechnung gemäß Art. 21 Abs. 5) – je nachdem, welcher der beiden Beträge höher ist – für die Annahme eines Schwarmfinanzierungsangebots, so hat der Dienstleister zu gewährleisten, dass der Anleger den Risikohinweis zur Kenntnis genommen und eine ausdrückliche Zustimmung erteilt hat (Europäische Union und Europa Rat Oktober 2020).

Die USA galt durch die Vereinheitlichung der Regelungen auf Ebene bzgl. des Crowdfundings als Vorbild, da diese über alle Staaten hinweg gelten. Einzig die Sky Blue Laws, die eine Registrierung von Maklern und Investmentexperten erfordern, sind je nach Bundessaat unterschiedlich ausgestaltet. Dadurch sollen mehr Transparenz in Hinsicht auf das Angebot von Finanzinstrumente und zusätzlich mehr Anlegerschutz gewährleistet werden. Inwiefern die einzelnen Vorschriften der Bundesstaaten auf dessen Sicherstellung eingewirkt haben, soll hier unkommentiert bleiben.

Die Regulierung des Crowdinvestings verfolgt dabei klare Ziele. *Erstens* sollen die Kosten des Informationsmodells gesenkt werden. Grundsätzlich gestalten sich die

Emissionen am Kapitalmarkt als kostengünstig. In Bezug auf Crowdfinanzierungen ergibt sich jedoch eine andere Lage. Denn die Kosten wirken hier aufgrund der geringen Emissionsvolumina für die Unternehmer prohibitiv.

Zu nennen sind Ausgaben für die Erstellung des Verkaufsprospekts, Honorare für Wirtschaftsprüfer und Gebühren, die von der BaFin für die Genehmigung des Prospekts erhoben werden. Die Gesamtkosten bewegen sich dabei in einem Korridor zwischen EUR 25.000 und EUR 50.000, wobei die Anfertigung hochwertiger Prospekte Kosten bis zu EUR 100.000 verursachen können. *Zweitens* zielt der Gesetzgeber auf eine Erleichterung der Bedingungen hinsichtlich der Finanzierung von (jungen) Unternehmen, deren Fokus auf der Kapitalbeschaffung mittels Kleinstemissionen liegt, ab. *Drittens* stellt der Investorenschutz das Schlüsselelement dar. Denn er gilt als Gegenspieler bei dem Verlangen nach mehr Regulierung. Ein Konflikt entsteht hier dadurch, dass die Erhöhung des Schutzes der Anleger Mehrkosten für die Unternehmer mit sich bringt. Somit ist ein Kompromiss zu finden, der für beide Seiten eine gerechte Lösung beinhaltet (Schedensack 2018, S. 323 f.).

### 2.2.8.1 Deutschland

In Deutschland existierten bisher keine speziellen gesetzlichen Vorschriften bezüglich des Crowdfundings. Stattdessen muss auf die allgemeinen Regelungen des Zivilrechts, insbesondere auf die kapitalmarktrechtlichen Grundsätze zurückgegriffen werden, um rechtliche Rahmenbedingungen festzumachen (Fischer 2017, S. 20). Demnach liegt der Regulierung des Kapitalmarktrechts eine Dreiteilung zu Grunde: Abgesehen von den Vorschriften beim Handel mit Wertpapieren, sind Regularien hinsichtlich Fonds durch das Kapitalanlagegesetzbuch (KAGB) und Graumarktprodukte, die zum einen keine verbrieften Anteilsscheine und zum anderen kein Investmentvermögen darstellen dürfen, zu beachten (Schedensack 2018, S. 336).

Mit dem Inkrafttreten des Kleinanlegerschutzgesetzes (KASG) am 10.07.2015 setzte sich erstmals ein deutsches Gesetz, genauer gesagt das Vermögensanlagengesetz (VermAnlG), mit dem Begriff der Schwarmfinanzierung auseinander. Zudem änderten sich unter anderem das Finanzdienstleistungsaufsichtsgesetz (FinDAG), das Wertpapierhandelsgesetz (WpHG), die Gewerbeordnung (GewO) etc., um den Anlegern mehr Transparenz in Hinsicht auf die angebotenen Finanzierungsinstrumente zu ermöglichen (Deutscher Bundestag 2015, S. 1114 ff.). Grund für die spezielle Novellierung des Vermögensanlgengesetzes war ferner die Insolvenz des Windenergiebetreibers PROKON. Dieser bot potenziellen Investoren mittels aggressiver Werbung lohnende Beteiligungen über Genussrechte an. Das Ergebnis war verheerend. Denn Anleger mussten mit einem Ausfall von ca. 40 % ihrer Forderungen rechnen. Aber nicht nur der Fall PROKON zeigte Vermögenseinbußen bei der Kapitalbereitstellung durch Vermögensanlagen.

Die Summe der Negativereignisse rief die Regierung auf den Plan und sollten dementsprechend nicht ohne Folgen bleiben. In dem damaligen Koalitionsvertrag wurde indes die Stärkung des Verbraucherschutzes sowie eine Ausweitung der Funktionen der Bundesanstalt für Finanzdienstleistungsaufsicht (BaFin) verankert (Verbraucherzentrale 2018).

Das KASG zielte vor allem auf die Ausweitung der Publizitätspflichten ab. Darunter fielen insbesondere die Erweiterungen der Prospektpflicht, welche zum Beispiel strengere Vorschriften hinsichtlich der Aktualisierung und dem Nachtrag zum Verkaufsprospekt vorsahen. Des Weiteren bezog der Gesetzgeber partiarische Darlehen und Nachrangdarlehen in den § 1 Abs. 2 VermAnlG ein. Darüber hinaus ergänzte er § 1 Abs. 2 Nr. 7 um eine Generalklausel (Winde 2019, S. 35). *„Künftig unterfallen [somit] sämtliche im Ergebnis wirtschaftlich vergleichbaren Vermögensanlagen dem Vermögens-analgengesetz"* (Schedensack 2018, S. 337). Schließlich gelten nun prinzipiell all jene Vermögensanlagen als verboten, soweit sie eine Nachschusspflicht des Investors fordern (Bundesfinanzministerium 2015).

Neben den umfänglichen Pflichten, die Unternehmen zu erfüllen haben, statuierte die gesetzgebende Gewalt jedoch auch Ausnahmen bzgl. einzelner Arten von Vermögensanlagen (gemäß § 2 VermAnlG), eine Befreiung für Schwarmfinanzierung (nach § 2a VermAnlG) sowie weitere sektorale Ausnahmeregelungen in den §§ 2c und 2d.

Erstere bestanden bereits vor der Einführung der Introduktion des KASG. Demnach sind Projekte von den auferlegten Pflichten der §§ 5a bis 26 VermAnlG befreit. Vor allem Anforderungen entsprechend der Erstellung eines Verkaufsprospekts sind nicht mehr zu beachten (§ 6 VermAnlG). Praxisrelevant für die Durchführung von Crowdinvesting im Sinne des **§ 2 VermAnlG** sind primär die Ausnahmetatbestände in Bezug auf das öffentliche Angebot für „private" Emissionen, die nicht mehr als 20 Anteile umfassen (Nr. 3 lit. a), für die Ausgabe von angebotenen Anteilen eines Graumarktprodukts, bei denen der Gesamtpreis von EUR 100.000 innerhalb von zwölf Monaten nicht überschritten wird (Nr. 3 lit. b) sowie für eine Vermögensanlage, deren Preis pro Investor mindestens EUR 200.000 beträgt (Nr. 3 lit. c). Letztere ist in der Praxis jedoch von geringerem Wert, da das Crowdinvesting überwiegend Kleinanleger anstatt erfahrene Großinvestoren adressiert.

Neu hingegen sind unter anderem die durch das KASG geschaffenen Ausnahme-regularien des **§ 2a VermAnlG.** Diese befreien Unternehmer bei der Durchführung einer Schwarmfinanzierung – wie auch der § 2 VermAnlG – von der Erstellung eines Prospekts.

Daneben sind Lockerungen hinsichtlich der Mindestlaufzeit (§ 5a VermAnlG) und der Fakturierung (§§ 23–25 VermAnlG). Um dennoch von den Ausnahmetatbeständen zu profitieren, müssen Emittenten einige Voraussetzungen einhalten. Diese erfuhren im Jahr 2019 etliche **Neuerungen.** Erstens darf der Gesamtverkaufspreis aller angebotenen Vermögensanlagen derselben Emittentin innerhalb von zwölf Monaten den Wert von nun **EUR 6 Mio.** – zuvor EUR 2,5 Mio. – nicht übersteigen. Des Weiteren sind neben den partiarischen Darlehen, Nachrangdarlehen und sonstigen Anlagen nach § 1 Abs. 2 Nr. 7 VermAnlG inzwischen auch **Genussrechte** in den Ausnahmebereich der Schwarm-finanzierungen verankert worden. Zudem weitete der Gesetzgeber diesen auf eine weitere Gesellschaftsart, welche sich an Crowdinvesting-Projekten beteiligen darf, aus. Denn mittlerweile können abgesehen von Kapitalgesellschaften auch **Personengesell-schaften oder Stiftungen** von der Ausnahme Gebrauch machen. Ferner statuierte die

Legislative eine neue Regelung für Anleger bezgl. deren Einzelanlageschwelle. Während die Nummer 1 und 2 des § 2a Abs. 3 VermAnlG unberührt blieben, änderte sich der Maximalbetrag einer Investition pro Kapitalgeber von EUR 10.000 auf nun **EUR 25.000** (Hainz et al. 2019, S. 27 f.; Kretzschmar 2019). Eine seitens aller Crowdfunding-Teilnehmer erwartete Erweiterung der Befreiung auf GmbH-Anteile blieb jedoch aus.

Weitere Novellierungen sind unter anderem – bezogen auf Anpassungen des Vermögensanlageninformationsblattes (VIBs) für Unternehmens- und Immobilienfinanzierung und auf Vorschriften, die Interessensverflechtungen zwischen dem Unternehmen und der Plattform verhindern sollen – ein Jahr später gemacht worden. Detailliertere Angaben zu den einzelnen Änderungen sollen an dieser Stelle nicht folgen (Aschenbeck und Drefke 2019).

Ein Verbot in Hinsicht auf die Kombination unterschiedlicher Ausnahmeregularien besteht grundsätzlich nicht. Daneben ist es gleichgültig, ob die Ausnahmetatbestände für dasselbe Angebot einer Teilhaberschaft zugleich oder sequenziell ausgenutzt werden. Eine willkürliche Kombination der Ausnahmeregelungen basierend auf einer Vermögensanlage ist in der Praxis allerdings nicht durchsetzbar. Ein Beispiel soll nun die vorangegangene Aussage stützen. § 2 Abs. 1 Nr. 3 lit. a VermAnlG sieht von der Erstellung des Prospekts ab, falls nicht mehr als 20 Anteile einer Vermögensanlage angeboten werden. Eine Kombination mit weiteren Anteilen des § 2 Abs. 1. Nr. 3 lit. c VermAnlG ist deshalb nicht möglich, da das kombinierte Angebot letztlich mehr als 20 Anteile umfasst (Maas 2017, § 2 VermAnlG Rz. 8). Ferner ist nach § 2a Abs. 4 VermAnlG eine Kombination mit den Ausnahmeregelungen gemäß des § 2 Abs. 1 Nr. 3 VermAnlG im Rahmen einer Schwarmfinanzierung untersagt. Grund hierfür ist die Befürchtung seitens des Gesetzgebers, dass die festgelegten Zeichnungsgrenzen umgangen werden können (Schedensack 2018, S. 357).

Am 06.05.2021 kam es zu weiteren Neuerungen. Denn der Bundestag verabschiedete das Schwarmfinanzierungs-Begleitgesetz, das die Vorgaben der ECSP-VO in deutsches Recht umsetzen soll. Dabei hoffte die Crowdfunding-Branche auf einheitliche Rahmenbedingungen für Unternehmen, die europaweit Schwarmfinanzierungs-Projekte durchführen wollen. Indes schuf der deutsche Gesetzgeber Regularien, die die Ziele der ECSP-VO konterkarieren und deutsche Unternehmen im internationalen Wettbewerb benachteiligen würde. Ein Grund liegt in dem vorgeschlagenen Haftungsregime. Denn die Regelungen sehen vor, dass Leitungsorgane, wie der/die Geschäftsführer, Aufsichtsräte, aber auch leitende Mitarbeiter, die bei der Erstellung eines Basisinformationsblatts mitwirkten, bei „einfacher" Fahrlässigkeit persönlich mit ihrem Vermögen haften. Dabei unterscheidet sich die Haftungsregelung in den wesentlichen Punkten zu den anderen Bereichen. Denn Emittenten von Wertpapieren und Vermögensanlagen – mit und ohne Prospekt – haften de lege lata nur bei „grober" Fahrlässigkeit. Des Weiteren ist auch eine Haftung der Geschäftsführer der Schwarmfinanzierungs-Plattformen nicht ausgeschlossen. Häufig werden Finanzierungsrunden über zwischengeschaltete Zweckgesellschaften durchgeführt, die das Kapital der Anleger bündeln. Die Bildung dieses Konstrukts erfolgt üblicherweise über die Plattformen.

Ein weiterer Kritikpunkt ist, dass ein Angebot von GmbH-Anteilen nicht in das neue Gesetz aufgenommen wurde. So kann beispielsweise ein französisches Start-up potenziellen Anlegern Anteile dieser Rechtsform in Höhe von EUR 5 Mio. europaweit offerieren, während ein deutsches ein nationales Angebot von maximal EUR 100 Tsd. anpreisen kann. Hier wird schnell ersichtlich, dass ein deutsches Unternehmen mit klaren Wettbewerbsnachteilen zu kämpfen hat.

Eine weitere Novellierung gibt es hinsichtlich der Stärkung des Anlegerschutzes. Mit dem Gesetz, das am 16.07.2021 verabschiedet wurde, gehen wesentliche Änderungen im Vermögensanlagengesetz einher. Die Richtlinien treten zum 17.08.2021 in Kraft. Ab diesem Zeitpunkt werden erstmals sogenannte Blindpools verboten. Hier stellen Anleger Geld bereit, ohne ein konkretes Wissen über das mögliche Anlageobjekt zu besitzen. Dieses Verbot gilt nicht, „wenn sich das Angebot nur an eine Kapitalgesellschaft oder eine GmbH & Co. KG richtet, deren Kommanditisten gleichzeitig Gesellschafter der GmbH sind oder an der Entscheidungsfindung der GmbH beteiligt sind, sofern die GmbH & Co. KG kein Investmentvermögen und keine Verwaltungsgesellschaft nach dem Kapitalanlagegesetzbuch ist". Weitere Kernpunkte des Vermögensanlagengesetzes sind:

> **Übersicht**
> - Das Anlageobjekt muss im Vermögensinformations-Blatt (VIB) klar bestimmt sein
> - Nach §5b Abs. 3 VermAnlG dürfen Anleger künftig nur dann Vermögensanlagen erworben werden, wenn zuvor Anlageberatung oder Anlagevermittlung durch ein Wertpapierdienstleistungsunternehmen oder einen Finanzanlagenvermittler erbracht wurde. Das Ziel den Behörden eine strengere Aufsichtskontrolle zu ermöglichen, ist somit erreicht.
> - Damit Unternehmen die eingesammelten Gelder für den vorher definierten Zweck einsetzen, muss der Emittent nun einen Mittelverwendungskontrolleur (§5c Abs. 1 VermAnlG) bestellen sowie ein Mittelverwendungskonto (§5c Abs. 2 VermAnlG) einrichten. Mittelverwendungskontrolleure können nur Rechtsanwälte, Notare, Steuerberater oder Wirtschaftsprüfer sein.
> - Demnach fallen unter anderem Vermögensanlagen nach §1 Abs. 2 Nr. 3–8 VermAnlG, wenn es sich um Sachgüter oder Mehrebenenstrukturen handelt, in den Anwendungsbereich des § 5c VermAnlG.
> - Prospektprüfung und Prospektbilligung bilden zukünftig einen zusammenhängenden Prozess. Demnach kann die Aufsichtsbehörde den Vertrieb der Produkte auch dann einschränken (§ 8 Abs. 4 VermAnlG), wenn es dazu erhebliche Bedenken in Bezug auf den Anlegerschutz gibt, unabhängig davon, ob das Prospekt alle Anforderungen erfüllt.

- Ab Anfang 2022 werden sämtliche von der BaFin gebilligten Verkaufsprospekte sowie VIBs – falls das Angebot unter die Schwarmfinanzierungsausnahme des §2a VermAnlG fällt – auf deren Internet-Seite veröffentlicht und mindestens zehn Jahre bereitgestellt (§ 13a Abs. 3 VermAnlG). Damit erhöht die Finanzaufsicht die Transparenz für die angebotenen Produkte (BaFin 2021).

Zudem ist auch eine wesentliche Änderung im Wertpapierprospektgesetz (WpPG) vorgenommen worden. Denn neben den VIBs werden auch die Wertpapierbasisinformationsblätter (WIBs) ab Anfang 2022 von der deutschen Finanzaufsichtsbehörde auf deren Homepage für zehn Jahre lang einzusehen sein.

### Zusammenfassung

Mit dem KASG ist erstmals ein Gesetz geschaffen worden, in dem der Begriff der Schwarmfinanzierung Anwendung findet. Neben umfänglichen Pflichten, die den Emittenten auferlegt wurden, existieren jedoch auch Ausnahmeregelungen. Die für das Crowdinvesting bedeutendsten Befreiungen sind in den §§ 2-2c VermAnlG fixiert. Wichtige Änderungen des § 2a VermAnlG aus dem Jahr 2019 ergaben sich bzgl. der Erhöhung der Schwelle für prospektfreie Angebote sowie des maximalen Investitionsbetrags pro Anleger, der Erweiterung der betragsfreien Investitionen auf Personengesellschaften sowie der Ausweitung der Schwarmfinanzierungsausnahme auf Genussrechte. Für Emittenten erhöhte sich vor allem der Gestaltungsspielraum und es verringerte sich der Aufwand bei der Verwirklichung von Crowdinvesting-Kampagnen.

Zudem sollen betragsfreie Investitionen durch die in das Gesetz aufgenommenen GmbH & Co. KGs der alternativen Finanzierungsform mehr professionelle Anleger zuspielen. Dieser Gedankengang wird nochmals zusätzlich bestärkt, zumal Anleger nun bis zu einem Betrag von EUR 25.000 investieren können.

Während der Crowdfunding-Bundesverband die umfassenden Neuerungen begrüßte, sahen Kritiker diese als bedenklich an. Denn mit der Erhöhung Schwelle für prospektfreie Angebote gerät der Investorenschutz in Gefahr. Dies ist insofern widersprüchlich als die Regierung sich selbst verantwortlich für die Obhut der Anleger gemacht hatte. Zwar besteht weiterhin die Pflicht ein VIB zu veröffentlichen, dennoch sind die dort aufzufindenden Informationen über eine Vermögensanlage auf wenige Seiten zusammengefasst, sodass eine umfängliche Bewertung – im Vergleich zu einem vorliegenden Verkaufsprospekt – durch die Interessenten nicht durchführbar ist. Zudem soll untersucht werden, ob bei der Anhebung der Obergrenze für die prospektfreie Graumarktprodukte – verglichen mit der Erhöhung der Schwelle für die prospektfreie Ausgabe von Wertpapieren auf EUR 8 Mio. – sachgerecht vorgegangen wurde (Aschenbeck und Drefke 2019). Des Weiteren ging die Erhöhung der Einzelanlageschwelle mit einem noch höheren Risiko der Anleger einher. Da die Adressaten

bei der Durchführung von Crowdinvesting-Projekten überwiegend unerfahrene Kleinanleger, die sich zumeist von den angepriesenen Renditen blenden lassen, darstellen,
erhöht das demzufolge zusätzlich die Gefahr des Erleidens eines Totalverlustes.

Diese Bedenken berücksichtige der Gesetzgeber, indem er 2021 das Gesetz zur
Stärkung des Anlegerschutzes verabschiedete. Zahlreiche Novellierungen im Vermögensanlagengesetz sollen zukünftig die Transparenz der Angebote stärken. Einen
wesentlichen Faktor spielt der Mittelverwendungskontrolleur, dessen Aufgabe es ist,
zu kontrollieren, ob die von dem Emittenten eingesammelten liquiden Mitteln, zu
dem vorher vereinbarten Zweck verwendet werden.

### 2.2.8.1.1  Aufsichtsrechtliche Pflichten für Plattformen

Zentraler Untersuchungsgegenstand dieses Kapitels ist die aufsichtsrechtliche Klassifizierung von Crowdinvesting-Plattformen, die Vermögensanlagen gemäß des § 1 Abs. 2
VermAnlG vertreiben.

Pflichten ergeben sich ohnehin für die Plattformbetreiber, zumal die angebotenen
Graumarktprodukte Finanzinstrumente nach § 1 Abs. 11 KWG und § 2 Abs. 2b WpHG
darstellen. Demnach benötigen Plattformbetreiber je nach angestrebter Geschäftspolitik
und angebotenem Finanzierungsinstrument eine entsprechende Lizenz. Neben einer
Erlaubnis nach § 34f. Abs. 1 S. 1 Nr. 3 GewO bzw. § 34h GewO und einer bankrechtlichen Erlaubnis gemäß § 32 Abs. 1 S. 1 KWG können unter Umständen Erlaubnispflichten nach dem ZAG oder KAGB aufkommen.

Derzeit sind eingetragene Finanzdienstleister noch den entsprechenden Gewerbe-
ämtern oder der Industrie- und Handelskammer (IHK) unterstellt. Dies soll sich jedoch
ab dem 01.01.2021 ändern. Denn die Bundesregierung strebt eine sukzessive Übertragung der Kontrolle über Finanzanlagenvermittler auf die Bundesanstalt für Finanzdienstleistungsaufsicht an. Hintergrund dafür ist das Anstreben „eine[r] ‚einheitliche[n]
und qualitativ hochwertige[n]‘ Aufsicht" (Rezmer 2019).

**Erlaubnispflicht nach dem KWG** Zunächst ist zu prüfen, ob die Plattformbetreiber
einer Erlaubnis nach § 32 Abs. 1 KWG bedürfen.

*Keine Bankgeschäfte* Crowdinvesting-Plattformen, die sowohl gewerbsmäßig als auch
in einem Umfang tätig, *„der einen in kaufmännischer Weise eingerichteten Geschäfts-*
*betrieb erfordert"*, üben in praxi keine Bankgeschäfte aus. Dieser Ausschluss soll
nun mittels des Abprüfens auf das mögliche Vorliegen eines Einlagen-, Kredit-, oder
Emissionsgeschäfts bestätigt werden.

**Einlagengeschäft**
Der Einlagenbegriff wird durch den § 1 Abs. 1 S. 2 Nr. 1 KWG legal definiert. Demnach liegt
ein Einlagengeschäft vor, wenn es sich um *„die Annahme fremder Gelder des Publikums,*
*sofern der Rückzahlungsanspruch nicht in Inhaber- oder Orderschuldverschreibungen*

*verbrieft wird, ohne Rücksicht darauf, ob Zinsen vergütet werden"*, handelt. Erstens liegt schon deshalb kein Einlagengeschäft vor, da Plattformbetreiber keine Zahlungsmittel entgegennehmen (Schwennicke und Auerbach 2016, § 1 Rz. 15 ff.). *„Bei Buchgeld besteht die Annahme in der Kontogutschrift im Rahmen des bargeldlosen Zahlungsverkehrs"* (BaFin 2014b). Da das Crowdinvesting-Modell in der Regel so konzipiert ist, dass ein Treuhänder, der die Gelder an die Unternehmer bzw. Projektentwickler weiterleiten soll, zwischen beiden Parteien geschaltet wurde, kann solche eine Annahme angezweifelt werden. Zweitens ist ein Ausschluss eines Einlagengeschäfts gerechtfertigt, als der Kapitalnehmer – unabhängig vom Vorliegen einer Rangrücktrittserklärung – die Rückzahlung der Gelder zu leisten hat (Schedensack 2018, S. 363).

**Kreditgeschäft**
Gemäß § 1 Abs. 1 S. 2 Nr. 2 KWG liegt bei einer *„Gewährung von Gelddarlehen und Akzeptkrediten"* ein Kreditgeschäft vor. Neben Gelddarlehen im Sinne des § 488 BGB existieren auch Sonderformen, wie beispielweise das partiarische Darlehen (BaFin 2016). Wie das im vorherigen Absatz definierte Einlagengeschäft, setzt das Kreditgeschäft eine unbedingte Rückzahlbarkeit voraus. Obendrein führt die Vereinbarung eines qualifizierten Rangrücktritts zum Ausschluss eines Kreditgeschäfts (Schwennicke und Auerbach 2016, § 1 Rz. 36). Die Bafin hingegen vertritt einen subtileren Standpunkt. Denn ihrer Ansicht nach schließe eine qualifizierte Nachrangklausel einen uneingeschränkter Rückzahlungsanspruch nur bei einer Gewährung von Darlehen an Unternehmen aus. Die Darlehensgewährung an natürliche Personen, die Eigenschaften eines Verbrauchers nach § 13 BGB aufweisen, kommt einem Kreditgeschäft gleich. Bezogen auf das Crowdinvesting scheidet solch ein Geschäft zumindest deshalb aus, da Crowdfunding-Plattformen keine Darlehen einräumen, sondern alleinig zwischen den Parteien als Vermittler tätig sind (Boos et al. 2016, § 1 Rz. 62).

**Emissionsgeschäft**
Ein Emissionsgeschäft gemäß § 1 Abs. 1 S. 2 Nr. 10 KWG wird definiert als *„die Übernahme von Finanzinstrumenten für eigenes Risiko zur Platzierung oder die Übernahme gleichwertiger Garantien"* übernehmen. Zugegebenermaßen stellen Intermediäre einen Markt zur Erstausgabe von Vermögensanlagen zur Verfügung (Klöhn und Hornuf 2012, S. 237, 249), dennoch übernehmen Plattformbetreiber Graumarktprodukte nicht für eigenes Risiko. Hintergrund ist der vermehrte administrative Aufwand, der sich aus der Einholung einer bankrechtlichen Lizenz nach § 32 Abs. 1 KWG ergibt und der trotz moderater Provisionseinnahmen durch die Freischaltung von Crowdfinanzierungs-Projekten nicht amortisierbar erscheint (Schedensack 2018, S. 364).

*Finanzdienstleistungen* Die überwiegende Anzahl an Crowdinvesting-Plattformen bietet den Anlegern eine Beteiligung mittels partiarischer Darlehen an. Diese stellen seit der Einführung des KASG Vermögensanlagen i. S. d. § 1 Abs. 2 VermAnlG und sind daher auch als Finanzinstrumente gemäß § 1 Abs. 11 S. 1 KWG zu qualifizieren. Im Folgenden sollen die für ein Crowdinvesting infrage kommenden Formen einer Finanzdienstleistung (nach § 1 Abs. 1a S. 2 KWG) geprüft werden, um schließlich eine Aussage darüber treffen zu können, ob ein Online-Dienstleister als Finanzdienstleistungsinstitut zu klassifizieren ist.

**Anlagevermittlung**

Anlagevermittlung nach § 1 Abs. 1a S. 2 Nr. 1 KWG ist *„die Vermittlung von Geschäften über die Anschaffung und die Veräußerung von Finanzinstrumenten"*. Entgegen dem Wortlaut „und" besteht die Möglichkeit, dass sich die Vermittlungtätigkeit entweder auf den Erwerb **oder** auf den Verkauf von Finanzinstrumenten bezieht. Wichtige Tatbestandsvoraussetzung für eine korrekte Zuweisung als Anlagevermittler ist, dass dieser eine entsprechende Botentätigkeit übernimmt. Diese umfasst die Weiterleitung einer Willenserklärung eines Anlegers an denjenigen, mit dem der Investor einen Deal abschließen möchte. Die Art des Vertriebswegs der Botentätigkeit sowie die Auffassung, ob es sich um ein Angebot oder eine Annahme der weitergeleiteten Willenserklärung handelt, ist dabei unerheblich (BaFin 2017a). Weiterhin fungiert auch derjenige als Anlagenvermittler, der *„ein EDV-System zur Verfügung stellt, durch das auf die Anschaffung oder die Veräußerung von Finanzinstrumenten gerichtete Willenserklärungen des Anlegers an potenzielle Vertragspartner weitergeleitet werden"* (BaFin 2017a).

Hiervon sind jedoch EDV-Systeme zu unterscheiden, die erstens eine Zusammenführung der Vertragspartner mittels eines festen Regelwerks beinhalten und zweitens den Parteien keinen Ermessensspielraum bei dem Abschluss eines Geschäfts mit der Gegenpartei geben (Schedensack 2018, S. 364 f.).

Des Weiteren betreibt jener Anlagevermittlung, wer zielgerichtet und fördernd auf die Abschlussbereitschaft des Investors einwirkt. Demnach erbringt auch derjenige Anlagevermittlung, *„der bewusst und final auf einen Anleger einwirkt, damit dieser ein Geschäft über die Anschaffung oder über die Veräußerung von Finanzinstrumenten abschließt"* (BaFin 2017a). Hiervon ist im Regelfall auszugehen, wenn eine Vorstellung solcher Geschäfte durch einen Intermediär an die Anleger erfolgt, da dieser mit seinem Vertragspartner zuvor eine Einigung über das Bezahlen einer Provision erzielt hat (Schedensack 2018, S. 365).

Implikationen für die Crowdinvesting-Plattformen unter der Einbeziehung der genannten Maßstäbe sind folgende: Eine Botenschaft der Online-Dienstleister ist schon deshalb gegeben, da sie die Willenserklärung der Anleger an die Kapitalnehmer weiterleiten. Besteht der Fall, dass der Antrag der Geldnehmer keine invitatio ad offerendum darstellt, sondern vielmehr ein Angebot gemäß § 145 BGB abgegeben wurde – unter der Voraussetzung eines Verfehlens der vorgegebenen Fundingschwelle – so besteht sogar hier eine botenmäßige Überbringung der Willenserklärung durch die Plattform und es liegt demzufolge die Vermutung nahe auch hier von einer Botentätigkeit auszugehen (Schedensack 2018, S. 365). Des Weiteren ist eine Crowdinvesting-Plattform als ein optimaler Vermarktungskanal anzusehen. Vorerst selektieren die Internet-Plattformen nicht passende Unternehmen aus. Diejenigen die das Auswahlverfahren überstanden haben, bekommen schließlich die Möglichkeit den Anlegern ihr Geschäftsmodell auf der Website vorzustellen. Die Internetportale arrangieren nicht nur den Erstkontakt zwischen dem Startup und dem Investor, sondern bilden besser gesagt die Grundlage für einen künftigen Vertragsabschluss. Dieser kommt ausschließlich über die Portale zustande, die ihrerseits wiederum den Parteien entsprechende technische „Werkzeuge", wie beispielweise die Software zur Verfügung stellen (Fischer 2017, S. 45 f.).

Aus den vorangegangenen Tatbestandsuntersuchungen geht jedenfalls hervor, dass Internet-Portale unmittelbar auf die Investoren einwirken und demzufolge als Anlagevermittler zu qualifizieren sind. Aus diesem Grund bedürfen sie einer Erlaubnis nach § 32 Abs. 1 KWG.

Vermitteln Crowdinvesting-Portale partiarische Darlehen – wie es nach derzeitigem Stand üblich ist – sind diese seit der Einführung des KASG nicht mehr dem Anwendungsbereich des § 34c Abs. 1 Nr. 2 GewO untergeordnet, sondern unterliegen nunmehr den umfassenderen Regelungen des § 34f. Abs. 1 S. 1 Nr. 3 GewO. Dagegen soll die Vermittlung klassischer Darlehensverträge weiterhin dem sachlichen Anwendungsgebiet des § 34c Abs 1 Nr. 2 GewO zugeordnet bleiben (Winde 2019, S. 190; Will 2015, S. 430, 433).

**Anlageberatung**

Das Kreditwesengesetz formuliert die Anlageberatung gemäß § 1 Abs. 1a S. 2 Nr. 1 a KWG als *„die Abgabe von persönlichen Empfehlungen an Kunden oder deren Vertreter, die sich auf Geschäfte mit bestimmten Finanzinstrumenten beziehen, sofern die Empfehlung auf eine Prüfung der persönlichen Umstände des Anlegers gestützt oder als für ihn geeignet dargestellt wird und nicht ausschließlich über Informationsverbreitungskanäle oder für die Öffentlichkeit bekannt gegeben wird".* Dabei entspricht der Wortlaut des KWG dem des § 2 Abs. 8 Nr. 10 WpHG. Eine Empfehlung gilt bereits dahin gehend als personalisiert, wenn der Kunde – i. S. d. Norm als natürliche oder juristische Person klassifizierbar – den Intermediär mit generellen Informationen über seinen finanziellen Status informiert und die Plattformbetreiber diese schließlich im Zusammenhang mit der Empfehlung einbeziehen. Von einer Anlageberatung ist auch dann auszugehen, falls die Empfehlung *„als für den Anleger geeignet dargestellt wird"* (BaFin 2019a). Dazu reicht die bloße Erweckung des Anscheins einer Einbeziehung der persönlichen Verhältnisse des Investors in die von dem Vermittler abgegebene Empfehlung aus. Entscheidend hierfür ist, ob der Adressat die Mitteilung als Ratschlag zu verstehen vermag (Assmann und Schneider 2012, § 2 Rz. 113). Ist dagegen ein Hinweis, ohne jeglichen individuellen Charakter vorzuweisen, liegt lediglich das Bewerben eines Finanzinstruments vor (Boos et al. 2016, § 1 Rz. 146).

Für das Crowdinvesting gilt nach derzeitigem Stand folgendes: Plattformbetreiber dokumentieren weder persönliche Anlageinteressen noch holen sie sich Informationen über die finanziellen Umstände ihrer Anleger ein. Ein Grund sind die erhöhten Kosten, die einer Prüfung der individuellen Verhältnisse entgegenstehen. Obendrein entsprechen steigende Transaktionskosten nicht dem Geschäftsmodell der Plattformbetreiber, erst recht nicht den charakterlichen Eigenschaften des Crowdinvestings (Schedensack 2018, S. 366).

Des Weiteren kann eine Anlageberatung auch deshalb ausgeschlossen werden, da die freigeschalteten Anzeigen auf der Website der Online-Dienstleister ausschließlich als bloße Werbung anzusehen sind. Die Situation ändert sich jedoch, wenn der Vermittler den Anschein erweckt, er habe die pekuniären Verhältnisse ihrer Investoren geprüft. Demzufolge könnte beispielsweise die Aussage „Das Unternehmen YZ mag für Mikroinvestoren – aufgrund der Möglichkeit des Erzielens einer hohen Rendite – besonders geeignet sein" als eine Anlageempfehlung zu qualifizieren sein (Jansen und Pfeifle 2012, S. 1842, 1849; ESMA 2014, S. 17, Rz. 52). Abschließend ist festzuhalten, dass eine Einordnung als Anlageberater jedenfalls deshalb kaum Vorteile zu bieten hat, da die Plattformbetreiber kein quantitatives Angebot an Finanzinstrumente verschiedener Risikoklassen vorzuweisen haben und infolgedessen den Investoren keine geeigneten Anlagealternativen empfohlen werden können (Schedensack 2018, S. 366).

**Abschlussvermittlung und Finanzkommissionsgeschäft**

Die Abschlussvermittlung gemäß § 1 Abs. 1a S. 2 Nr. 2 KWG erbringt, wer für *„die Anschaffung und Veräußerung von Finanzinstrumenten im fremden Namen für fremde Rechnung [verantwortlich ist]"*. Plattformen sind ausschließlich dann als Abschlussvermittler anzusehen, insofern die Abgabe derer eigenen Willenserklärung als Vertreter ihrer Anleger erfolgt. Da die Online-Dienstleister lediglich im Rahmen einer Botentätigkeit (siehe Anlagevermittlung) eine fremde Willenserklärung an den Emittenten bzw. Erwerber der Finanzinstrumente weiterleiten, sind im Ergebnis die Tatbestandsvoraussetzungen, die für eine Abschlussvermittlung erfüllt sein müssen, zu negieren (BaFin 2014c).

Darüber hinaus kann aus demselben Grund, der gegen eine Qualifikation als Abschlussvermittler spricht, ein Handeln als Finanzkommissionär nach § 1 Abs. 1 S. 2 Nr. 4 des Gesetzes über das Kreditwesen ausgeschlossen werden. Dennoch sind diese zwei Geschäfte zur Erbringung einer Finanzdienstleistung abzugrenzen. Während der Abschlussvermittler einen Kauf bzw. Verkauf unter fremden Namen und auf fremde Rechnung anstrebt, handelt der Finanzkommissionär unter eigenem Namen und auf fremde Rechnung.

Aus diesem Grund können die Tatbestände der beiden Finanzdienstleistungen nicht durch ein gleichartiges Verpflichtungsgeschäft erfüllt werden (BaFin 2014c).

**Finanzportfolioverwaltung**

Der Gesetzgeber versteht unter der Finanzportfolioverwaltung nach § 1 Abs. 1a S. 2 Nr. 3 KWG *„die Verwaltung einzelner in Finanzinstrumenten angelegter Vermögen für andere mit Entscheidungsspielraum"*. Im Gegensatz zur Abschluss- und Anlagevermittlung, bei denen der Vermittler ausschließlich weisungsgebunden agiert, müssen

Anlageentscheidungen des Vermögensverwalters im Rahmen der Finanzportfolioverwaltung in dessen Ermessen getätigt und darüber hinaus durchgeführt werden.

Bedarf es dagegen vor der Umsetzung der Entscheidung einer Zustimmung des
Kunden (Zustimmungsvorbehalt), so ist charakteristische Eigenschaft des Ent-
scheidungsspielraums nicht mehr erkennbar (BaFin 2018). In diesem Fall liegt keine
Finanzdienstleistung i. S. d. Finanzportfolioverwaltung vor.

Nachteilig für den Verwalter wirkt sich die Nichtaufnahme in den Ausnahmebereich
des § 2 Abs. 6 S. 1 Nr. 8 lit. e KWG. Deshalb sind sie grundsätzlich den Pflichten des
§ 32 KWG und zusätzlich dem Wohlverhaltensgebot des WpHG unterstellt (Oppenheim und Lange-Hausstein 2016, S. 1966, 1969; Assmann und Schütze 2015, § 23 Rz.
30 ff.). Andere Regelungen ergeben sich dabei nach § 2 Abs. 6 Nr. 20 KWG. Hierunter
sind *„Unternehmen, die außer der Finanzportfolioverwaltung und der Anlageverwaltung keine Finanzdienstleistungen erbringen, [nicht als Finanzdienstleistungsinstitute
zu klassifizieren], sofern [sich] die Finanzportfolioverwaltung und Anlageverwaltung
nur auf Vermögensanlagen im Sinne des § 1 Absatz 2 des Vermögensanlagengesetzes [bezieht]“*. Der Ausschluss einer KWG-Erlaubnis scheint für den Schutz der
Anleger nicht essenziell zu sein und soll zudem den Vermögensverwalter nicht mit
unverhältnismäßigen Kosten überlasten (BT-Drucks. 17/6051 2011, S. 42). In der Praxis
ist die Finanzportfolioverwaltung bei der Durchführung von Crowdinvesting-Kampagnen
eher kaum anzutreffen.

Besteht der Fall, dass Plattformen den Anlegern durch das Beantworten eines web-
basierten Fragenkatalogs beispielweise bei der Erstellung eines Musterportfolios,
das mithilfe eines Algorithmus konfiguriert wird, mitwirken, so spricht die Bafin von
einer automatisierten Finanzportfolioverwaltung. Zudem ist sie von Robo-Advisory-
Plattformen abzugrenzen, zumal diese spezielle FinTech-Kategorie lediglich eine
Anlageempfehlung für den Anleger erstellt. Vermögensverwalter hingegen betreuen das
Finanzportfolio fortlaufend.

Sollten jedoch Plattformbetreiber jemals eine Erlaubnis zur Ausführung der Finanzportfolioverwaltung erhalten, ist das Agieren als Abschlussvermittler mithin ein-
geschlossen, da die Online-Dienstleister als eingetragener Finanzportfolioverwalter
höheren Anforderungen gerecht werden müssen. Umgekehrt gilt dies allerdings nicht
(BaFin 2018).

**Platzierungsgeschäft**
Gemäß § 1 Abs. 1a S. 2 Nr. 1c KWG handelt es sich um ein Platzierungsgeschäft.
wenn *„das Platzieren von Finanzinstrumenten ohne feste Übernahmeverpflichtung
[gewerbsmäßig und in einem Umfang erbracht wird, der einen in kaufmännischer Weise
eingerichteten Geschäftsbetrieb erfordert]“*. Hierunter werden ausschließlich Geschäfte
erfasst, die sich mit der Veräußerung von Finanzinstrumenten in offener Stellvertretung
befassen.

Die „Platzierung“ zielt hiernach auf den Verkauf von Finanzvehikeln gemäß § 1
Abs. 11 KWG bzw. § 1 Abs. 2 VermAnlG bzw. § 1 Abs. 1 KAGB im Kapitalmarkt oder

an eine beschränkte Anzahl an Personen oder (institutionelle) Investoren im Zuge einer Emission ab. Unter einer „Emission" versteht die Bafin wiederum die Erstausgabe einer im Voraus festgelegten Menge an Finanzierungsinstrumenten durch einen Emittenten. Darüber hinaus bedarf es zwingend einer „Platzierungsabrede". Durch diese wird der Platzierende von einem Emittenten mit der Positionierung der ausgegebenen Finanzinstrumente am Kapitalmarkt betraut. Schließlich ist für ein Vorliegen eines Platzierungsgeschäfts ein Ausschluss der Übernahme des Absatzrisikos durch den Emittenten bei dessen Ausgabe der Finanzinstrumente notwendig (BaFin 2013a).

Im Regelfall kann zwar bei der Durchführung einer Emission im Rahmen einer Crowdfinanzierungen davon ausgegangen werden, dass zwischen dem Emittenten und dem Platzierenden eine entsprechende Abrede besteht. Dennoch äußern Online-Dienstleister in praxi keine eigenen Willenserklärungen, sondern leiten ausschließlich Willenserklärungen weiter. Aus diesem Grund ist hier wiederum von einer Botentätigkeit auszugehen, die infolgedessen das für ein Platzierungsgeschäft notwendige Tatbestandsmerkmal einer (offenen) Stellvertretung auszuschließen vermag.

**Multilaterales Handelssystem und organisierter Handel**
Des Weiteren wird diskutiert, ob die Intermediäre aufgrund der Zusammenbringung von Vertragsparteien nach festgeschriebenen Regelungen sich für das Betreiben eines multilateralen Handelssystems (englisch: mulitlateral trading facility, abgekürzt MTF) qualifizieren. § 1 Abs. 1a S. 2 Nr. 1b KWG definiert den Betrieb eines multilateralen Handelssystems als *„de[n] Betrieb eines multilateralen Systems, das die Interessen einer Vielzahl von Personen am Kauf und Verkauf von Finanzinstrumenten innerhalb des Systems und nach festgelegten Bestimmungen in einer Weise zusammenbringt, die zu einem Vertrag über den Kauf dieser Finanzinstrumente führt"*. Ausschlaggebend hiernach ist, dass für beide Parteien kein Ermessensspielraum bestehen bleibt, *„ob sie im Einzelfall das Geschäft mit einem bestimmten Vertragspartner abschließen wollen"* (BaFin 2013b). Weiterhin erfordert der Betrieb eines multilateralen Handelssystems eine kontinuierliche Zusammenführung der Interessen innerhalb eines Systems, sodass eine gelegentliche Intervention von Finanzinstrumenten als ungenügend erachtet wird (Winde 2019, S. 179).

Vorerst scheint eine Qualifikation einer Crowdinvesting-Plattform als multilaterales Handelssystem erdenklich. Denn je nach expliziter vertraglicher Ausgestaltung, ist eine Zusammenfügung der Willenserklärung des Unternehmens und Anlegers innerhalb des Systems ohne Ermessensspielraum möglich. In der Praxis obliegt es jedoch in den meisten Fällen dem Emittenten, ob er die Offerte annimmt. Kann diese Rechtsfrage verneint werden, so betreiben Plattformen ein multilaterales Handelssystem. Das Erbringen dieser Finanzdienstleistung wäre allerdings für das Crowdinvesting ungünstig. Denn nach § 31f. Abs. 1 Nr. 1 WpHG in Verbindung mit § 19 Abs. 2–4 BörsG hat der Systembetreiber den Zugang so einzurichten, dass Privatanleger von der Teilnahme an diesem System ausgeschlossen werden. Genau diese Zielgruppe wird aber bei Crowdfinanzierungen angesprochen (Schedensack 2018, S. 366 f.).

Weiterhin sehe die Legislative in einem MTF ein börsenähnliches System (BaFin 2013b). Unzureichend sei hier das Bereitstellen eines Marktplatzes, zumal auf diesem lediglich die Erstemission von Graumarktprodukten durchgeführt wird.

Nach aktuellem Wissensstand bieten nur wenige Crowdinvesting-Plattformen einen Sekundärmarkt an. Dieser dürfte jedoch aufgrund der starken Illiquidität nur eingeschränkt nutzbar sein. Demzufolge müsste danach differenziert werden, ob alleinig die Potentialität eines Umlaufmarkts, der durch entsprechende Vorkehrungen geschaffen wird, zu einem Zuspruch des Tatbestandsmerkmals ausreicht oder ob ein Handel am Sekundärmarkt de facto möglich sein muss (Winde 2019, S. 179 f.).

Des Weiteren enthält § 1 Abs. 1a S. 2 Nr. 1b KWG das Tatbestandsmerkmal „einer Vielzahl von Personen". Hierbei wird vorausgesetzt, dass eine unbestimmte Menge an Personen innerhalb des Systems mitwirken. Dies gilt sowohl für die Seite der Geldsuchenden als auch für die der Geldgeber. Ein Blick auf die Zahl der Beteiligten bei einem Crowdinvesting-Projekt zeigt allerdings, dass eine Unausgeglichenheit aufseiten der Anleger vorherrscht (Schedensack 2018, S. 366 f.). Infolgedessen kann die Frage, ob Online-Dienstleister beim Crowdinvesting ein multilaterales Handelssystem betreiben, ergänzend zu den vorangegangenen Erläuterungen, die bereits den Ausschluss dieser Finanzdienstleistung angeführt haben, verneint werden.Aus denselben Gründen ist das Vorliegen eines organisierten Handelssystems nach § 1 Abs. 1a S. 2 Nr. 1d KWG bzw. nach der wortgleichen Umsetzung des Art. 4 Abs. 1 Nr. 19 MiFID II auszuschließen. Zwar räumt der Gesetzgeber im Vergleich zu einem MHF dem Betreiber einen gewissen Entscheidungsspielraum ein. Jedoch muss das Tatbestandsmerkmal eines „sekundären Handels" vorliegen. Darüber hinaus setzt § 1 Abs. 1a S. 2 Nr. 1d KWG den Erwerb und die Veräußerung von hauptsächlich Schuldverschreibungen, strukturieren Finanzprodukten, Derivaten etc. voraus. Da bei den typischen Crowdfinanzierungen jedenfalls vorrangig partiarische Nachrangdarlehen emittiert werden, kommen Schuldverschreibungen als auch strukturierte Finanzprodukte i. S. d. Art. 2 Abs. 1 Nr. 28 MiFIR nicht in Betracht (Schedensack 2018, S. 368).

**Ausnahmeregelungen nach § 2 Abs. 6 Nr. 8 KWG**

Obwohl nach dem Abprüfen der bisherigen Tatbestandsmerkmale eine Vermittlungstätigkeit der Plattformen zu bestätigen ist, bedürfen sie aufgrund der in § 2 Abs. 6 Nr. 8 lit. e) KWG statuierten Bereichsausnahme keiner Erlaubnis gemäß § 32 Abs. 1 KWG. *„Gemäß § 2 Abs. 6 Nr. 8 lit e) KWG ist von der Erlaubnispflicht unter anderem befreit, wer ausschließlich die Anlageberatung **und/oder** die Anlagevermittlung zwischen Kunden und Anbietern oder Emittenten von Vermögensanlagen im Sinne von § 1 Abs. 2 VermAnlG unter der Voraussetzung betreibt, dass er nicht befugt ist, sich bei der Erbringung [der beiden Finanzdienstleistungen] Eigentum oder Besitz an Geldern der Kunden zu verschaffen"* (Kunschke und Schaffelhuber 2018, S. 59 Hervorh. d. Verf.). Darüber hinaus erfordert der Ausnahmetatbestand ein erstmaliges öffentliches Angebot der Vermögensanlagen.

In der Praxis werden diese Bedingungen in den überwiegenden Fällen erfüllt. Zunächst ist das Tatbestandsmerkmal der „Emission von Vermögensanlagen" zu bejahen. Denn Plattformen bieten den Anlegern überwiegend Beteiligungen über partiarische Darlehen an, die gemäß § 1 Abs. 2 VermAnlG Vermögensanlagen darstellen. Weiterhin ist eine Vermittlung zwischen den Anlegern und dem Emittenten gegeben. Schließlich liegt ein erstmaliges öffentliches Angebot der Graumarktprodukte vor. Eine andere Situation würde sich ergeben, wenn Plattformbetreiber einen Sekundärmarkt für Anleger errichten. Dies würde zur Folge haben, dass die Portale als Finanzdienstleistungsinstitut einzustufen wären, was infolgedessen eine Erlaubnis nach § 32 Abs. 1 KWG mit sich zieht.

Außerdem ist es den Anlagevermittlern und -beratern untersagt, sich *„Eigentum oder Besitz an Geldern"* zu verschaffen. Dieser Tatbestand soll als Maßnahme gegen eine mögliche Defraudation von Geldern oder der Rechtsposition dienen.

Obendrein ist es den Anlageberatern- und -vermittlern untersagt sich durch eine vertragliche Vereinbarung diverse Zugangsmöglichkeiten zu Geldern oder anderweitigen Vermögenspositionen der Investoren zu verschaffen. Weiterhin führt ein möglicher Herausgabeanspruch sowie der bloße Zwischenerwerb der Gelder zum Ausschluss des Ausnahmetatbestands gemäß § 2 Abs. 6 Nr. 8 lit. e) (BaFin 2017b). Ferner statuiert § 20 FinVermV ein striktes Verbot für die Annahme der Gelder, jedoch nur für Dienstleister, die innerhalb des Ausnahmebereichs operieren.

In der Praxis bei der Durchführung von Crowdinvesting-Kampagnen ergibt sich folgendes: Zwar weisen die Portale ausdrücklich darauf hin, *„dass [sie] nicht berechtigt sind, [sich] Eigentum oder Besitz an Geldern oder Wertpapieren von Kunden zu verschaffen."* Jedoch ist eine Prüfung des exakten Kapitalflusses notwendig.

Da sich die Kapitalbeziehungen in den meisten Fällen von Plattform zu Plattform unterscheiden, ist eine Einzelbewertung vorzunehmen. Derzeit sind allerdings die Geschäftsmodelle der Internet-Portale so ausgestaltet, dass der Zahlungsverkehr an Unbeteiligte, wie bspw. Finanzdienstleister ausgelagert werden. Dieser soll dementsprechend durch eine vereinbarte Treuhandabrede mit der Plattform, deren Zugang zu den Geldern verhindern. Ferner ergibt sich noch die Möglichkeit, die Gelder der Investition direkt auf ein eingerichtetes Konto der Unternehmen zu transferieren. Fazit: Beide Varianten des Zahlungsverkehrs deuten auf eine Nichtannahme der Gelder hin, welche somit eine Fortführung der Geschäftstätigkeit unter dem Ausnahmetatbestand des § 2 Abs. 6 Nr. 8 lit. e) ermöglicht (Fischer 2017, S. 48 f.).

Es sind dennoch Fälle bekannt, bei denen Plattformen mittels einer zwischengeschalteten Tochtergesellschaft immerhin mittelbar entgegennehmen und schließlich an die Emittentin weiterleiten. Zwar mag die unter dem Namen des Online-Dienstleisters unabhängige Anlagegesellschaft zum Anlegerschutz in Bezug auf eine mögliche Insolvenz der Plattform beitragen. Nichtsdestotrotz besteht die Tatsache, dass sich die Gelder der Investoren de facto im Besitz der Zwischengesellschaft befinden (Fischer 2017, S. 48 f.). Diese gehört dabei im Regelfall zu 100 % der Crowdinvesting-Plattform an.

**Fazit**

Sollte diese Variante des Zahlungsverkehrs Zuspruch finden und würde man demzufolge unter der Zwischenschaltung einer Tochtergesellschaft das Vorliegen einer Eigentums- und/oder Besitzverschaffung der Gelder negieren, so wäre dieses Tatbestandsmerkmal zu leicht abwendbar. Auf Crowdfinanzierungs-Plattformen würde diese Maßnahme hingegen positiv wirken, da sie lediglich aufgrund der Operation innerhalb des Ausnahmebereichs des § 2 Abs. 6 Nr. 8 lit. e) den geringeren Anforderungen des § 34f. GewO gerecht werden müssen. Schließlich bleibt fest-zuhalten, dass die Bereichsausnahme des KWG nur dann einschlägig ist, wenn die Zahlungsströme an Dritte ausgegliedert werden (Fischer 2017, S. 48). Der Zugriff auf einen „europäischen Pass" gemäß § 24a Abs. 1 und Abs. 3 KWG bleibt den Platt-formen jedenfalls anschließend verwehrt (Schedensack 2018, S. 372).

**Erlaubnispflicht nach ZAG** Weiterhin kann für Crowdinvesting-Plattformen eine Erlaubnispflicht nach § 10 Abs. 1 S. 1 ZAG bestehen, wenn diese Zahlungsdienste nach § 1 Abs. 1 S. 2 ZAG erbringen, ohne dabei als Zahlungsdienstleister gemäß § 1 Abs. 1 S. 1 Nr. 2–5 ZAG aufzutreten. Von dem in § 10 Abs. 1 S. 1 ZAG aufgeführten Tatbestandsmerkmal der „Gewerbsmäßigkeit" dürfte praktisch wieder ausgegangen werden.

Eine für das Crowdinvesting sehr naheliegende Zahlungsdienstleistung ist das Finanz-transfergeschäft nach § 1 Abs. 1 S. 2 Nr. 6 ZAG. Darunter versteht der Gesetzgeber

> *„die Dienste, bei denen ohne Einrichtung eines Zahlungskontos auf den Namen des Zahlers oder des Zahlungsempfängers ein Geldbetrag des Zahlers nur zur Übermittlung eines entsprechenden Betrags an einen Zahlungsempfänger [Alt. 1] oder an einen anderen, im Namen des Zahlungsempfängers handelnden Zahlungsdienstleister entgegengenommen wird oder bei dem der Geldbetrag im Namen des Zahlungsempfängers entgegengenommen und diesem verfügbar gemacht wird [Alt. 2]".*

Dabei muss die Erbringung des Finanztransfergeschäfts nicht zwingend die Haupt-tätigkeit des Dienstleisters bilden. Genauer gesagt ist es ausreichend, wenn das Finanz-transfergeschäft lediglich als Nebendienstleistung für andere Obliegenheiten getätigt wird (Bräutigam und Rücker 2017, 4. Teil, C., Rz. 7; Weitnauer und Parzinger 2013, S. 153. ff.). Außerdem fällt unter den Tatbeständen bei der Durchführung dieser Art von Geschäftätigkeit sowohl die Vereinnahmung und Weiterleitung von Buch- als auch von Bargeld (Bräutigam und Rücker 2017, 4. Teil, C., Rz. 7; Wörner und Morkisch 2017, S. 10 ff.).

Die Errichtung eines Poolkontos ist in der Praxis für die derzeitig angewendeten Crowdinvesting-Modelle mit Fundingschwelle keineswegs unrealistisch. Denn die Aus-zahlung der Gelder soll erst nach dem Erreichen dieser Schwelle erfolgen und muss demzufolge zwischenzeitlich durch einen Treuhänder verwahrt werden. Eine Heraus-nahme der Plattformen aus dem Anwendungsbereich des § 1 Abs. 1 S. 1 Nr. 1 ZAG durch das Heranziehen der Ausnahmevorschrift für Handelsvertreter gemäß § 2 Abs. 1 Nr. 2 ZAG, der wiederum die Vorschriften des Art. 3 lit. b PSD II umsetzt, ist indessen nicht möglich, da sich erstens die Plattformbetreiber in keine Verhandlungen mit den Investoren begeben, demzufolge auch kein Verhandlungsspielraum gegeben sein kann und zweitens der Abschluss nicht unter fremden Namen erfolgt.

Vielmehr fallen die Tätigkeiten unter die bankaufsichtsrechtlichen Bestimmungen und sind indessen als Abschlussvermittlung oder ggfs. als Platzierungsgeschäft zu klassifizieren, was demgegenüber zu einer Disqualifikation der Bereichsausnahme nach § 2 Abs. 6 Nr. 8 lit. e) ZAG führt. Dieses Herausmanövrieren aus der bankrechtlichen Privilegierung hätte für Portale schwerwiegende Folgen in Bezug auf die Maxime niedriger Kosten, zumal zum einen der Aufwand für den Erwerb einer Erlaubnis nach § 10 Abs. 1 S. 1 ZAG praktisch sehr hoch ist und zum anderen der Inanspruchnahme dieser Erlaubnis u. U. höhere Anforderungen – verglichen mit der Erlangung einer Erlaubnis nach § 32. Abs. 1 KWG – zugrunde liegen. Letztendlich liegt jedenfalls dann ein Finanztransfergeschäft vor, wenn Online-Dienstleister die Gelder ihrer Anleger unmittelbar entgegennehmen (Schedensack 2018, S. 373 f.).

Im Ergebnis ist festzuhalten, dass Crowdinvesting-Plattformen mit Dritten, also Banken oder anderen externen Zahlungsdienstleistern, welche letztlich sich der Verwahrung sowie der Weiterleitung der Investorengelder beim Erreichen der Fundingschwelle annehmen, kooperieren. Deshalb ist die Frage nach der Einholung einer Erlaubnis gemäß § 10 Abs. 1 S. 1 ZAG zu verneinen, da die Plattformen selbst zu keiner Zeit etwaige Investorengelder entgegennehmen.

**Erlaubnispflicht nach KAGB**

Der Aufsichtsrahmen des KAGB enthält Regelungen für Organismen für gemeinsame Anlagen in Wertpapieren (OGAW) und alternativen Investmentfonds (AIF). Zudem unterfallen deren Manager (AIFM) den aufsichtsrechtlichen Pflichten des Kapital-anlagengesetzbuchs. Das Hauptaugenmerk dieses Gesetzes liegt auf der Regulierung von Investmentvermögen. Dieses soll dabei mittels der Kapitalaufnahme durch ein Poolingverfahren der Investorengelder gebildet werden (Weitnauer et al. 2014, Einleitung).

Anlageverwaltungsgesellschaften gemäß § 17 Abs. 1 KAGB, die einer Erlaubnispflicht für die Verwaltung von Investmentvehikeln nach § 20 Abs. 1 KAGB bedürfen, werden zugleich von dem Anwendungsbereich des KWG ausgeschlossen. Weiterhin ist der Vorrang des KAGB gegenüber dem KWG zu beachten. Grundsätzlich vermitteln Intermediäre nach § 34f. GewO als eingetragener Finanzanlagenvermittler Vermögens-anlagen i. S. v. § 1 Abs. 2 VermAnlG. Während diese dort positiv unter den Nummern 1–7 positiv aufgelistet werden, fallen im Gegenzug Wertpapiere i. S. d. WpPG als auch Anteile in Investmentvermögen gemäß § 1 Abs. 1 KAGB aus dem Anwendungsgebiet heraus (Graf zu Solms-Laubach und Mihova 2015, S 1872 ff.; Weitnauer et al. 2014, § 20 Rz. 5 und § 17 Rz. 24f.).

Als Investmentvermögen versteht der Gesetzgeber *„jede[n] Organismus für gemeinsame Anlagen, der von einer Anzahl von Anlegern Kapital einsammelt, um es gemäß einer festgelegten Anlagestrategie zum Nutzen dieser Anleger zu investieren und der kein operativ tätiges Unternehmen außerhalb des Finanzsektors ist"*.

Unter dem Begriff „Organismus" ist dagegen ein *„rechtlich oder wirtschaftlich verselbstständigtes gepooltes Vermögen."* (BaFin 2015) zu verstehen. Die Ausgestaltung der Rechtsform, sowie die Art und Weise der Beteiligung der Investoren am Vermögen, spielt hierbei keine Rolle. Jedenfalls fehlt es an einer Bildung eines kollektiven Investmentfonds, wenn die Geldgeber sich ausschließlich unmittelbar an der Kapitalanlagegesellschaft beteiligen. Ein Organismus für gemeinsame Anlagen liegt auch dann nicht vor, wenn das häufig zur Simplifizierung des Abstimmungsverfahrens bekannte Stimmrechtspooling zum Einsatz kommt, zumal die Beteiligungen aller Investoren separiert behandelt werden. Etwas anderes ergibt sich hingegen, wenn Geldgeber ihr Kapital mittelbar einem SPV überlassen (Weitnauer und Parzinger 2013, S. 153, 156; Weitnauer 2014, S. 1, 4). Dieses Geschäftsmodell mit der Erschaffung einer Zweckgesellschaft ist besonders bei französischen Plattformen beliebt. Im deutschsprachigen Raum ist hierbei die im November 2017 in Insolvenz geratene Crowdfunding-Plattform Innovestment zu nennen. Vorteile, die eine Poolinggesellschaft mit sich bringt, sind auf der einen Seite die vereinfachte Anlageverwaltung für das Unternehmen. Denn diesem steht aufgrund der Zusammenfassung der einzelnen Stimmrechte, nur noch ein Anleger gegenüber. Sollte der Poolinggesellschaft nunmehr Gesellschaftsrechte, wie bspw. Kontrollrechte zugestanden werden, könnte sich eine Stärkung der Stellung auf Anlegerseite ergeben. Zudem wirkt sich solch eine „Aufwertung" der Rechte nicht negativ auf die Unternehmer aus, besonders da die entstandenen Transaktionskosten hier nicht maßgeblich sind (Schedensack 2018, S. 376 f.).

Immerhin wäre das Tatbestandsmerkmal eines „Organismus" nach § 1 Abs. 1 KAGB für eine eingeschaltete Poolinggesellschaft zutreffend, da der alleinige Zweck dieses SPV in der Zusammenführung der Investorengelder besteht und obendrein auf einer Teilhaberschaft an anderen Unternehmen beruht, ohne sich dabei in irgendeiner Form gewerblich zu betätigen.

Entscheidend ist nun, ob das Merkmal der „gemeinsamen Anlagen" zutreffend ist. Dieses setzt grundsätzlich voraus, dass Geldgeber einerseits die Chance erhalten, Renditen zu erzielen, aber andererseits, dass aus der Investition resultierende Risiko in Kauf nehmen müssen. Das Tatbestandsmerkmal gilt laut BaFin als nicht erfüllt, wenn ein Investor einen unbedingten Rückzahlungsanspruch eingeräumt bekommt. Der Anspruch auf den Erhalt des Kapitaldienstes bleibt auch dann fortbestehen, unabhängig davon, ob ein Unternehmen einen Verlust erwirtschaftet hat oder nicht. Partiarische (Nachrang-) Darlehen, die die am meisten verwendete emittierte Vermögensanlage bei der Durchführung von Crowdinvesting-Projekten darstellt, weist keine Verlustbeteiligung auf und das Tatbestandsmerkmal „für gemeinsame Anlagen" wäre somit als ungenügend anzusehen. Darüber hinaus führt eine vereinbarte Rangrücktrittserklärung nicht zwingend zu einer grundlegenden Verlustbeteiligung an einem Organismus (Schedensack 2018,

S. 378). Zwar stehe es dem Investor nicht zu, seine Investition zurückzufordern, insofern er dadurch eine Überschuldung des Unternehmens auslösen würde, dennoch bleibe der Rückzahlungsanspruch bestehen, ungeachtet all dessen der Organismus Verluste zu verzeichnen habe oder nicht (BaFin 2015).

Im Ergebnis bleibt festzuhalten, dass Crowdfinanzierungs-Plattformen nicht dem Anwendungsbereich des KAGB unterfallen, da deren Geschäftsmodell nicht darin besteht, Kapital für den eigenen Zweck einzusammeln und zu verwalten. Vielmehr sollen die Anlagegesellschaften mit den Anlegern zusammengeführt werden. Aus diesem Grund liegt keine Verwaltung von Investmentvermögen gemäß § 1 Abs. 1 KAGB vor.

**Erlaubnispflicht nach GewO** Wer wie schon bereits erwähnt unter der Bereichsausnahme des § 2 Abs. 6 Nr. 8 KWG im Rahmen seiner gewerbsmäßigen Tätigkeit Anlagevermittlung oder Anlageberatung für Vermögensanlagen i. S. d. § 1 Abs. 2 VermAnlG erbringt, hat den Erlaubnispflichten nach § 34f. GewO als eingetragener Finanzanlagenvermittler nachzukommen. Vorerst wäre für Plattformen, die eine klassische Darlehensvermittlung betreiben, eine Erlaubnis nach § 34c Abs. 1 Nr. 2 GewO einschlägig. Tatsächlich war es der Fall, dass sämtliche Internet-Portale, deren Geschäftstätigkeit in der Vermittlung von partiarischen (Nachrang-) Darlehen bestand, vor dem Inkrafttreten des Kleinanlegerschutzgesetzes solche eine Erlaubnis besaßen. Da mit der Änderung durch das KASG diese Darlehensart nunmehr den Gesetzmäßigkeiten des Vermögensanlagengesetzes entsprechen, bedürfen Portale nicht mehr der Erlaubnis des § 34c Abs. 1 Nr. GewO, sondern haben sich nun vielmehr den strengeren Vorschriften des § 34f. Abs. 1 GewO zu unterstellen. Nach aktueller Lage sind entweder die Gewerbeämter oder die Industrie- und Handelskammer (IHK) für die Erlaubniserteilung zuständig. Diese Situation sollte sich im Jahr 2021 ändern. Denn der aktuelle Finanzminister Olaf Scholz hatte das Ziel ausgeschrieben, dass bis spätestens Anfang 2021 alle Anlagevermittler und -berater der Aufsicht der BaFin unterstehen sollen. Damit wollte der Gesetzgeber zugleich dem Telos einer einheitlichen und qualitativ hochwertigen Finanzaufsicht gerecht werden. Allerdings stieß diese Idee auf einen Widerstand der Parteien innerhalb des Bundestages. Insgesamt würden künftig über ca. 37.000 freie und bankunabhängige Finanzberater von der BaFin überwacht werden. Inwieweit diese „Mammutaufgabe" letztendlich zu bewältigen sei, bleibt fraglich, zumal dieses Vorhaben unter anderem eine massive Aufstockung des Personals erfordern würde (Rezmer 2019). Außerdem wäre von einer Mehrkostenbelastung in zweistelliger Millionenhöhe auszugehen.

Jedenfalls erfordert eine Erlaubnis als eingetragener Finanzanlagenvermittler eine gewisse Zuverlässigkeit der Beantragenden. Demnach wird der Antragsteller auf sein aktuelles Vermögensverhältnis geprüft. Des Weiteren muss ein Sachkundenachweis sowie ein Nachweis über eine Berufshaftpflichtversicherung eingereicht werden. Die Folge aus dem Besitz einer Lizenz nach § 34f. GewO ist, dass die Portale den Pflichten aus der Finanzanlagenvermittlungsverordnung (FinVermV) nachzukommen haben. Solch einer Lizenz bedarf es jedoch dann nicht, wenn die Online-Portale nach § 2 Abs. 10

KWG als vertraglich gebundener Vermittler unter dem Haftungsdach eines CRR-Kreditinstituts oder Wertpapierdienstleistungsunternehmens stehen (§ 34f. Abs. 3 Nr. 4 GewO) (Kunschke und Schaffelhuber 2018, S. 59 f.).

---

**Zusammenfassung**

Die Mehrheit der Crowdinvesting-Plattformen operieren in praxi unter dem Regime des § 34f. GewO. Gelegentlich sind auch Portale (wie z. B. Exporo) zu finden, die Bankgeschäfte oder Finanzdienstleistungen erbringen und demzufolge einer bankrechtlichen Lizenz nach § 32 Abs. 1 KWG bedürfen. Summa summarum soll eine Erlaubnispflichtigkeit dazu beitragen, dass sämtliche Anforderungen gemäß § 33 Abs. 1 KWG und § 34f. Abs. 2 GewO erfüllt werden. In Bezug auf die Erlaubniserteilung ist es von besonderer Wichtigkeit, dass eine Begutachtung der am Crowdinvesting-Prozess beteiligten Personen vorgenommen wird. Darüber hinaus ist sicherzustellen, dass ein adäquates Anfangskapital vorhanden ist und entsprechende Nachweise, wie zum Beispiel über die Berufshaftpflichtversicherung vorliegen (Schedensack 2018, S. 335).

### 2.2.8.1.2 Aufsichtsrechtliche Pflichten für den Emittenten

Auch Emittenten müssen bei der Durchführung von Crowdemissionen sämtlichen Pflichten nachkommen. Insbesondere eine Erlaubnispflicht nach dem KWG sowie Pflichten aus dem KAGB scheinen hier einschlägig zu sein.

**Erlaubnispflicht nach dem KWG** Es bestünde die Möglichkeit, dass Emittenten dem erlaubnispflichtigen Einlagengeschäft nach § 1 Abs. 1 S. 2 Nr 1 KWG nachkommen. Dieses ist definiert, als *„die Annahme fremder Gelder als Einlagen oder anderer unbedingt rückzahlbarer Gelder des Publikums, sofern der Rückzahlungsanspruch nicht in Inhaber- oder Orderschuldverschreibungen verbrieft wird, ohne Rücksicht darauf, ob Zinsen vergütet werden"*. Eine **Erlaubnispflicht** besteht jedenfalls nur dann, wenn das entsprechende Rechtssubjekt das Merkmal der Gewerbsmäßigkeit erfüllt und *„[...], wenn der Umfang dieser Geschäfte objektiv einen in kaufmännischer Weise eingerichteten Geschäftsbetrieb"* (BaFin 2014b) aufzuweisen vermag. Ein Blick auf das Tatbestandsmerkmal der „Verbriefung" zeigt, dass diese nach aktuellen Crowdinvesting-Praktiken ausgeschlossen werden kann (BaFin 2014b). Weiterhin erfordert das Betreiben eines Einlagengeschäfts die Entgegennahme fremder Gelder des Publikums. Dies ist hier zu bejahen, zumal die Kapitalakquise der Online-Portale vorerst durch eine große Anzahl an unbekannten Personen erfolgt (Schedensack 2018, S. 338). Nach derzeitigem Stand ist vorerst von einem Einlagengeschäft auszugehen.

Allerdings mangelt es an dem Merkmal der „unbedingt rückzahlbare[n] Gelder", sofern zuvor ein eine qualifizierte Nachrangabrede vertraglich festgelegt wurde. Diese besondere Art des Rücktritts *„bewirkt eine* **Wesensänderung** *der Geldhingabe vom bankgeschäftstypischen Darlehen mit unbedingter Rückzahlungsverpflichtung* **hin zur** *unternehmerischen Beteiligung mit einer eigenkapitalähnlichen Haftungsfunktion"* (BaFin 2014b). Da bei aktuellen Crowdinvesting-Kampagnen die emittierten Vermögensanlagen in der Regel mit einem qualifizierten Rangrücktritt ausgestattet sind, werden diese folglich nicht von dem Einlagenbegriff erfasst. Das führt nunmehr dazu, dass Portale kein erlaubnispflichtiges Einlagegeschäft gemäß § 1 Abs. 1 S. 2 Nr. 1 KWG betreiben.

**Erlaubnispflicht nach dem KAGB** Ferner ist eine Beantragung einer Lizenz für die an einem Crowdinvesting-Prozess beteiligten Unternehmen nach dem Kapitalanlagengesetzbuch nicht abwegig. Dies tritt dann ein, wenn die Kapitalnehmer ein Investmentvermögen verwalten sollten. Darunter versteht die Legislative *„jede[n] Organismus für gemeinsame Anlagen, der von einer Anzahl von Anlegern Kapital einsammelt, um es gemäß einer festgelegten Anlagestrategie zum Nutzen dieser Anleger zu investieren und der kein operativ tätiges Unternehmen außerhalb des Finanzsektors ist".*

Bei den im Rahmen eines Crowdinvesting finanzierten Startups handelt es sich schon deshalb nicht um ein Investmentvermögen, da diese im Regelfall eine operativ tätige Gesellschaft darstellen, deren Zweckverfolgung von industrieller Art ist (Weitnauer et al. 2014, § 1 Rz. 22). Weiterhin fehlt es nach den aktuell am Markt praktizierten Modellen an dem Merkmal der Gemeinschaftlichkeit in Bezug auf das Bilden eines Sondervermögens. Denn ein Organismus für gemeinsame Anlagen liegt jedenfalls nur dann vor, wenn Anleger einerseits von Gewinnen profitieren, aber andererseits auch für entstandene Verluste haften müssen. Davon ist bei der Emission von partiarischen (Nachrang-) Darlehen nicht auszugehen, zumal diese eine Verlustbeteiligung ausschließen. Anderes gilt dagegen für stille Beteiligungen oder Poolingmodelle, die eine Haftung für Verluste einschließen. Jedoch erfolgt die Gründung gewöhnlich durch eine entsprechende Crowdfinanzierungs-Plattform. Demzufolge benötigt das zu finanzierende Unternehmen keine Lizenz nach dem KAGB.

**Prospektpflicht** Ist das Geschäftsmodell so konzipiert, dass Vermögensanlagen i. S. d. § 1 Abs. 2 VermAnlG und/oder Wertpapiere i. S. d. § 2 Abs. 1 WpHG im Inland öffentlich angeboten werden, besteht für den Anbieter eine mögliche Pflicht zur Erstellung eines Verkaufsprospekts. Dabei muss vorab untersucht werden, wer „Anbieter" entsprechend den gesetzlichen Regelungen ist. Da – wie bereits angesprochen – Crowdinvesting-Plattformen lediglich vermittelnd tätig und demzufolge als Dritter agieren, können nach aktuellem Stand nur die kapitalakquirierenden Unternehmen als „Anbieter" infrage kommen.

*Pflichten nach dem VermAnlG* Da bei Crowdinvesting-Kampagnen die Vermittlung von Vermögensanlagen gemäß § 1 Abs. 2 VermAnlG im Vordergrund steht, ist grundsätzlich eine Pflicht zur Erstellung und Veröffentlichung eines Verkaufsprospekts nach § 6 VermAnlG gegeben. Einzige Ausnahme ergibt sich im Zusammenhang mit der Durchführung einer Schwarmfinanzierung nach § 2a VermAnlG. Hiernach profitieren jedoch nicht alle angebotenen Vermögensanlagen von den gesetzlichen Erleichterungen. Lediglich Finanzinstrumente gemäß § 1 Abs. 2 Nr. 3–5 und 7 VermAnlG sind hiernach erfasst.

Ungeachtet all dessen, ob ein Verkaufsprosekt anzufertigen ist oder nicht, muss jedenfalls mindestens ein **VIB** gemäß § 13 VermAnlG veröffentlicht werden. Die dort zu vermittelnden Informationen dürfen auf nicht mehr als **drei Seiten** niedergeschrieben sein. Aufbau und Inhalt sind nahezu gänzlich standardisiert. Demnach sind dem Anleger beispielsweise grundlegende Daten über den Emittenten und deren offerierten Vermögensanlage, als auch elementare Risikohinweise anzugeben. Ein Blick auf die Änderungen in Bezug auf die im Rahmen einer Schwarmfinanzierung zur Verfügung zu stellenden Informationen, hob deren Niveau noch einmal auf ein höheres Level an. Denn vor dem Inkrafttreten des KASG bestand im Hinblick auf die im Zusammenhang mit einer Crowdfinanzierung emittieren partiarischen (Nachrang-) Darlehen weder eben genannte Pflichten noch eine Pflicht zur Anfertigung eines VIB, trotz Ausnutzung der gesetzlichen Ausnahmeregelungen des § 2 Abs. 1 Nr. 3 VermAnlG (Schedensack 2018, S. 360).

Rückblickend ist festzuhalten, dass Emittenten aufgrund der niedrigen Emissionsvolumina bei Crowdfinanzierungen den Grundsatz niedriger Kosten verfolgen und infolgedessen prospektpflichtige Emissionen im Regelfall umgehen. Weiterhin würde sich aus Anbietersicht die Vereinbarung einer Fundingschwelle auf deren Betriebsergebnis negativ auswirken, da im Falle eines Nichterreichens dieses vereinbarten Limits die Rückvergütung der Prospektkosten unmöglich erscheint (Schedensack 2018, S. 345). Sollten sich dennoch Situationen ergeben, in denen ein Verkaufsprospekt erstellt werden muss, sind Emittenten angehalten, erstens dieses auch zu veröffentlichen (§ 21 VermAnlG) und zweitens auf deren Richtigkeit sowie Vollständigkeit (§ 20 VermAnlG) zu überprüfen, da andernfalls eine Prospekthaftung ausgelöst wird. Ein Widerrufsrecht für Anleger besteht immerhin dann, wenn Emittenten im Rahmen der Ausnahme für Schwarmfinanzierungen gemäß § 2a VermAnlG operieren.

*Pflichten nach dem WpPG* § 3 Abs. 1 WpPG statuiert die Pflicht zur Erstellung und Veröffentlichung eines Verkaufsprospekts, jedoch nur dann, wenn börsenfähige Wertpapiere i. S. d. § 2 Abs. 1 WpPG öffentlich im Inland angeboten werden. Wie bereits ausgeführt sind die im Zuge eines Crowdinvesting emittierten partiarischen (Nachrang-) darlehen keine Wertpapiere gemäß § 2 Abs. 1 WpPG, was zur Folge hat, dass Emittenten keiner Prospektpflicht unterstellt sind. Eine andere Situation ergibt sich neuerdings für Unternehmen, die sich auf der Plattform Companisto mittels der Ausgabe von B-Shares finanzieren. Diese stellen eine **Eigenkapitalbeteiligung** in Form eines depotfähigen Wertpapiers dar. Demzufolge sind nun die Pflichten, die sich aus dem Wertpapierhandelsgesetz (WpHG) bzw. dem Wertpapierprospektgesetz (WpPG) ergeben, zu beachten.

Eine Befreiung von der Erstellung eines Prospekts ergibt sich im Allgemeinen nur, wenn das öffentliche Angebot von Wertschriften die Grenze von **EUR 8 Mio.** über einen **Zeitraum von 12 Monaten** nicht übersteigt. Innerhalb dieses Korridors existiert ein dreistufiges Pflichtensystem: Bei einem Emissionsvolumen von **unter**

**EUR 100.000** sind Emittenten vollständig von der Erstellung eines Prospekts befreit. Umfassen Crowdinvesting-Projekte dagegen ein Volumen **zwischen EUR 100.000 und EUR 1 Mio.** sind die Anbieter dazu verpflichtet ein Wertpapier-Informationsblatt (WIB) zu erstellen. Dieses stellt zugleich das Pendant zu dem bei einer Emission von Vermögensanlagen anzufertigen VIB dar. Schließlich können auch Fälle auftreten, in denen sich das offerierte Wertpapiervolumen **zwischen EUR 1 Mio. und EUR 8 Mio.** befindet. Hiernach ist das Anfertigen eines WIB abermals zwingend, jedoch ist hiernach zusätzlich vorgeschrieben, dass das Angebot nicht als Eigenemission, sondern ausschließlich über ein Wertpapierdienstleistungsunternehmen vertrieben werden darf. Die Zeichnungsgrenzen für Mikroinvestoren hingegen besitzen bereits bei einer Emission ab **EUR 1 Mio. bis EUR 8 Mio.** ihre Gültigkeit. Nach jüngsten Gesetzesänderungen ist für Kleinanleger ab einem investieren Volumen von **EUR 25.000** zumindest Schluss. In Bezug auf die Ausnahme von den Zeichnungsgrenzen profitieren fortan qualifizierte Anleger. Im Gegensatz dazu können nach dem aktuellen Vermögensanlagenrecht Kapital- und Personengesellschaften sowie Stiftungen unbegrenzt in Crowdinvesting-Projekte investieren. Gleichermaßen wie bei Verstößen gegen die im Vermögensanlagenrecht verankerten Pflichten, ergeben sich bei Pflichtverletzungen zuwider des Wertpapierrechts Haftungsansprüche gegen die Emittentin gemäß § 24 WpPG.

---

### Zusammenfassung

Operieren Unternehmen innerhalb der Ausnahme für Schwarmfinanzierungen gemäß § 2a Abs. 1 VermAnlG, besteht zwar keine Pflicht zur Erstellung eines Verkaufsprospekts, dennoch muss mindestens ein Vermögensanlagen-Informationsblatt nach § 13 VermAnlG erstellt werden. Emittieren Startups dagegen Wertpapiere nach § 2 Abs. 1 WpPG können diese bis zu einer Grenze von EUR 8 Mio. prospektfrei angeboten werden. Hierunter ergibt sich jedoch ein dreistufiges Pflichtensystem, das ab der zweiten Stufe mindestens die Erstellung eines Wertpapier-Informationsblatt voraussetzt. Volumina unter EUR 100.000 sind hingegen komplett von der Veröffentlichung eines Prospekts befreit. Zweifelsohne müssen Anbieter – sei es von Vermögensanlagen oder Wertpapieren – darauf achten, dass sie die Offenlegungspflichten nicht missachten, andernfalls ergeben sich Haftungsansprüche, die die Emissionskosten zusätzlich in die Höhe treiben lassen.

### 2.2.8.2 USA

Die Vereinigten Staaten gelten als Ursprungsland des aufblühenden Crowdfundings. Im Hinblick auf die Bezeichnung der renditeorientierten Finanzierungsform ist ein Unterschied zwischen dem deutschen und amerikanischen Wortlaut zu konstatieren. Denn was national als „Crowdinvesting" bekannt ist, wird in den USA als „equity-based Crowdfunding" verstanden. Ein Blick auf das Transaktionsvolumen zeigt, dass die Vereinigten Staaten im Jahr 2020 mit ca. USD 330 Mio. klar vor China (mit ca. USD 0,04 Mio.) platziert sind.

Bis zum Jahr 2012 regulierten das US-amerikanische Aktien- und Börsengesetz das Crowdinvesting. Von großer Bedeutung war zu diesem Zeitpunkt vor allem der Securities Act of 1933. Welche Finanzinstrumente vom Gesetzgeber als „securities" einzustufen sind, legt die Section 2 (a) (1) in dieser Verordnung fest. Jedenfalls sollte der Securities Act insbesondere den Anlegern einen umfassenden Schutz vor Informationsasymmetrien bieten. Ohnehin waren Emittenten von Unternehmensanteilen bei der SEC nach § 5 Securities Act registrierungspflichtig und mussten demzufolge sich zusätzlich den Pflichten zur Erstellung eines Verkaufsprospekts annehmen. Dennoch bot der Securities Act ein paar Ausnahmen in Bezug auf die eben genannten Pflichten. Demnach waren gemäß Rule 504 Regulation D, Unternehmen von der Prospektpflicht ausgenommen, wenn das Emissionsvolumen nicht größer als USD 5 Mio. betrug (jetzt: USD 10 Mio.); allerdings statuiert Rule 502 (c) Regulation D ein sog. Werbeverbot („solicitaion restriction"). Da die Vermarktung der Produkte und Dienstleistungen jedoch einen wichtigen Teil des Crowdinvesting ausmachen, war die Inanspruchnahme dieser Ausnahme für Emittenten keine Option. Zudem stellte sich Regulation A, die durch das Einreichen eines sog. „Offering Statements" ein verkürztes Registrierungsverfahren bot, als unpraktikabel heraus, da der mit dem Verfahren einhergehende finanzielle Aufwand zu hoch für die Unternehmen ist.

Diese strengen Regulierungen hemmten schließlich die Entwicklung des equity-based Crowdfunding, während andere Finanzierungsmodelle, deren genutztes Finanzierungsinstrument kein Wertpapier darstellte, enorme Wachstumsraten zu verzeichnen hatten (Fischer 2017, S. 72 f.). Die Forderungen nach Ausnahmen, die auf das Crowdinvesting anwendbar sind, waren dementsprechend hoch.

Die Vereinigten Staaten verabschiedeten im April 2012 den sog. JOBS Act (Jumpstart Our Business Startups Act). Ziel des Gesetzes ist das Schaffen von neuen Arbeitsplätzen sowie das Ankurbeln des Wirtschaftswachstums innerhalb der USA. Verwirklicht werden soll dies im Rahmen einer Senkung der Barrieren in Bezug auf den erleichterten Zugang zu Kapitalquellen für junge und wachstumsstarke Gesellschaften. Eine Möglichkeit zur Kapitalbeschaffung sieht die Legislative im Crowdfunding. Dieses erfährt im **Titel III** des JOBS Act erstmals einen Niederschlag in einem amerikanischen Gesetzesbuch. Neben den Vorschriften des Titel III, spielen zwei weitere Bestimmungen, genauer gesagt **Titel II** und **Titel IV,** eine wichtige Rolle für das Fördern der aufblühenden Crowdfunding-Industrie. Im Folgenden sollen nun die drei wichtigsten Vorschriften des JOBS Act, die für das Crowdinvesting relevant sind, näher betrachtet werden.

### 2.2.8.2.1 Title II: General Solicitation (aka Rule 506(c) of Regulation D)

Im Gegensatz zu dem Grundgedanken einer Privatplatzierung, die Rule 506 (b) vorsieht, erlaubt Rule 506 (c) dem Kapitalnehmer erstens eine unbegrenzte Menge an liquiden Mitteln von Anlegern einzusammeln und zweitens für das emittierte Produkt einen allgemeinen Werbeaufruf zu starten, ohne dabei eine Registrierungserklärung bei der SEC einreichen zu müssen. Jedoch haben sich potenzielle Anleger als akkreditierte Investoren zu qualifizieren. Rule 506 (b) dagegen ermöglicht Investitionen von bis zu

35 nicht-lizensierten Anlegern innerhalb von 90 Kalendertagen, wobei hier das allgemeine Bewerben von Produkten, wie z. B. über Social Media-Plattformen, strengstens untersagt ist. Eine Limitierung bzgl. akkreditierten Investoren ist für diese Vorschrift allerdings nicht vorgesehen. Jedenfalls muss der Unternehmer im Hinblick auf Rule 506 (c) angemessene Schritte vornehmen, um zu prüfen, ob der Anleger auch wirklich eine Lizensierung besitzt. Um sich dabei absichern zu können, dass die Akkreditierung existiert, sollen Gründer eine Bescheinigung eines Wirtschaftsprüfers, Rechtsanwalt etc. einfordern. Im Vergleich dazu dürfen zugelassene Anleger ihren Status unter Rule 506 (b) selbst lizensieren. Da schließlich die Finanzierung grundsätzlich nur mittels lizensierter Anleger durchgeführt werden darf, kann das Angebot von der Öffentlichkeit ohne Bedenken eingesehen werden. Ein Blick auf die Häufigkeit der Anwendung dieser Vorschrift zeigt, dass seit dem Inkrafttreten im Jahr Herbst 2013 bis ins Jahr 2016 ca. 5500 Angebote erfolgten, bei denen rund USD 100 Mrd. eingesammelt wurden. Rule 506 (b) dagegen verzeichnete ein Investitionsvolumen von über USD 2,1 Billionen. Auch das durchschnittliche Investitionsvolumen ist mit USD 26 Mio. doppelt so hoch wie das bei Rule 506 (c). Der Grund für die „schwachen" Zahlen ist möglicherweise auf das Überreichen von sensiblen Finanzdaten der Investoren an die Plattformen, die im Rahmen eines Angebots den lizensierten Status der Anleger überprüfen müssen, zurückzuführen (Schuster 2018, S. 166 ff.). Der Gesetzgeber versteht unter einem lizensierten Investor eine Person, deren Nettovermögen mehr als USD 1 Mio. beträgt und deren Gehalt in den drei Jahren vor dem Wertpapierkauf mind. USD 200 Tsd. beträgt. Ferner unterliegt der Unternehmer zwar keinen bestimmten Offenlegungspflichten, wie z. B. das Bereitstellen des Jahresabschlusses an die Investoren, dennoch müssen die Wertpapierangebote den allgemeinen Betrugsbekämpfungsvorschriften entsprechen, um den Schutz der Kapitalgeber zu wahren.

Letztendlich können neben amerikanischen Gesellschaften auch Unternehmen aus anderen Ländern von den Ausnahmebestimmungen der Rule 506 (c) Gebrauch machen (European Crowdfunding Network 2017, S. 678 ff.).

### 2.2.8.2.2 Title III: Retail Crowdfunding

Titel III des JOBS Act, auch bekannt als „Capital Raising Online While Deterring Fraud and Unethical Non-Disclosure Act of 2012", oder kurz CROWDFUND Act, trat im Mai 2016 in Kraft und gilt als die revolutionärste Vorschrift des JOBS Act, da es nun jedem amerikanischen Bürger erlaubt ist, unabhängig von seinem Vermögen, in kleine Unternehmen zu investieren. Daneben bietet der CROWDFUND Act für Unternehmen nicht nur eine Ausnahme von der Registrierungs- und Prospekterfordernis im Hinblick auf Wertpapierangebote. Vielmehr erweitert er den § 4 des Securities Act um die neue Ausnahmevorschrift in § 4 (a)(6) Securities Act of 1933. Demnach werden künftig Unternehmen, welche Wertpapiere zur Emission freigeben, von den Pflichten zur Registrierung bei der SEC sowie der Erstellung eines Verkaufsprospekts entbunden, sofern die Finanzierung durch etwaige Anleger die 5 Mio. US-Dollar-Grenze innerhalb von 12 Monaten nicht überschreitet (vgl. § 4 (a)(6)(A) Securities Act).

Zudem ist eine quantitative Begrenzung für Investoren in Bezug auf deren Investitionssumme zu beachten. Denn einem Kapitalgeber, dessen Einkommen als auch dessen Vermögen **weniger als USD 100.000** beträgt, ist es nach § 4 (a)(6)(B) (i) Securities Act gestattet, sich mit USD 2000 oder 5 % des Jahresgehalts (brutto) bzw. des Vermögens an einer Unternehmung zu beteiligen. Entscheidend ist, dass hier der minimale Betrag der Kenngrößen „Vermögen" und Jahresgehalt" herangezogen wird Weist der Investor dagegen ein Einkommen und ein Vermögen von **mehr als USD 100.000** auf, so liegt die Höchstgrenze der Investition bei 10 % seines jährlichen Einkommens bzw. bei 10 % seines Vermögens, wobei der Investitionsbetrag des Anlegers maximal USD 100.000 betragen darf (vgl. § 4 (a)(6)(B)(ii) Securities Act). Auch hier wird wiederum das Minium aus Vermögen und Jahresgehalt herangezogen.

Ferner müssen alle Transaktionen über einen bei der SEC registrierten Intermediär erfolgen. Dieser kann entweder in Form eines „funding portal[s]" oder „broker[s]" vorkommen (vgl. § 4 (a)(6)(C) Securities Act). Neben dem Erfordernis einer Registrierung bei der SEC müssen sich Zwischenhändler nach § 4 A (a)(2) Securities Act of 1933 bei einer Selbstregulierungsorganisation (kurz: SRO) i. S. d. § 3 (a)(26) Exchange Act of 1934 eintragen lassen. Dieser Vorgang soll dazu beitragen, dass die SEC bei ihrem Vorhaben einen umfassenden Anlegerschutz zu gewährleisten zusätzlich unterstützt wird (Schuster 2018, S. 226).

Unternehmen, die im Rahmen des equity-based Crowdfunding Wertpapiere emittieren und gleichzeitig von den Ausnahmeregelungen des § 4 (a)(6) Securities Act profitieren wollen, müssen sich den Anforderungen gemäß § 4 A (b) Securities Act stellen. Insbesondere hat der Emittent seine Finanzdaten im Sinne eines Finanzberichts zu beschreiben. Dazu hat der Gesetzgeber einen dreistufigen Ansatz geschaffen, dessen Umfang sich an der Höhe des eingesammelten Kapitals orientiert (siehe Anhang Abb. A.4) (Schuster 2018, S 200 f.).

Letztendlich ist es jedoch nicht jedem Unternehmen erlaubt von der Ausnahmebestimmung des Titel III des JOBS Act Gebrauch zu machen. Anforderungen sind u. a., dass sich der Sitz der Gesellschaft in den USA befindet, es sich nicht um eine Investmentgesellschaft oder um einen sog. „bad actor" handelt. Weiterhin sind Emittenten ausgeschlossen, die den Meldepflichten des Securities Exchange Act of 1934 unterliegen.

Neben den aufgeführten positiven Aspekten der Ausnahmeregelung des Titel III, sind auch negative Faktoren erkennbar, denn zum einen erlaubt die Norm kein Investorenpooling, was zur Folge hat, dass sich Folgefinanzierungen für Unternehmen erheblich verkomplizieren. Zum anderen muss eine Unternehmung, welche ein Vermögen von über USD 25 Mio. aufweist und darüber hinaus mehr als 500 nicht lizensierte Anteilseigner besitzt, in eine Aktiengesellschaft formiert werden. Jedenfalls hat sich die Legislative diesem Problem angenommen und denkt über eine Novellierung der bestehenden Vorschriften nach. Neuerungen sollen daher die Erhöhung des Fundinglimits und die Zulassung von SPVs sein. Dennoch besteht die größte Herausforderung in der begrenzten öffentlicher Wahrnehmung des Crowdinvesting und der Notwendigkeit Kapitalsuchende und Kapitalgeber über die aktuellen Vorschriften aufzuklären, um ein effizientes Crowdinvesting zu gewährleisten. Diese Schritte sind unumgänglich, obwohl im Hinblick auf die Nutzung der Ausnahme ein langsames und gleichmäßiges Wachstum zu verzeichnen ist. Ca. 850 Projekte wurden seit dem April 2018 unter der Inanspruchnahme der Norm des Titel III durchgeführt. Davon haben ungefähr zwei Drittel der Kampagnen ihre gesetzten Fundingschwellen erreicht. Der durchschnittliche Betrag pro finanziertem Projekt liegt bei ca. USD 404.000 (Cortese und McCanless 2018).

### 2.2.8.2.3 Title IV: Small Company Capital Formation (aka Regulation A+)

Die im Juni 2015 in Kraft getretene Regulation A + spiegelt die überarbeitete Version der Regulation A wider, die zuvor Unternehmen von der Registrierungs- und Prospektpflicht befreite, sofern diese nicht innerhalb von 12 Monaten mehr als USD 5 Mio. von den Anlegern einsammelten. Verordnung A sollte wachsenden Unternehmen eine Finanzierung mittels Kleinstemissionen ermöglichen, ohne sich dabei bei der SEC registrieren zu müssen. Da die Befreiungsvorschrift jedoch kaum Anwendung bei den Gesellschaften fand, ordnete die Regierung die US-Börsenaufsichtsbehörde an, die bestehenden Regelungen zu überarbeiten, um den Gesellschaften eine effektive „Mini-IPO"-Option zur Verfügung zu stellen. Aus den in der überarbeiteten Version (Regulation A + ) statuierten Regeln, geht nun ein zweistufiges Angebotssystem hervor:

> **Übersicht**
> 1. Tier 1: Erlaubt den Unternehmen ein Wertpapierangebot von bis zu USD 20 Mio. innerhalb von 12 Monaten.
> 2. Tier 2: Erlaubt den Unternehmen ein Wertpapierangebot von bis zu USD 75 Mio. innerhalb von 12 Monaten.

Die Regelungen der zwei Angebotsebenen sehen dabei unterschiedliche Offenlegungspflichten vor. Während sich eine Unterbreitung eines Angebots unter Tier 1 aufgrund von Anforderungen, wie bspw. das Einreichen eines „Offering Statement[s]" bei der SEC als auch das Beachten der Blue-Sky-Investitionsvorschriften jedes Landes, in dem der potenzielle Investor seinen Wohnsitz hat, als sehr schwierig erweist, ermöglicht Tier 2 durch das ledigliche Einreichen eines Offering Statements ein für die Gesellschaften entlastenderes Verfahren. Obwohl das Erfordernis einer Registrierung der Angebote bei den jeweiligen staatlichen Wertpapieraufsichtsbehörden fernbleibt, gelten die quantitativen Beschränkungen in Bezug auf die Investitionssumme eines nicht akkreditierten Anlegers. Diese liegt bei 10 % ihres selbst gemeldeten Einkommens bzw. Nettovermögens. Nachteile der Tier 2 gegenüber der Tier 1 sind u. a. die Vorabprüfung (US-GAAP-Audit, das zwei Jahre zurückreicht) sowie die Berichtspflicht nach dem öffentlichen Angebot (d. h. alle sechs Monate einen Bericht über die Finanzergebnisse der Unternehmung melden + jährlich eine US-GAAP-Auditierung vorlegen) (Turner o. J.).

Berechtigt für die Ausnutzung der Ausnahmevorschrift des Titel IV sind alle Unternehmen, die ihren Sitz in den USA oder in Kanada haben. Ein Verbot dagegen besteht u. a. für Blankocheckfirmen, Emittenten, die eine SEC-Berichtsgesellschaft darstellen, und Investmentgesellschaften, die nach dem Investmentgesellschaftsgesetz von 1940 registriert sind (European Crowdfunding Network 2017, S. 686 f.).

Schließlich bietet Regulation A+einen besonderen Vorteil für Emittenten von Wertpapieren. Denn mit der Erstellung des Programms *„Testing The Waters"* eröffnet die SEC den Unternehmen die Möglichkeit den Markt danach zu prüfen, ob ausreichend Interesse seitens der Anleger vorhanden ist, um letztlich eine Kapitalerhöhung gemäß der Verordnung A+erfolgreich durchzuführen. Somit sparen Emittenten an den Faktoren Zeit und Geld, die für eine SEC-Registrierung sowie eine Audit-Durchführung aufgewendet werden müssen.

Der Erfolg dieses Programms spiegelt sich infolgedessen in der steigenden Anzahl der Regulation A+Anmeldungen wider. Denn laut CrowdCheck nutzten ca. 310 Unternehmen die Ausnahmevorschrift seit dem Jahr 2015. Das durchschnittliche Finanzierungsvolumen betrug demnach ca. USD 21,6 Mio. pro Finanzierung (Cortese und McCanless 2018).

### Zusammenfassung

Mit dem Inkrafttreten des JOBS Act im Jahr 2012 wurden insbesondere drei Titel geschaffen, die für das Crowdfunding von Bedeutung sind. Deren Zweck ist einzig und allein die Möglichkeit einer erleichterten Kapitalaufnahme durch Wachstumsunternehmen, ohne sich dabei den obligatorischen Registrierungs- und Prospektpflichten des § 5 Securities Act unterwerfen zu müssen. Während Emittenten unter dem Titel III – Regulation Crowdfunding – Wertpapiere bis zu einem Betrag von max. USD 5 Mio. emittieren können, erlaubt die Regulation A+künftig ein Angebot von bis zu USD 75 Mio. Des Weiteren soll die Anhebung des Finanzierungslimits zusätzliche Mittel bereitstellen, die von den Gründern wesentlich kostengünstiger in ihr Geschäft investiert werden können als es bei einem komplett registrierten öffentlichen Wertpapierangebot der Fall ist. Jedoch erweisen sich Emissionen unter dieser Ausnahmeregelung aufgrund der umfassenderen Offenlegungspflichten als sehr teuer. Gemeinsamkeiten der beiden Befreiungsvorschriften lassen sich hingegen dahin gehend feststellen, dass keine ausländischen Unternehmen von den Ausnahmen Gebrauch machen können. Die attraktivste und zugleich auch die meistgenutzte Ausnahmeregelung ist schließlich Titel II – Rule 506 (c). Der Grund hierfür ergibt sich aus der Gelegenheit einer unbegrenzten Kapitalaufnahme. Lediglich eine Einschränkung hinsichtlich des Status eines Anlegers ist hiernach zu beachten. Denn es dürfen grundsätzlich nur Wertschriften an akkreditierte Investoren ausgegeben werden. Das mag zwar den Anlegerkreis bedeutend eingrenzen, allerdings lässt die Tatsache, dass die Ausnahmevorschrift zu den günstigsten zählt, über diesen Makel hinwegschauen (European Crowdfunding Network 2017, S. 700).

### 2.2.8.3 Schweiz

Der Schweizer Crowdfunding-Markt erfuhr bis zum Jahr 2018 eine positive Entwicklung. Seit diesem Zeitpunkt ist das Volumen rückläufig. 2020 vermittelten Schweizer Crowdfunding-Intermediäre insgesamt CHF 606 Mio. Damit war ein leichtes Wachstum von 1,5 % gegenüber dem Vorjahr zu verzeichnen. Mit über 93 % an Anteilen am Crowdfunding-Markt stellen das Crowdinvesting (CHF 114 Mio.) und Crowdlending (CHF 448 Mio.) die größten Treiber dar. Innerhalb dieser Finanzierungsart finden wiederum insbesondere Investitionen im Immobiliensektor statt (60 % Anteil). Dieser Bereich musste zum Vorjahr einen starken Rückgang in Bezug auf das Volumen verzeichnen, da es vermehrt zu einer Beteiligung in Form von Alleineigentümerschaften kam. Üblich ist das weiter verbreitete Konzept der Miteigentümerschaft. Der restliche Anteil entfällt auf Start-up-Finanzierungen (Dietrich und Amrein 2021, S. 9 ff.).

Im Vergleich zu dem deutschen Crowdinvesting-Markt (ca. EUR 320 Mio.) weist die alternative Finanzierungsform in der Schweiz dagegen noch ein geringeres Volumen auf.

Der rechtliche Rahmen für das Crowdinvesting in der Schweiz ergibt sich wie in Deutschland aus unterschiedlichen Finanzmarktgesetzen. Die Aufsicht über den Finanzmarkt übernimmt dabei die Eidgenössische Finanzmarktaufsicht (FINMA). Für Crowdfunding-Intermediäre sind dementsprechend vor allem das FINMAG, aus welchem sich die Grundprinzipien zur Finanzmarktaufsicht ableiten lassen, das KAG, das GwG, das BEHG, das BankG sowie das Obligationsrecht von Bedeutung.

Wie bereits erwähnt, sieht das schweizerische Recht bis dato keinen expliziten Regulierungsrahmen für FinTech-Unternehmen vor. Vielmehr gelten für diese dieselben Bestimmungen wie für die anderen Dienstleister im Finanzsektor. Obendrein stellte sich heraus, dass die prudentielle Regulierung sich als eine kaum überwindbare Marktzutrittsbarriere erwies. Aus diesem Grund reagierte der Bundesrat mit einer Änderung der aufsichtsrechtlichen Rahmenbedingungen für Gesellschaften mit innovativen Finanztechnologien per 01.01.2019. Demnach sind folgende Maßnahmen für Unternehmen, deren Kerntätigkeit außerhalb derer Banken liegt, ergriffen worden:

**Übersicht**
- Schaffen eines bewilligungsfreien Innovationsraums (sog. *„Sandbox"*): Erlaubt eine unbegrenzte Entgegennahme von Publikumseinlagen bis zu einem Gesamtwert von CHF 1 Mio.; zudem erfolgte eine Verlängerung der Haltefrist von Geldern auf Abwicklungskonten von sieben auf 60 Tagen.
- Einführung einer neuen Bewilligungskategorie (vgl. Art. 1b BankG): Sog. *„FinTech-Lizenz"* ermöglicht demnach eine gewerbsmäßige Annahme von Publikumseinlagen bis max. CHF 100 Mio., ohne dabei eine Banklizenz beantragen zu müssen.
- Erleichterung in Bezug auf das erforderliche **Mindestkapital** der Institute. Dieses muss dabei drei Prozent der entgegengenommenen Einlagen, jedoch mind. CHF 300.000 betragen (Stengel 2019).

▶ **Wichtig**

Den Unternehmen ist es strengstens untersagt Publikumseinlagen im Zusammenhang mit dem Besitz der „**FinTech-Lizenz**" anzulegen und zu verzinsen Das Aktivgeschäft mit Fristentransformation bleibt dementsprechend weiterhin den Banken vorbehalten.

Im Hinblick auf das Prospektrecht sind einige Neuerungen seit dem Beschluss der Einführung vereinheitlichter Prospektregeln durch das Finanzdienstleistungsgesetz (FIDLEG) im Rahmen des **öffentlichen Erwerbsangebots** sowie der **Zulassung zum Handel von Effekten** zu konstatieren.

Gesetz und Ausführungsverordnung (FIDLEGV) sind seit dem 01.01.2020 in Kraft gesetzt worden. Das Finanzdienstleistungsgesetz ersetzte demnach die gegenwärtigen Vorschriften des Obligationsrechts bzgl. der Erstellung von Emissionsprospekten für festverzinsliche Wertpapiere und Aktien als auch die Normen der Börsen in Bezug auf die Erstellung von Kotierungsprospekten durch einheitliche Regelungen.

Nach Art. 35 Abs. 1 FIDLEG muss fortwährend ein Prospekt erstellt werden, sobald ein öffentliches Angebot zum Kauf von Wertpapieren sowie eine Anfrage nach Handelszulassung von Wertschriften an einer Börse gegeben ist. Ferner weitet die neu geschaffene Gesetzmäßigkeit die Prospektpflicht aus, und zwar, indem zukünftig auch **Sekundärmarkttransaktionen,** d. h. das öffentliche Angebot bereits emittierter und gezeichneter Effekte, eine Pflicht zur Erstellung eines Prospekts auslöst. Weiterhin ergeben sich auch Neuerungen hinsichtlich der Prospektpflicht bei dem Gesuch nach Handelszulassung. Diese sollen jedoch in diesem Werk nicht weiter thematisiert werden (Amstutz 2019).

Außerdem erfasst das FIDLEG etwaige **Ausnahmen** von der Prospektpflicht. Die wichtigsten Befreiungsvorschriften bzgl. **öffentlicher Angebote** sind folgende:

**Übersicht**
- Sie richten sich ausschließlich an *qualifizierte Anleger* (Art. 36 Abs. 1 a FIDLEG)
- Sie adressieren *weniger als 500 Investoren* (Art. 36 Abs. 1 b FIDLEG)
- Sie richten sich an Erwerber, die Effekten im Wert von *mind. CHF 100.000* beziehen (Art. 36 Abs. 1 c FIDLEG)
- Sie weisen eine *Mindeststückelung von CHF 100.000* auf (Art. 36 Abs. 1 d FIDLEG)
- Sie übersteigen über einen *12-monatigen Zeitraum* den Gesamtwert von *CHF 8 Mio.* nicht (Art. 36 Abs. 1 e FIDLEG) (Amstutz 2019)

Schließlich ergeben sich weitere Änderungen betreffend dem Prospektinhalt nach Art. 40 FIDLEG sowie der Prospektprüfung durch die Prüfstelle. Eine genauere Ausführung der eben erwähnten Novellierungen soll nicht erfolgen.

### 2.2.8.4 Holland

Der holländische Crowdfunding-Markt erreichte im Jahr 2020 ein Volumen in Höhe von ca. EUR 417 Mio. Damit wurden im Vergleich zum Vorjahr ca. EUR 10 Mio. weniger an Kapital eingesammelt. Das eigenkapitalbasierte Crowdfunding besitzt nur einen geringen Anteil des gesamten über Crowdfunding finanzierten Volumens der alternativen Finanzierungsform. Da ein Informationsmangel bzgl. den exakten und aktuellen Zahlen über das holländische Crowdinvesting herrscht, soll demzufolge nicht weiter darauf eingegangen werden.

Neben Aktienzertifikaten bieten Crowdfunding-Plattformen den potenziellen Anlegern sehr häufig wandelbare nachrangige Darlehen (sog. *Wandelanleihen*) an. Diese haben die besondere Eigenschaft, dass bei der Erfüllung bestimmter Bedingungen eine Umwandlung in Aktien bzw. Aktienzertifikate vollzogen werden kann. Die Voraussetzungen für solch eine Wandlung sind je nach Vertrag unterschiedlich ausgestaltet. Tritt jedoch der Fall ein, dass die vorgegebenen Kriterien nicht erfüllt sind, bekommen Anleger mindestens den vereinbarten Zinssatz auf das nachrangige Darlehen ausbezahlt (European Crowdfunding Network 2017, S. 454 f.). Jedenfalls muss jeder Kreditnehmer, der Wertpapiere einer Crowd anbietet, nach Artikel.

5:2 Wft einen von der niederländischen Finanzmarktaufsichtsbehörde (AMF) gebilligten Prospekt erstellen. Dennoch können Emittenten derzeit von einer Ausnahme von der Erstellung eines Verkaufsprospekts profitieren, und zwar dann, wenn das öffentliche Angebot von Wertschriften innerhalb eines Zeitraums von *12 Monaten* den Gesamtwert von *EUR 5 Mio.* nicht übersteigt (ESMA 2019, S. 2 ff.).

Neben bestimmten Regularien für die Geldnehmer gelten auch einige Regeln für die Investoren. So erlaubt der Gesetzgeber einem Anleger max. *EUR 40.000* in ein *eigenkapitalbasiertes* Projekt zu investieren. Das Crowdlending dagegen ermöglicht Investitionen bis zu einem Betrag von EUR 80,000. Allerdings sind Anleger ab einem Anlagewert von EUR 500 dazu verpflichtet, sich einem Crowdfunding-Test zu unterziehen. Dieser bewertet insbesondere die Kenntnisse, Erfahrungen und die Finanzanlage des Kapitalgebers. Außerdem ist bei jeder weiteren Investition in Höhe von EUR 5000 ein zusätzlicher Test zwingend (Nagelkerke und de Koning 2016).

### 2.2.8.5 Frankreich

In Frankreich fiel das Crowdfunding-Volumen im Jahr 2020 auf ca. EUR 1 Mrd. an. Damit verringerte sich der Wert des eingesammelten Kapitals um 27 % im Vergleich zum Vorjahr. Wie in den Niederlanden wird der Crowdfunding-Markt von dem Crowdlending dominiert.

Der französische Gesetzgeber sah vor allem großen Regulierungsbedarf hinsichtlich des Angebots von Unternehmensbeteiligungen, sowie der online vermittelnden

Kredite. Deshalb schuf die Regierung zwei Status, unter denen sich die Plattformen bei der zuständigen Aufsichtsbehörde registrieren können. Neben einigen Pflichten, die die Intermediäre zu erfüllen haben, sind dennoch auch Ausnahmen von z. B. der Erstellung eines Prospekts vorgesehen.

Einen Status stellt der *Conseillers en Investissements participatifs (CIP)* dar. Dieser ist als Anlageberater definiert, der gemäß Art. 547–3 Abs. 1 CMF erstens eine juristische Person verkörpern und zweitens seinen Sitz in Frankreich haben muss. Weiterhin haben sich diese bei der Registrierungsbehörde ORIAS anzumelden. Ihre Aktivitäten werden zudem von der Börsenaufsicht AMF überwacht. Die Tätigkeiten der Plattformbetreiber unter diesem Status umfassen demnach die **Anlageberatung** in Bezug auf Wertpapier-angebote (Stamm- und Vorzugsaktien) sowie das Angebot anderer Schuldtitel (Straight Bonds, Minibonds, Wandelanleihen). Verbote hingegen herrschen vor allem in Hinblick auf die Annahme von Geldern der Investoren sowie bei der Investition in Projekte, die auf der Plattform beworben werden. Weiterhin ist es CIPs untersagt Zahlungsdienste zu erbringen. Nach aktuellem Stand gilt das Angebot von eigen- und fremdkapital-basierten Finanzierungsinstrumenten durch den CIP auf dessen Internet-Plattform nicht als prospektpflichtig, wenn der Gesamtbetrag innerhalb von *12 Monaten* nicht den Wert von *EUR 8 Mio.* übersteigt. Informationen bzgl. etwaiger Investitionsobergrenzen für einzelne Anleger sind im Rahmen des Crowdinvesting derzeit nicht bekannt (European Crowdfunding Network 2017, S. 222 ff.; Wenzlaff 2015; ESMA 2019).

Eine weitere Möglichkeit zu der Anmeldung unter dem Status des CIP bietet die Registrierung als sog. *Intermédaire en financement participative (IFP)*. Dieser Status ist vor allem für Plattformen gedacht, deren Kerntätigkeit die Zusammenführung von Kapitalnehmern und Kapitalgebern auf deren Website darstellt, wobei der Emittent hier seine Projekte mittels der Ausgabe von Darlehen umwirbt. Demzufolge ist der IFP-Status vor allem dem Crowdlending zuzuordnen. Im Vergleich zu dem CIP-Status können sich auch juristische Personen, deren Hauptsitz sich außerhalb Frankreichs befindet, bei der ORIAS registrieren lassen. Da das fremdkapitalbasierte Crowdfunding keinen Teil dieser Arbeit darstellt, soll hier keine weitere Vertiefung des Themas erfolgen (Clasen 2015, S. 348 ff.).

Tritt schließlich der Fall ein, dass IFPs als Zahlungsinstitute fungieren, indem sie einen Geldtransfer zwischen der Emittentin und dem Anleger in die Wege leiten, so bedürfen Kapitalnehmer einer entsprechenden Lizenz (*Prestataire de Services de Paiement,* kurz: *PSI*). Danach ist die Plattform befugt alle Kategorien von Finanztiteln als auch komplexe Wertpapiere anzubieten. Im Gegensatz zu den IFP und CIP können Internet-Dienstleister unter dem PSI-Status auch europaweit agieren (George 2017).

### 2.2.8.6 Schweden
Entwicklungen im Segment des Crowdinvestings lösen eine euphorische Stimmung bei den Crowdfunding-Sympathisanten aus. Denn mit einem Transaktionsvolumen von ca. EUR 150 Mio. im Jahr 2019 konnte das Vorjahresergebnis um die Hälfte gesteigert werden. Zudem konnte die schwedische equity-based Crowdfunding Plattform

FundedByMe eine exponentielle Umsatzsteigerung von 485 % in den ersten zwei Quartalen im Jahr 2018 vorweisen, welche wiederum zusätzlich das aufkommende Ansehen der eigenkapitalbasierten Finanzierungsform verdeutlicht (Alois 2018). Das Crowdinvesting-Volumen im Jahr 2021 wird auf ca. EUR 235 Mio. geschätzt. Weitere Angaben über Kennzahlen des gesamten Crowdfunding-Marktes können aufgrund von lückenhaften Daten nicht gemacht werden.

Wie auch in Deutschland, existiert in Schweden keine explizite Norm für das Crowdinvesting, sondern leitet sich vielmehr vor allem von den kapitalmarktrechtlichen Bestimmungen ab. Das schwedische Wertpapiermarktgesetz regelt bspw. den Handel mit Wertschriften, die Anlageberatung sowie Anlagevermittlung und die Prospektvorschriften. Zur Erbringung von Finanzdienstleistungen auf regulierten Märkten bedürfen Emittenten einer Zulassung der S-FSA. Demnach definiert ein geregelter Markt ein multilaterales Handelssystem im Europäischen Wirtschaftsraum, dass das Kauf- und Verkaufsinteresse Dritter an Finanzinstrumenten nach einer konkreten Verfahrensweise zusammenführt, die schließlich in einem Vertragsabschluss endet.

Relevant in Bezug auf die von den schwedischen Emittenten angebotenen Finanzierungsinstrumente sind hier insbesondere übertragbare Wertpapiere. Als wichtigstes Merkmal gilt deren Handelbarkeit. Das bedeutet im Umkehrschluss, dass Anteile an einer Aktiengesellschaft oder GmbH unter der Unterstellung einer Nicht-Handelbarkeit, aus dem Anwendungsbereich des Wertpapiermarktgesetzes fallen. Demzufolge sind Internet-Dienstleister, die die Position eines Vermittlers einnehmen und zudem auf dessen Plattform kein Handel mit *„transferable securities"* stattfindet, nicht dazu verpflichtet sich zu registrieren und infolgedessen eine entsprechende Lizenz zu beantragen. Dies ist vor allem auch für schwedische Unternehmen von Bedeutung, da derzeit der meistgenutzte KMU-Unternehmenstyp die GmbH darstellt. Dieser ist es nach dem Gesetz verboten, erstens für ihren Wunsch zu werben Anteile an die Öffentlichkeit zu verkaufen und zweitens ist es einer GmbH untersagt, mehr als 200 Anteilseigner pro Emission aufzunehmen (Teigland et al. 2018, S. 231 f.; European Crowdfunding Network 2017, S. 608 f.).

Schließlich sieht der schwedische Gesetzgeber eine generelle Prospektpflicht entweder bei dem öffentlichen Angebot von übertragbaren Wertpapieren oder bei deren Zulassung zu Handel an einem regulierten Markt vor. Dennoch gewährt die Legislative jungen Wachstumsunternehmen eine Ausnahme, um sich leichter mit Kapital zu versorgen. Demnach sind Unternehmungen von der Pflicht zur Erstellung eines Prospekts ausgenommen, wenn der Gesamtbetrag der emittierten Wertschriften innerhalb eines Zeitraums von **12 Monaten** die Summe von **EUR 2,5 Mio.** nicht übersteigt. Bezüglich etwaiger Investitionsgrenzen für Anleger ist nach aktuellem Stand nichts bekannt (European Crowdfunding Network 2017, S. 610).

## 2.2.9  Blockchain-basierte Finanzierungsinstrumente

Der voranschreitende technologische Wandel bietet den Unternehmen heutzutage neue Möglichkeiten zur Kapitalbeschaffung. Besonders die Blockchain-Technologie, die eine der bedeutendsten und innovativsten Anwendungen der vergangenen Jahre darstellt, erweist sich als ein sog. „Disrupter" in vielen Branchen. Unter **Blockchain** versteht das Schrifttum eine dezentral verteilte Datenbankstruktur, deren Transaktionen zum einen in ihrer Form unveränderlich sind und diese zudem transparent verzeichnet werden. Die wichtigsten zu nennenden Eigenschaften einer „Blockkette" sind schließlich ihre Dezentralität, Transparenz und Unveränderlichkeit. Demzufolge tragen diese Merkmale dazu bei, dass vermehrt neue Finanzierungsformen sich dieser Technologie bedienen. Dazu zählt unter anderem die Kapitalakquise durch einen **Initial Coin Offering (ICO)**, der die Verknüpfung des Crowdfunding mit der Blockchain-Technologie darstellt. Hiernach erwerben potenzielle Anleger, die von einem Unternehmen generierten Token oder Coins (zu Deutsch: Münze) im Austausch gegen entweder Kryptowährungen oder auch gegen traditionelle Fiat-Währungen (bspw. US-Dollar). Diese Transaktionen werden dabei über Plattformen abgewickelt. Aus technischer Sicht entsteht hiernach eine Übertragung der Kryptowährung aus der eigenen „elektronischen Geldbörse" (sog. *wallet*) auf ein durch ein Unternehmen erschaffenes Computerprotokoll (sog. *smart contracts*) (Hahn und Wons 2018, S. 1). Diese bilden digitale Verträge ab, die mittels Algorithmen zu determinierten Ereignissen im Voraus festgelegte Bedingungen auslösen. Ein Beispiel soll diesen Sachverhalt nun kurz verdeutlichen. Ein Investor interessiert sich für ein ICO-Projekt. Um nun die Abwicklung der Transaktionen so effizient wie möglich zu gestalten, bieten dezentral organisierte Plattformen die eben angesprochenen smart contracts an. Sobald der Anleger den entsprechenden Betrag in Kryptowährung oder auch in einzelnen Fällen in Fiat-Geld dem Startup überwiesen hat, löst der Programmcode automatisch die Bedingung aus, die entsprechende Anzahl an Token an den Anleger zu übertragen (Kunschke und Schaffelhuber 2018, S. 226). Dieser dezentral verwaltete Abwicklungsprozess bietet den Parteien zum einen eine Minimierung der Transaktionskosten und zum anderen mehr Vertragssicherheit. Weitere technische Abläufe sollen in diesem Werk nicht näher betrachtet werden.

Jedenfalls ist es wichtig zu verstehen, dass ein ICO nicht gleich ein Initial Public Offering (IPO) darstellt. Ersterer garantiert dem Anleger lediglich ein Recht an einer Kampagne, jedoch nicht an einem Startup. Bei einem IPO dagegen erwirbt der Investor das Eigentum an einer Gesellschaft auf Basis der jeweiligen Menge an erworbenen Aktien.

Aufgrund der kontinuierlichen Suche nach der perfekten Finanzierungsform basierend auf der Blockchain-Technologie entstehen stetig neue Ausgestaltungsarten. Deshalb sollen neben dem ICO auch kurz die nachfolgenden alternativen Formen zur Finanzierung von Startups beleuchtet werden. Tab. 2.11 greift einen Großteil dieser neu generierten digitalen Finanzierungsarten auf.

**Tab. 2.11**  Kapitalbeschaffung mittels neuartiger digitaler Finanzierungsarten

| | |
|---|---|
| Security Token Offering (STO) | • Beteiligung am Gewinn des Unternehmens<br>• Beteiligung am Unternehmen selbst<br>• Andere Form der Belohnung im Austausch gegen eigenes Geld |
| Initial Exchange Offering (IEO) | • Krypto-Fundraising-Event auf zentralisierter Kryptobörse (z. B. Binance)<br>• Vorteil gegenüber ICO: größere Reichweite aufgrund umfangreicherer Nutzerbasis |
| Initital Decentralized-Exchange Offering (IDO) | • Projekt direkt an dezentraler Börse (z. B. Binance DEX) gelistet, ohne dabei einen ICO durchzulaufen<br>• Projekt bestimmt Verkaufspreisniveau, da Token-Holder als Einziger sog. „Sell Blocks" seines Tokens verkaufen kann |
| Initial Fork Offering (IFO) | • Bestehende Blockchain, bspw. Bitcoin, wird von der „Hauptkette abgezweigt", um Protokoll zu verbessern<br>• Neu entstandene Coins sind für die Nuter kostenlos; These: Werterhöhung durch umfangreicheren Handel |
| Initial Airdrop Offering (IAO) | • Ähnlich wie IFO: Kostenlose Verteilung neu geschaffener Projektcoins an Wallets der Teilnehmer<br>• Aber: Zuvor Erfüllung bestimmter Kriterien, wie bspw. Teilnahme an Marketingaktivitäten der Projekte o. Vorbesitz bestimmter anderer Coins |
| Decentralized Autonomous Initial Coin Offering (DAICO) | • Beinhaltet vorteilhafte Aspekte einer denzentral autonomen Organisation (DAO): Stellen eine Art digitaler Unternehmen mit bestimmten Regeln dar<br>• Management wird dadurch populärer und transparenter<br>• Konzept verleiht Projektteam neue Art der Verantwortlichkeit: Anstatt alle gesammelten Mittel auf einmal an den Projekteigner weiterzugeben, sind die Bezahler befugt, Investitionsmittel auf kontrollierte Weise über einen Konsensmechanismus zur Verfügung zu stellen und darüber abzustimmen, wie viele Mittel sie dem Projektteam in regelmäßigen Abständen bereitstellen wollen |
| Equity Token Offering (ETO) | • Eine Form des STO: Investoren erhalten das tatsächliche anteilige Eigentum an einem Unternehmen, einschließlich Stimm- und Dividendenrechte (je nach Aktienart). Dieser Equity-Crowdfunding-Mechanismus ermöglicht es „Off-Chain"-Unternehmen, einen Teil ihrer Aktien über eine Blockchain an die Plattform auszugeben. Anteile an Private Equity- und Seed Stage-Startup-Unternehmen stehen nun einem internationalen Investorenpublikum zur Verfügung |
| Initial Convertible Coin Offering (ICCO) | • Regelung „tokenisierter" Wandelanleihen durch einen Prospekt, der von einer Behörde zu genehmigen ist<br>• Räumt Anlegern das Recht ein, die Token nach einer bestimmten Zeit in Aktien umzuwandeln |

(Fortsetzung)

**Tab. 2.11** (Fortsetzung)

| | |
|---|---|
| Asset Token Offering (ATO) | • Umwandlung der durch die Vermögenswerte generierten Erträge in Dienstleistungen oder Produkte<br>• Öffentlichkeit kann im Voraus kaufen, um sich an der Immobilienentwicklung zu beteiligen<br>• Anlagen werden von einem Dritten überwacht, um sicherzustellen, dass das Projekt wie geplant entwickelt und betrieben wird |
| Digital Security Offering (DSO) | • Anleger erhalten direkt oder indirekt Eigentum an Immobilien, die in einer Blockchain in Übereinstimmung mit den Wertpapiergesetzen und – vorschriften implementiert wurden |
| Security Token Exchange Offering (STEO) | • Kombination aus STO und IEO |
| Security Token Offering (STO) | • Beteiligung am Gewinn des Unternehmens<br>• Beteiligung am Unternehmen selbst<br>• Andere Form der Belohnung im Austausch gegen eigenes Geld |
| Initial Exchange Offering (IEO) | • Krypto-Fundraising-Event auf zentralisierter Kryptobörse (z. B. Binance)<br>• Vorteil gegenüber ICO: größere Reichweite aufgrund umfangreicherer Nutzerbasis |

## 2.2.10 Marktentwicklung des ICO

Im Folgenden wird hauptsächlich die Entwicklung des ICO unter Einbezug sämtlicher Informationen aus einem Report der Wirtschaftsprüfungsgesellschaft PricewaterhouseCoopers International (PwC) näher betrachtet. Tab. 2.12 zeigt den rasanten Anstieg des Initial Coin Offering in Bezug auf dessen Anzahl, als auch auf dessen Volumen. Weiterhin umfasst die Darstellung Anzahl und Volumina eines Security Token Offering.

**Tab. 2.12** ICO/STO Entwicklung von 2013 bis 10/2019. (Quelle: Eigene Darstellung in Anlehnung (Davies et al. 2020, S. 2))

| Jahr | Ø Dauer/ICO (d) | Ø Mio USD/ICO | Gesamtanzahl ICO | Volumen |
|---|---|---|---|---|
| 2013 | 41 | 0,4 | 2 | 0,8 |
| 2014 | 68 | 3,8 | 8 | 30,5 |
| 2015 | 32 | 1,0 | 10 | 9,9 |
| 2016 | 39 | 5,1 | 49 | 252 |
| 2017 | 29 | 12,8 | 552 | 7.043,3 |
| 2018 | 58 | 12,3 | 1132 | 19.689,3 |
| 10/2019 | 81 | 10,8 | 380 | 4.118,5 |
| **Total** | **49,7** | **6,6** | **2113** | **31.144,3** |

Der Security Token Offering etablierte sich jedoch erst spät am Markt, genauer gesagt im Jahr 2017. Zu diesem Zeitpunkt standen zwei STOs einem Volumen von ca. USD 22 Mio. gegenüber. Ein Jahr später waren es schon 28 STOs, die Kapital in Höhe von ca. USD 442 Mio. einsammelten. Das größte bis dato durchgeführte Security Token Offering wurde von tZERO, die Tochtergesellschaft des eCommerce Giganten overstock.com, eingeleitet. Mit eingesammelten Geldern oberhalb der USD 140 Mio.-Grenze, stellte das Unternehmen einen neuen Rekord auf. Was genau ein Security Token ist und wie man in diesen investiert, erklären Dino Heinert und Tim Stockschläger in ihrem Gastbeitrag in Abschn. 2.2.11.2. Der ICO dagegen etablierte sich vier Jahre früher am Markt. Während im Jahr 2013 lediglich zwei ICOs durchgeführt wurde, waren es im Jahr 2018 schon erstaunliche 1132 (Tab. 2.12). Darüber hinaus lässt sich im Hinblick auf das Gesamtvolumen eine signifikante Steigerung konstatieren. Denn während die ICOs im Jahr 2013 nur USD 0,8 Mio. einbrachten, betrug die Gesamtaufstockung im Jahr 2018 ca. USD 20 Mrd. Vor allem Telegram (1. Quartal 2018: USD 1,7 Mrd.) und EOS (2. Quartal 2018: USD 4,1 Mrd.) trugen zu der exponentiellen Wertsteigerung der alternativen Finanzierungsform bei. Ein Blick auf das Jahr 2019 zeigt allerdings, dass lediglich 22 % der Gesamtzahl an ICOs des gesamten letzten Jahres durchgeführt wurden. Dementsprechend ist auch ein Einbruch hinsichtlich des Volumens zu verzeichnen. Ein Grund für den Rückgang ist das Aufblühen des Initial Exchange Offerings (IEO). Bei diesem Fundraising-Verfahren werden die von den Entwicklern fertig generierten Token direkt an die Exchange geschickt. Diese kümmert sich um den Verkauf an die Investoren. Das größte Volumen eines IEOs verzeichnete Bitfinex im Jahr 2019 mit insgesamt USD 1 Mrd. an eingesammeltem Kapital.

Ein Blick auf die durchgeführten ICOs auf Länderebene ergibt Folgendes (siehe Abb. 2.19).

## 2.2.11  Typologien von Token

In der Praxis existieren vier Typen von Token, die abhängig von ihrer individuellen Ausgestaltung unterschiedliche Funktionen erfüllen können. Dies führt wiederum zu divergierenden rechtlichen Folgen im Hinblick auf eine aufsichtsrechtliche Einordnung. Token repräsentieren unter anderem Wirtschaftsgüter oder Vermögenswerte.

Im Gegensatz zu Kryptowährungen besitzen Token keine eigene Blockchain. Vielmehr werden diese auf einer bereits existierenden „Blockkette", wie zum Beispiel über die Ethereum-Plattform, generiert. Während Coins (Bitcoin etc.) demzufolge native Produkte darstellen, bewegen sich Token ausschließlich innerhalb eines erschaffenen Ökosystems. Im folgenden Abschnitt sollen nun die vier Ausgestaltungsformen von Token kurz dargestellt werden.

Quelle: Pozzi D (2019) ICO Market 2018 vs 2017  Trends, Capitalization, Localization, Industries, Success Rate.
https://cointelegraph.com/news/ico-market-2018-vs-2017-trends-capitalization-localization-industries-success-rate

**Abb. 2.19**  Anzahl und Volumen durchgeführter ICOs in den Top Ländern von 2015–2018.
(Quelle: Pozzi 2019)

### 2.2.11.1  Utility Token

Utility Token verkörpern Nutzungsrechte bzw. digitale Gutscheine, die ihren Eigentümer
auf einer bestimmten Art einen Zugang zu einem Produkt oder einer Dienstleistung der
Emittenten gewähren. Des Weiteren ist auch die Ausgabe von Stimmrechten, die Token-
Besitzern eine Möglichkeit bei der Ausgestaltung der Charakteristika eines Produkts
ermöglichen, denkbar. Dies führt dazu, dass sich ein erkennbarer Mehrwert für beide
Parteien generieren lässt. Diese Art von Token hebt somit – zumindest bei ihrer Emission –
für den Investor den Wert eines Produktes oder einer Dienstleistung hervor und stellt
gleichzeitig den Anlegerschutz vor Informationsasymmetrien hinsichtlich der Ertrags- und
Risikobewertung eher in den Hintergrund. Deshalb mag die Priorisierung auf die Wert-
generierung für ein geringeres Regulierungsbedürfnis sprechen. Aus diesem Grund verwendeten bislang eine Großzahl der Emittenten im Rahmen einer ICO-Durchführung
überwiegend Utility Token (Weitnauer 2019, S. 229).

### 2.2.11.2  Security Token – Gastbeitrag Dino Heinert und Tim
### Stockschläger

STO steht für Security Token Offering und leitet sich vom Begriff des Initial
Public Offering ab, bei dem es sich um einen Börsengang handelt. Bei den heraus-
gegebenen Security Token handelt es sich um digitale Einträge auf einer Blockchain
(BTCACADEMY 2019). Die Token können unterschiedliche Vermögenswerte abbilden

und beabsichtigen von Finanzbehörden wie herkömmliche Wertpapiere behandelt zu werden. Voraussetzung für eine Akzeptanz seitens der Behörden ist, dass sich Herausgeber von Security Token an bestimmte Regeln halten. Dazu gehört zum Beispiel die Erstellung eines Wertpapierprospektes. Dieses oft hundertseitige Dokument muss so aufgebaut sein, dass sich potenzielle Anleger eine Meinung über die folgenden drei Punkte verschaffen können: Vermögenswerte und Verbindlichkeiten; mit der Emission verbundene Rechte; Gründe für die Emission und ihre Auswirkungen für den Emittenten. Eine Sonderregelung, die vor allem Startups sehr entgegenkommt besagt, dass bei einer Emission von bis zu acht Millionen Euro in Deutschland eine Herausgabe eines dreiseitigen Wertpapierinformationsblattes ausreicht (BaFin 2019b). Durch solche Vorkehrungen erhalten Investoren den Vorteil von erhöhter Sicherheit und die Wahrscheinlichkeit von betrügerischen Projekten, wie es viele bei den ICOs gab, verringert sich. Bei ICOs wurden sogenannte Utility Token ausgegeben (Schiller 2019). Sie können als Tauschmittel angesehen werden und haben bestimmte Funktionalitäten inne wie z. B. privilegierten Zugang zu bestimmten Onlineservices (Fridgen et al. 2018).

Vergleicht man eine herkömmlich emittierte Aktie mit einer, die durch einen Token abgebildet wird, so unterscheiden sich das Medium und die Abwicklungsstruktur. Üblicherweise erhält der Käufer einer Aktie eine Urkunde. Bei der digitalen Variante wird diese Urkunde durch den Besitz eines Security Tokens ersetzt. Die Wertpapierregister und Clearingstellen werden durch eine Blockchain-Infrastruktur abgelöst.

Das weltweit erste Security Token Offering wurde von Blockchain Capital (BCAP) am 10.04.2017 gestartet. Es wurden unglaubliche 10 Mio. US-Dollar innerhalb von sechs Stunden eingenommen. Bei BCAP handelt es sich um eine Risikokapitalgesellschaft mit Sitz in San Francisco. Das Unternehmen war ein früher Investor in Ripple, Ethereum und Coinbase.

Tokenstandards

Token Standards existieren seit 2015. Der erste Vertreter war der ERC20 (ERC = Ethereum Request for Comments) Token Standard, der von Fabian Vogelsteller und Vitalik Buterin eingeführt wurde. Heute basiert eine große Anzahl aller Kryptotoken auf diesem Standard. Allgemein gesagt handelt es sich bei Token Standards um eine Sammlung von bestimmten Funktionen, die ein Token mindestens enthalten muss um einem Standard gerecht zu werden. Diese regeln z. B. Tokentransfers oder die Abfrage wie viele Token auf einem bestimmten Konto zur Verfügung stehen (Prinz 2018).

Die Verwendung des verbreiteten ERC20 Tokens hat vor allem den Vorteil, dass man sich in einem einheitlichen Umfeld bewegt, was Interaktionen stark beschleunigt und das Risiko eines Vertragsbruches minimiert. Es gibt allerdings auch Probleme, die bei der Verwendung des Token Standards auftreten können. Da es sich um den ersten Ethereum Token handelt stecken noch einige (logische) Fehler im Code. Ein bekanntes Problem tritt beispielsweise auf, wenn eine Übertragung von Token auf eine Adresse veranlasst wird, die damit nicht umgehen kann.

Für Security Token Offerings wurde im Juni 2019 der ERC-1400 Token Standard veröffentlicht. Das Besondere daran ist, dass dieser Standard Mechanismen enthält, die es möglich machen die Verwendung des Tokens basierend auf Identitäten und Vermögensklassen einzuschränken (Kerkmann 2019). Beispielhafte Möglichkeiten sind die folgenden:

---

**Beispiel**

- Die Haltezeit eines Tokens in einem Wallet kann eingeschränkt werden.
- Potenzielle Käufer und Verkäufer können auf die weiße Liste gesetzt werden. Das bedeutet Tokentransfers sind dann ausschließlich zwischen diesen Gruppen möglich.
- Die Höhe von Transaktionen kann eingeschränkt werden.
- Die maximale Tokenanzahl pro Wallet kann eingeschränkt werden.
- Interessant sind solche Funktionen vor allem dann, wenn Token an Investoren in anderen Ländern verkauft werden.
- Wie Sie in ein STO investieren können? ◄

*Vorüberlegungen*

Absolute Sicherheit gibt es bei einem Investment nicht. Für viele Menschen sind Kryptoinvestments noch immer mit starken Kursschwankungen und absoluter Unvorhersehbarkeit verbunden. Ein wichtiger Punkt weshalb Security Token seit dem letzten Jahr weiter in den Fokus gerückt sind, ist die Tatsache, dass sie ein sehr viel geringeres Risiko versprechen als es bei den Coins eines ICOs der Fall war.

Warum ist das so? Security Token sind grundsätzlich mit einem realen Vermögenswert des Unternehmens verknüpft und es ist somit nicht möglich, dass es sich bei einem Security Token um eine nutzlose digitale Einheit handelt. Sollte ein Unternehmen, in das Sie investieren jedoch pleitegehen, so ist auch ein Totalverlust Ihres eingesetzten Kapitals nicht ausgeschlossen.

Einige Unternehmen möchten Ihren Anlegern eine möglichst hohe Sicherheit bieten. So verpflichten sie sich vereinzelt dazu, eine garantierte Rückzahlung des eingesetzten Kapitals des Investors zu zahlen. Ein weiterer Punkt, der in Sachen Risiko beachtet werden sollte, ist die Tatsache, dass viele Kryptotoken in der Vergangenheit gestohlen wurden oder die Besitzer gewaltsam zu einer Überweisung gebracht wurden. Seien Sie aus diesem Grund aufmerksam bei der Wahl ihres Wallets.

Eine kleine Investition in Security Token kann jedem der an neuen Technologien interessiert ist empfohlen werden. Da davon ausgegangen werden kann, dass Blockchainlösungen in der Zukunft einen größeren Platz am Markt einnehmen werden und auch Anleihen und Währungen immer weiter durch digitale Versionen ersetzt werden können, kann es nie zu früh sein, erste Erfahrungen zu sammeln. „Sichere" Anlagen in Security Token sind der ideale Einstieg in die Kryptowelt und in eine sichere Zukunft in der Transparenz und somit mehr Vertrauen herrscht.

*Wallets*

Wer mit Kryptowährungen bezahlen möchte oder einfach nur Kryptotoken als Anlage besitzen möchte kommt an sogenannten Wallets nicht vorbei. Es gibt unterschiedliche Technologien, die Ihnen vorgestellt werden. Anschließend wird auf die Vor- und Nachteile der Wallets eingegangen. Ein Wallet kann mit einem Konto verglichen werden, auf dem das Geld beziehungsweise die Kryptotoken liegen. Es können weitere Informationen wie zum Beispiel vergangenen Transaktionen eingesehen werden. Außerdem besitzt jedes Wallet eine eindeutige ID über die Überweisungen abgewickelt werden können. Diese ID wird wie eine Kontonummer für das Senden und Empfangen von Geld beziehungsweise Token benötigt. Die drei verbreitetsten Walletarten sind die Hardware, Paper und Software Wallets (Tkachenko 2018).

Bei einem *Hardware Wallet* handelt es sich um eine Art USB-Stick, die die Token und die privaten Schlüssel des Besitzers abspeichert. Die meiste Zeit sind diese Wallets offline. Sie aktivieren sich, sobald ein Nutzer seinen Stick mit dem Computer verbindet, um eine Transaktion durchzuführen oder seinen Kontostand abzufragen. Aus diesem Grund gilt diese Variante auch als die sicherste. Eine Manipulation ist grundsätzlich nur zu dem Zeitpunkt möglich, wenn der Stick mit dem Computer verbunden ist. Ein Nachteil ist die Tatsache, dass diese USB-Stick ähnliche Walletvariante etwas kostet. Sowohl bei dem Hardware Wallet als auch bei Paper Wallets können Sie den Zugang zu den Kryptowährungen auf eine ganz klassische Variante verlieren: Diebstahl oder Verlust. Wer in den Besitz vom private Key kommt, hat dementsprechend auch Zugang zu dem gesamten Portfolio, dass in dem Wallet hinterlegt ist.

Die simpelste und verbreitetste Variante der Wallets im Kryptobereich sind sogenannte *Paper Wallets*. Dabei handelt es sich um eine Adresse, die auf ein Blatt Papier ausgedruckt wird. Es gibt außerdem zwei QR-Codes. Einer davon wird benötigt, wenn Sie eine Überweisung in Auftrag geben (private Key). Der zweite Code ist dafür da um Zahlungen von anderen Nutzern zu erhalten. Erhält eine Person Besitz über Ihre beiden QR-Codes, so kann sie sämtliche Kryptotoken abheben, ohne dass sie etwas dagegen tun können. Das Paper Wallet sollte also immer so sicher wie möglich aufgehoben werden, wenn es gerade nicht verwendet wird. Auch bei der Erstellung dieses kostenlosen Wallets muss aufgepasst werden. Eine Codegenerierung auf der falschen Website oder ein Virus auf dem Computer können dazu führen, dass eine unbefugte Person den private Key und damit die Verfügungsgewalt über die Token erhält, die im Wallet abgelegt werden. Um das Sicherheitsrisiko zu minimieren ist zu empfehlen, einen Offline-Wallet-Generator zu verwenden und das Wallet anschließend per Kabel und nicht über eine WLAN-Drucker auszudrucken.

Bei *Software Wallets* handelt es sich um ein Programm, welches die wichtigen Daten sichert. Es gibt dabei unterschiedliche Arten. Online-Wallets sind dauerhaft beim Anbieter hinterlegt. Auf diese wird mittels eines Benutzerkontos zugegriffen. Desktop Wallets werden auf dem Computer gespeichert. Dies kann zum Beispiel ein Wallet bei einem Anbieter wie Coinbase Inc. sein. Da diese Art von Wallet allerdings durchgehend mit dem Internet verbunden ist, kann sie nur schwer vor Hackerangriffen geschützt werden.

### *Know Your Customer*

Unabhängig davon, ob Sie als Investor direkt bei einem Unternehmen oder zukünftig über einen Handelsplatz Security Token erwerben möchten, müssen Sie durch einen Know Your Customer Prozess (KYC = englisch für „Kenne deinen Kunden") gehen. Falls dies nicht der Fall ist, so sollten Sie die Seriosität des Tokenanbieters anzweifeln.

Bei Know Your Customer handelt es sich um eine EU-weit verbreitete Legitimationsprüfung zur „präzisen Identifikation von [Privat]Kunden" (LexisNexis 2020). Da es aktuell noch kein einheitliches System gibt, müssen Sie die Vorgänge vor jedem Geschäftsabschluss neu durchführen. Insbesondere wenn Sie Kontakt mit einem Anbieter aus einem anderen Land haben ist dies erforderlich, da andere europäische Länder andere Daten benötigen.

Der Vorgang dient in erster Linie dazu Geldwäsche zu verhindern. Aber auch Betrug, Steuerhinterziehung oder Terrorismusfinanzierung werden durch das Vorgehen ausgeschlossen. Selbst wenn ein Kunde zunächst vertrauenswürdig scheint, kann es nie schaden einen genaueren Blick hinter die Fassade zu werfen, um keine späteren Überraschungen zu erwarten. Die Grundlage für den Know Your Customer Prozess stellt Artikel 8 des 3. EU-Geldwäsche-Richtlinie. Die Politik will verständlicherweise sicherstellen, dass nur legale Gelder in Unternehmen investiert werden. Wird der KYC-Prozess nicht durchgeführt, so drohen dem Unternehmen hohe Geldstrafen, Haftstrafen für leitende Mitarbeiter oder sogar eine Entziehung der Geschäftserlaubnis.

### *Kauf*

Security Token Offerings sind sehr häufig in zwei Runden unterteilt. In einer ersten Runde werden Investitionen von qualifizierten Geldgebern gesammelt. Dies können Personen sein, die selbst bei Aufbau des neuen Unternehmens mitgeholfen haben oder bei früheren Geschäftstätigkeiten des Unternehmens involviert waren. Auch Berater oder frühere Investoren erhalten häufig das Recht in dieser Phase in das Unternehmen zu investieren.

Die meisten Unternehmen schließen sich dann einer öffentlichen Verkaufsrunde an, zu der jeder zugelassen ist. Diese Runde ist häufig gestaffelt in Runden mit aufsteigendem Tokenpreis. Glauben Sie also von Anfang an an ein Unternehmen und investieren zu einem Zeitpunkt, bei dem der Erfolg noch nicht absehbar ist, so dürfen Sie meist mit einem geringeren Preis einsteigen. Investoren, die sich zuerst ansehen wollen, wie viel Vertrauen ein Unternehmen von anderen Geldgebern bekommt, zahlen dann bei einem späteren Investment häufig etwas mehr pro Token.

### Fazit

Bei einem Investment in STOs sollte vor allem darauf geachtet werden, einen vertrauenswürdigen Wallet-Anbieter zu wählen. Anschließend muss nur der KYC-Prozess erledigt werden und schon steht einem Investment in die neue Generation der Krypto-Tokenisierung nichts mehr im Weg.

Chancen und Risiken sowohl für Anleger als auch Emittenten bleiben bestehen und es ist abzuwarten, wie sich die Finanzierungsform und ihr Markt in der Zukunft entwickeln. Die Chance, dass sich das Modell der Security Token Offerings durchsetzt ist allerdings groß einzuschätzen.

### 2.2.11.3 Currency Token

Bei Currency Token handelt es sich um klassische Kryptowährungen, wie bspw. Bitcoin, Litecoin etc. Da sie keiner Projektbindung unterstehen, ist ihr Einsatzzweck demgemäß verschiedenartig. Aufgrund ihrer geldähnlichen Eigenschaften, dienen Currency Token schließlich durchwegs der Bezahlung.

Ein wichtiges Merkmal dieser Tokenart ist, dass sie im Regelfall eine eigene Blockchain besitzen, auf dieser die gesamte Transaktionshistorie dokumentiert wird. Analog zu den gewöhnlichen Kryptowährungen hängt die Wertigkeit der Token von der Performance des jeweiligen Projekts ab (Weitnauer 2019, S. 229).

### 2.2.11.4 Asset-Backed-Token

Asset-Backed-Token sind blockchain-basierte Werteinheiten, die an Vermögenswerte wie Diamanten, Gold, Immobilien oder Rohstoffe gekoppelt sind. Sie sind als eine Untergruppe des Security Token zu kategorisieren. Diese ermöglicht den Nutzern den Besitz von Eigentumsrechten an physischen Assets in digitaler Form. Ein Beispiel für einen Asset-Backed-Token ist der DIAM-Token. Diese werden von der diamDEXX emittiert und verkörpern den digitalen Besitz physischer Diamanten. Demnach ist es diamDEXX gelungen ein Handelsökosystem, indem Anleger jedweder Art mit DIAM-Münzen reale Diamanten über die Plattform kaufen können, aufzubauen. Gründe, die für einen Besitz von Security Token, insbesondere Asset-Backed-Token sprechen, sind vor allem die erhöhte Transparenz und der zunehmende Automatisierungsgrad sowie die verbesserte Zugänglichkeit. Denn Experten erahnen eine sog. „Tokenisierung" der traditionellen Märkte auf globaler Ebene. Dies führt schließlich zu einer Bildung eines blockchain-basierten Ökosystems, das durch Security Token angetrieben wird.

### 2.2.12 Rechtliche Bestimmungen

In der Praxis sind Token meistens so ausgestaltet, dass sie gleichzeitig mehrere Eigenschaften verschiedener Tokenarten vereinen. Da infolgedessen eine allgemeingültige Kategorisierung unmöglich erscheint, ist laut dem Hinweisschreiben der BaFin vom 20.02.2018 eine Einzelfallprüfung der Token vorzunehmen. Im folgenden Abschnitt soll nun kurz dargelegt werden, ob erstens eine kapitalmarktrechtliche Prospektpflicht und zweitens sonstige Pflichten mit einer Emission von Token einhergehen. Der Fokus liegt hiernach auf dem nationalen Recht, wobei ebenfalls eine rechtliche Einordnung in den USA, China und Südkorea erfolgen soll.

Hintergrund für die strengeren Regulierungsmaßnahmen durch die Aufsichtsbehörden war der Fall **„DAO"**, namentlich Dezentralisierte autonome Organisation. Diese verkörperte ein Konzept des deutschen Blockchain-Startups „Slock.it". Genauer gesagt, stellt sie ein transparentes Computerprogramm dar, das einen speziellen Programmcode enthält, der es auf der Ethereum-Plattform ermöglicht, die Digitalwährung Ether zu akquirieren. Entschieden sich Interessenten für eine Investition in ein Projekt, so wurde diese automatisch mit sog. *smart contracts* umgesetzt. Im Gegenzug erhielten Investoren „DAO"-Token, die Beteiligungsrechte, wie bspw. Stimm- und Gewinnbeteiligungsrechte, enthielten. Im Mai 2016 gelang es der Organisation innerhalb von 28 Tagen ca. 12 Mio. Ether mit einem Gegenwert von 150 Mio. US-Dollar einzuwerben. Dabei beteiligten sich mehr als 11.000 Anleger, die schätzungsweise 1,15 Mrd. „DAO"-Token besaßen, an diesem ICO. Dieser ging dabei als größter ICO der Geschichte ein. Nur zwei Jahre später gelang dem Unternehmen Block.one mit einem ICO-Volumen von ca. USD 4,2 Mrd. ein größerer Krypto-Börsengang. Am 17.07.2016 nutzen Hacker eine Sicherheitslücke des Programmcodes und konnten ca. ein Drittel der eingenommenen Ether entwenden. Kurze Zeit später reagierte auf Anweisung der Slock.it-Gründer das Ethereum-Netzwerk mit einem „*Hard Fork*", der die Ethereum-Blockchain umschreiben und somit den Verlust ungeschehen machen sollte. Die Rückabwicklung wurde demnach erfolgreich vollzogen, sodass Anleger ihre investierten Ether zurückbezahlt bekamen (Klöhn et al. 2018, S. 91 f.; Kunschke und Schaffelhuber 2018, S. 230 f.).

### 2.2.12.1 Deutschland

Eine Prospektpflicht nach § 3 WpPG ergibt sich, wenn ein Token als **Wertpapier** einzustufen ist. Nach § 2 Abs. 1 WpHG und § 2 Abs. 1 WpPG weisen Wertpapiere folgende Charaktereigenschaften auf

**Übersicht**
- Die **Übertragbarkeit,** die bei gegebener Handelbarkeit an einem Kapitalmarkt grundlegend zu bejahen ist sowie
- ein **gewisser Grad an Standardisierung** in Bezug auf die Rechte von verbrieften und unverbrieften Wertschriften (Kunschke und Schaffelhuber 2018, S. 233 f.)

Nicht entscheidend für ein übertragbares Wertpapier ist demnach die Verbriefung des Tokens als Urkunde. Demnach sei für die BaFin die Dokumentation der Inhaber eines Tokens anhand der Blockchain-Technologie oder ähnlichen Technologien von Bedeutung. Im Hinblick auf die erforderlichen Gemeinsamkeiten zu den in § 2 Abs. 1 WpHG aufgeführten Finanzinstrumenten spricht die BaFin von einer „*[...] Verkörperung von Rechten im Token, d. h. entweder Gesellschafterrechten oder schuldrechtlichen oder mit Gesellschafterrechten oder schuldrechtlichen Ansprüchen vergleichbaren*

*Ansprüchen, die im Token verkörpert sein müssen, [...]"* (BaFin 2017c). Berechtigter-
weise sollten jedoch in Bezug auf die Vergleichbarkeit zu den in § 2 Abs. 1 WpHG aufgelisteten Finanzierungsinstrumenten rein natürliche Utility Token, die lediglich als
Nutzungsrecht für Produkte oder Dienstleistungen auftreten, von dieser Norm auszu-
nehmen sein (Weitnauer 2019, S. 230).

Ausdrücklich ausgeschlossen von dem Wertpapierbegriff sind Zahlungsinstrumente
gemäß § 2 Abs. 1 WpHG. Daher sind Currency Token nicht als Wertpapier zu kategorisieren. Bis zum Jahr 2019 waren sie noch als sog. Rechnungseinheiten gemäß § 1
Abs. 11 S. 1 Nr. 7 KWG einzustufen (BaFin 2017c, d). Inwiefern Kryptowährungen
nach aktuellem Recht rechtlich zu beurteilen sind, wird im Verlauf dieses Abschnitts
erläutert.

Wird ein Token in der Praxis bspw. mit einer technischen Übertragungsbarriere,
welche schließlich nur den Ersterwerber dazu befähigen, die in dem Token enthaltenen
Rechte auszuüben, ausgestattet, so mangelt es an dem Merkmal der „Übertragbarkeit"
und der Token ist somit nicht als Wertpapier gemäß § 2 Nr. 1 WpPG anzusehen.

---

**Fazit**

Grundsätzlich sind Security Token als Wertpapier anzusehen, sofern sie ähnliche Beteiligungsrechte, wie die in § 2 Abs. 1 WpHG aufgeführten Finanzierungsinstrumente, an einem Unternehmensgewinn oder Rendite oder einen anderweitigen
Kapitalfluss von den Herausgebern eines Security Token kommunizieren.

---

Handelt es sich bei einem Token um kein Wertpapier, stellt sich die Frage, ob er folglich als **Investmentvermögen** nach § 1 Abs. 1 KAGB einzuordnen ist. Dabei ist unter
anderem abzuklären, ob es sich bei der Emittentin um „kein operativ tätiges Unternehmen außerhalb des Finanzsektors" handelt. Da die Startups, die einen ICO zur
Kapitalbeschaffung benutzen, in der Regel operativ tätige Gesellschaften außerhalb des
Finanzsektors verkörpern, dürfte eine aufsichtsrechtliche Einordnung unter dem Dach
des Kapitalanlagengesetzbuchs ausscheiden (Hahn und Wons 2018, S. 37).

Ist die Einstufung der Token als Wertpapier und zudem als Investmentvermögen
gemäß § 1 Abs. 1 KAGB zu verneinen, so kann dieser auch als **Substitut von Vermögensanlagen** vorkommen. Weiterhin wird vorausgesetzt, dass es sich bei der
Emission von Token um kein Einlagengeschäft nach § 1 Abs. 1 S. 2 Nr. 1 KWG handelt.
Je nach Art und Weise der rechtlichen Ausgestaltung, kann ein Token die charakterlichen
Eigenschaften der im Vermögensanlagenrecht aufgelisteten Graumarktprodukte gemäß
§ 1 Abs. 1 Nr. 1, 3–5 und 7 VermAnlG annehmen. Utility Token, die lediglich eine
Inhaberschaft gewähren, sollten demnach aus dem Anwendungsbereich des Vermögensanlagengesetzes ausgenommen werden. Tritt allerdings der Fall ein, dass zusätzliche
Sonderrechte, wie bspw. an bestimmte Kriterien geknüpfte Ausschüttungen, eingeräumt
werden, so kann eine Einordnung des Tokens (hier: Equity Token) als Vermögensanlage
nach § 1 Abs. 2 Nr. 1 VermAnlG erfolgen (Hahn und Wons 2018, S. 38).

Jedenfalls muss bei jeder Emission von Token eine **Einzelfallprüfung,** der in den Token verkörperten Rechte, vorgenommen werden. Dies führt zu einer einfacheren rechtlichen Einordnung unter die jeweiligen einschlägigen Gesetze. Aus diesem Grund ist das Abprüfen von Tatbeständen der verschiedenen Rechtsnormen entbehrlich. Dennoch soll im folgenden Passus kurz skizziert werden, welche möglichen Erlaubnispflichten bei der Herausgabe von Token, entstehen können.

Demnach sind Geschäfte mit Token – je nach deren inhärenten Bestandteilen – als **Bankgeschäfte,** vorwiegend als Finanzkommissionsgeschäft nach § 1 Abs. 1 S. 2 Nr. 4 KWG) oder Emissionsgeschäft i. S. d. § 1 Abs. 1 S. 2 Nr. 10 KWG möglich. Weiterhin kann das Tauschgeschäft als Finanzdienstleistung gemäß § 1 Abs. 1a KWG gedeutet werden und würde demzufolge unter Erlaubnisvorbehalt stehen. Maßgeblich für eine Erlaubnispflicht ist, ob ein Finanzinstrument nach § 1 Abs. 11 KWG vorliegt. Ein Blick auf die Definition eines Finanzinstruments zeigt, dass das Gesetz über das Kreditwesen eine weitere Auslegung des Begriffs als das des WpHG vorsieht. Denn unter die Begriffsdefinition des Finanzinstruments fallen nach dem KWG Devisen und Rechnungseinheiten und somit auch Kryptowährungen, die ein privatrechtliches Zahlungsmittel darstellen und als Nebengeld in den verschiedenen Rechnernetzen fungieren (BaFin 2017c).

Weiterhin können, wie bereits aufgeführt, Token in den Anwendungsbereich des **Kapitalanlagen- und Vermögensanlagengesetzes** fallen. Kommt dagegen eine Einschaltung einer Dritten Partei (wie bspw. eine Internetplattform, die als Zahlungsdienstleister agiert) in Betracht, so ist diese aufgrund des Erbringens von **Zahlungsdiensten** erlaubnispflichtig nach § 10 Abs. 1 ZAG. Insbesondere die Weiterleitung des durch den Tokenverkauf eingesammelte Kapital kann zu einer Qualifikation eines sog. Finanztransfergeschäfts nach § 1 Abs. 1 Nr. 6 ZAG führen. Diese ist dann unumgänglich, wenn das den ICO einleitende Startup zunächst die liquiden Mittel entgegennimmt, verwahrt und schließlich an eine Dritte Partei auszahlt. Letztlich scheint eine Einordnung des Startups, das einen ICO durchführt, als E-Geld-Institut möglich und bedürfte einer Erlaubnis für das Betreiben von E-Geld-Geschäften nach § 11 Abs. 1 ZAG.

Nach dem Jahreswechsel herrscht jedoch Klarheit darüber inwiefern das Anlageprodukt „Kryptowerte" nach nationalem Recht geregelt werden soll. Durch die Leitlinien der 5. EU-Geldwäscherichtlinie vom 20.05.2018 ist nun der Verwahr von Kryptowerten für Dritte Personen als erlaubnispflichtige Tätigkeit nach dem Kreditwesensgesetz (vgl. §§ 1 Abs. 1a S. 2 Nr. 6 und Abs. 11 S. 1 Nr. 10 KWG) einzustufen. Die Errichtung der neuen Erlaubnispflicht geht jedoch über die aktuell geltenden Normen, die von der Europäischen Union vorgegeben wurden, hinaus. Denn die durch die EU geschaffene Geldwäscherichtlinie aus dem Jahr 2018 verlangt lediglich, dass Dienstleister elektronischer Geldbörsen den Verwahr von digitaler Währungen nach den innerstaatlichen Geldwäschebekämpfungsgesetzen durchzuführen haben. Der deutsche Gesetzgeber dagegen setzt auf deutlich umfassendere Normen bezüglich des Angebots von Kryptowerte und wartet nicht auf eine Harmonisierung der EU. So verlangt die deutsche Finanzmarktaufsichtsbehörde (BaFin) neben einer entsprechenden Berufsausbildung oder einem Studium im wirtschaftlichen oder juristischen Bereich auch praktische Erfahrungen, die in einer Führungsposition erworben werden konnten (Sandner und Blassl 2020).

Vor allem Regelungen für Finanzdienstleistungsinstitute sind nicht außer Acht zu lassen. Denn Führungskräfte, die solch ein Institut leiten und zudem das Kryptover-wahrgeschäft erbringen, müssen sich enormen Anforderungen stellen. Das Durchführen dieser speziellen erlaubnispflichtigen Geschäfte ohne den Besitz einer Lizenz kann mit bis zu 5 Jahren Freiheitsentzug geahndet werden (Sandner und Blassl 2020). Die Normen traten am 01.01.2020 in Kraft.

Es dauerte ca. ein Jahr bis nun das KWG um eine weitere Finanzdienstleistung ergänzt wurde: Die Kryptowertpapierregisterführung nach § 1 Abs. 1a S. 2 Nr. 8 KWG. Der Gesetzgeber fügte diese Norm in Zusammenhang mit der Einführung des elektronischen Wertpapiergesetzes (eWpG) an. Traditionell handelt es sich bei der Emission eines Wertpapiers um eine papierhafte Urkunde, die durch eine Übereignung an den Käufer übertragen wird. Mit dem eWpG ist es zukünftig möglich – zunächst ausschließlich Inhaberschuldverschreibungen – als elektronische Wertpapiere zu begeben (§ 1 eWpG).

Eine wesentliche Anforderung für einen Betreiber eines Kryptowertpapierregisters ist, dass es auf einem fälschungssicheren Aufzeichnungssystem geführt werden muss. In diesem müssen Daten der Zeitfolge nach protokolliert gegen unbefugte Löschung sowie nachträgliche Veränderung geschützt gespeichert werden (§ 16 eWpG). Außerdem muss es zahlreiche Angaben über ein elektronisches Wertpapier enthalten. Hierzu zählen nach § 13 Abs. 2 eWpG:

**Übersicht**
- der wesentliche Inhalt des Rechts sowie die Wertpapierkennnummer,
- das Emissionsvolumen,
- der Nennbetrag
- den Emittenten,
- ob es ich um einen Einzel- oder Sammeleintrag handelt,
- den Inhaber,
- Angaben zum Mischbestand nach § 9 Abs. 3.

### 2.2.12.2 USA

Nach dem Angriff auf die „DAO" bezog die amerikanische Aufsichtsbehörde Securities and Exchange Commission (SEC) in zwei Berichten zu der kapitalmarktrechtlichen Ein-ordnung von Token-Verkäufen Stellung. Besonders Investment Token und Utility Token wurden von der SEC thematisiert. Zudem sorgte gleichzeitig ihr Chairman Jay Clayton mit der Aussage, dass jeder ICO als Wertpapier einzuordnen sei, für Aufregung. Nach

Auffassung der SEC benötigt demnach jeder Händler eine Börsenzulassung, wenn er die Emission von Token anzustreben versucht.

Als Rechtsgrundlage dieser Aussage gilt die sehr weite Fassung des Begriffs „*security*", der im US-amerikanischen Kapitalmarktrecht verankert ist. Hiernach formuliert § 2(a)(1) Securities Act of 1933 sämtliche Arten von Wertpapieren. Neben herkömmlichen Wertschriften wie Aktien und Anleihen enthält das Gesetz den sog. („investment contract") als Auffangklausel, die es der Aufsichtsbehörde erlaubt, neu-artige Finanzierungsprodukte unter den Wertpapierbegriff einzuordnen. Maßgeblich für die Einordnung eines Wertpapiers als Investmentvertrag ist das Howey-Urteil des U.S. Supreme Court. Das bedeutet, dass jeder „contract, transaction or scheme whereby a persons **invests his money** in a **common entreprise** and is led to **expect profits** solely from **the efforts of a promoter or a third party**" (Supreme Court of the United States 1945, Hervorh. d. Verf.)

Auf dessen Grundlage kam die Securities and Exchange Commission zu dem Ent-schluss, dass die „DAO"-Token als Wertpapiere anzusehen sind und die Gründer der Organisation sich nun den entsprechenden Konsequenzen zu stellen haben. Das Startup bedurfte normalerweise vor der Emission der Token einer Registrierung bei der SEC, sowie einer Veröffentlichung eines Verkaufsprospekts nach § 5 Securities Act of 1933. Denn in dem Fall „DAO" waren laut SEC alle Tatbestandsmerkmale zu Einordnung des emittierten Tokens als Investmentvertrag erfüllt (Klöhn et al. 2018, S. 97). Eine weitere strittige Rechtsfrage nach der Kategorisierung eines Tokens als Wertschrift ergab die Situation des kalifornischen Unternehmens Munchee Inc. Weitere Ausführung sollen in diesem Werk nicht folgen.

Wie ersichtlich wird, weisen Token in der Praxis meist Charakteristika von drei Typo-logien auf. Gewährt ein Token einen Zugang zu einem Netzwerk (Utility Token) und dient er als Zahlungsmittel (Currency Token) sind bereits zwei Token-Typen involviert. Zielt der Token obendrein auf eine Wertsteigerung ab und können dementsprechend auf einem liquiden Sekundärmarkt gehandelt werden, so vereint der Token zusätzlich Merkmale der Kategorie des Investment Token. Aus diesem Grund stehen die Behörden vor einer immensen Herausforderung, eine präzise rechtliche Einordnung vorzunehmen.

### 2.2.12.3  China und Südkorea

Länder, die eine große Gefahr in einem ICO sehen, sind China und Südkorea. Nach der Veröffentlichung eines Ermittlungsberichts der SEC zu der Kampagne „The DAO" im Jahr 2017, reagierte China mit einem Verbot für die Kapitalbeschaffung mittels einem Initial Coin Offering. Der ost-asiatische Staat begründete seine Entscheidung damit, dass eine wesentliche Gefahr für Investoren bestehe und verglich infolgedessen die alter-native Finanzierungsform mit einem Schneeballsystem (Kannenberg 2017). Nur kurze Zeit später erklärte die südkoreanische Finanzbehörde den ICO als illegal.

## 2.2.13 Vor- und Nachteile eines ICO

Da ein ICO durchwegs eine andere Struktur als herkömmliche Finanzierungsformen aufweisen, entstehen demzufolge neue Vor- und Nachteile für die Kapitalaufnahme mittels
eines Initial Coin Offering.

Einer der größten zu nennenden Vorteile ist der mit einem ICO einhergehende
**positive Netzwerkeffekt** und der dadurch generierten Werterhöhung, die den
Tokenbesitzern letztlich zukommen wird. Denn durch die zur Belohnung erhaltenen
Token bekommen Nutzer den Anreiz im besten Fall sich mit hochqualitativen Beiträgen
am Netzwerk zu beteiligen. Dies steigert wiederum die Attraktivität eines Netzwerks,
und zwar für diejenigen, die Token bedürfen, um schließlich von dem geschaffenen Netz
zu profitieren. Weiterhin gibt es den Nutzern wiederum den Anreiz, seinen Anteil an dem
Netzwerk zu leisten. Auf diese Art sollen letztendlich positive Netzwerkeffekte kreiert
werden und das Netz soll dementsprechend für alle Beteiligten einen Mehrwert bieten
können (Klöhn et al. 2018, S. 93).

Eine Wertsteigerung eines Tokens ergibt sich bei erhöhter Nachfrage jedoch nur dann,
wenn das Tauschinstrument nur in begrenzten Mengen am Markt zur Verfügung steht.
Auf die Frage, inwieweit Zusammenhänge zwischen dem Wert eines Netzwerks und dem
des dazugehörigen Tokens bestehen, kann folgendes festgehalten werden: Je erfolgsver-
sprechender das Netzwerk, desto höher das Interesse an dem Besitz von Token, desto
höher die Wertigkeit eines Tokens. Kurz gesagt: Der Wert eines Tokens korreliert positiv
mit dem Wert des entsprechenden Netzwerks (Klöhn et al. 2018, S. 93).

Ein weiterer Vorteil ist die **Reduzierung von Transaktionskosten** durch die
Blockchain. Denn diese ermöglicht eine kostengünstige und grenzüberschreitende
Übertragung der Token. Zudem bieten *Smart contracts* einerseits die Gelegenheit
einer automatisierten Durchsetzung von simplen als auch komplexen Verträgen inner-
halb eines Netzwerks. Andererseits entsteht duch die Computerprotokolle eine sog.
**Desintermediarisierung.** Diese verhindert wiederum zum einen Missbrauch der
Schlüsselstellung von Intermediären in einem System, und verringert zum anderen das
Problem einer zu intensiven Konzentration durch die Net Economy (Klöhn et al. 2018,
S. 94).

Trotz des großen Potenzials, das ICO-Projekte mit sich bringen, sind auch Punkte
zu nennen, denen kritisch gegenübergestanden werden muss. Ein wesentlicher Aspekt
sind die am Markt vorherrschenden **Informationsasymmetrien.** Denn die von den
Gründern angepriesenen Kampagnen bestehen zunächst nur aus einer einfachen Idee,
was eine Differenzierung zwischen wertlosen und wertvollen Projekten erschwert. Dies
mag ein Grund dafür sein, dass neben qualitativ hochwertigen Projekten auch immer
wieder Kampagnen zum Vorschein kommen, deren Seriosität infrage zu stellen ist.
Weiterhin sehen ICO-finanzierte Projekt im Vergleich zu Finanzierungsformen wie dem
Crowdinvesting eine **Einmalfinanzierung** vor. Deshalb sammeln Initiatoren anfangs
mehr Geld ein, als sie in Wirklichkeit für den Aufbau ihres Netzwerks benötigen, um
schließlich Folgefinanzierungen zu vermeiden und das Interesse einer Verknappung der

Token zu wahren. Ein weiterer Nachteil stellt der **verdächtige Preisbildungsmechanismus** am ICO-Markt dar. Denn die Preise werden zum einen von den Emittenten selbst bestimmt und zum anderen folgt das Angebot der Token auf einer gewissen „Take-it or leave it"-Basis. Bookbuilding- oder vergleichbare Verfahren sind demnach nicht vorgesehen (Klöhn et al. 2018, S. 95).

Im Ergebnis herrscht eine ziemliche Ausgeglichenheit in Bezug auf die Verteilung der Vor- und Nachteile, die durch die Kapitalbeschaffung mittels eines ICO einhergehen. Abb. 2.20 fasst die wichtigsten Punkte beider Seiten zusammen. Außerdem veranschaulichen (Abb. A.5 und A.6) Gemeinsamkeiten und Unterschiede eines ICOs gegenüber Finanzierungsinstrumente basierend auf derselben Technologie sowie klassischen Anlageinstrumenten.

### Zusammenfassung

Der ICO stellt nichts anderes als die Verbindung des Crowdinvesting mit der Blockchain dar. Diese zeichnet sich vor allem durch ihre Eigenschaften wie der Dezentralität und Transparenz aus, was wiederum dazu führt, dass sich immer mehr neue Finanzierungsformen, wie bspw. der ICO, der Blockchain annehmen.

Diesem steht zugleich eine positive Entwicklung in Bezug auf das Volumen der finanzierten Projekte seit dem Jahr 2017 gegenüber. Abseits des monetären Aspekts ist zudem eine zunehmende Entstehung weiterer Finanzierungsarten wie bspw. einem IEO, IDO etc. zu konstatieren. Die von den Initiatoren ausgegebenen Token können grundsätzlich in vier Typologien aufgeteilt werden: Zu nennen sind der

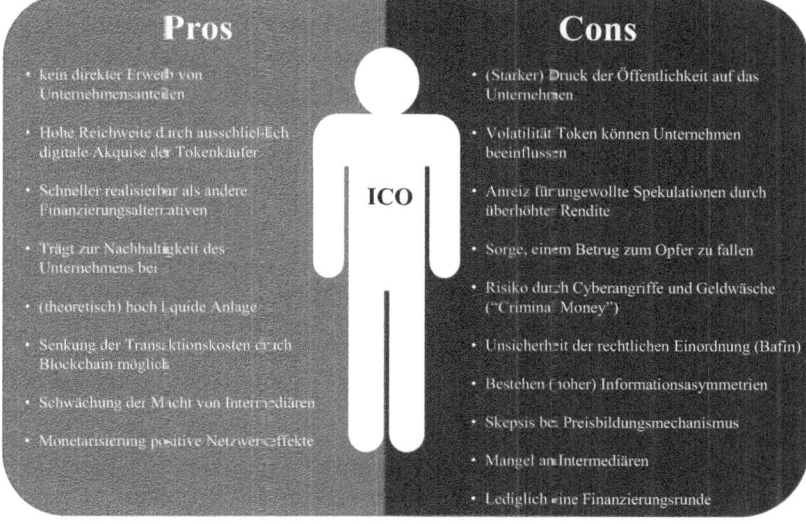

Quelle: Eigene Darstellung in Anlehnung an Hahn/Wons (2018): Initial Coin Offering (ICO), S 7f.; Klöhn/Parhofer/Resas (2018): Initial Coin Offerings (ICOs), S. 93 ff.

**Abb. 2.20** Gegenüberstellung der Vor- und Nachteile eines ICO. (Quelle: Eigene Dasretllung in Anlehnung an Hahn und Wons 2018, S. 8)

Utility Token, Security Token, Currency Token und schließlich der Asset-Backed-Token, wobei der bei einem ICO emittierte Token eher die Merkmale der ersten drei Archetypen vereint. Diese hybride Zusammensetzung ist ein Grund dafür, weshalb sich eine einheitliche Regulierung als sehr diffizil herausstellt. Deshalb ist laut BaFin eine Einzelfallprüfung der emittieren Token vorzunehmen, um die einschlägige Gesetzesnormen zu bestimmen. Die Handhabung in den Vereinigten Staaten stellt sich dagegen als eher unproblematisch heraus, da SEC-Chef Clayton verlauten ließ, dass jeder ICO als Wertpapier anzusehen sei. China und Südkorea reagierten nach dem Fall „DAO" sofort mit einem Verbot der blockchain-basierten Finanzierungsform.

**Fazit**

In der heutigen Zeit stehen Kapitalnehmern eine breite Palette an Kapitalquellen zur Verfügung. Doch nicht jede eignet sich für den zu Finanzierenden. Häufig scheitert die Zugänglichkeit zu den finanziellen Mitteln an die zu stellenden Sicherheiten, die Jungunternehmen in ihrer Startphase schlichtweg nicht vorweisen können. Weiterhin ist das fehlende Knowhow seitens der Gründer ein Faktor für die Verwehrung von Kapital. Genau hier setzt das Crowdinvesting an. Mittels der Ausgabe von mezzaninen Finanzierungstiteln wird es den Unternehmern als auch Projektentwicklern ermöglicht, Kapital von einer Menschenmenge (Crowd) einzusammeln. Gleichzeitig bietet Investoren die Gelegenheit sich mit geringem Kapitaleinsatz (ab EUR 5) an einem Start-up oder an einer Kampagne zu beteiligen. Die rechtlichen Rahmenbedingungen in den Ländern sind meist unterschiedlich, weshalb sich die Akteure mit den gesetzlichen Bestimmungen des nationalen Landes, in dem das Crowdinvesting durchgeführt wird, unter allen Umständen auseinandersetzen müssen. Schließlich gilt der Initial Coin Offering (ICO) als eine weitere – noch neuere – Form der Kapitalakquise und beschreibt die Verbindung des Crowdfunding mit der Blockchain.

## Literatur

Alois JD (2018) FundedByMe reports strong growth for 6 months in semi annual report. https://www.crowdfundinsider.com/2018/08/138452-fundedbyme-reports-strong-growth-for-6-months-in-semi-annual-report. Zugegriffen: 10. Sept. 2020

Amstutz T (2019) Neues Prospektrecht – Konkretisierung durch Verordnung. https://blog.kpmg.ch/tax-legal-news/neues-prospektrecht-konkretisierung-durch-ver-ordnung. Zugegriffen: 07. Sept. 2020

Aschenbeck T, Drefke T (2019) Änderungen des VermAnlG – Bundestag zeigt sich Crowdfunding-freundlich. https://www.osborneclarke-fintech.com/2019/05/31/anderungen-des-vermanlg-bundestag-zeigt-sich-crowdfunding-freundlich. Zugegriffen: 15. Aug. 2020

Assmann H-D, Schneider UH (Hrsg) (2012) Wertpapierhandelsgesetz. Kommentar, Köln

Assmann HD, Schütze RA (Hrsg) (2015) Handbuch des Kapitalanlagenrechts. München

BaFin (Hrsg) (2013a) Merkblatt Platzierungsgeschäft. https://www.bafin.de/SharedDocs/ Veroeffentlichungen/DE/Merkblatt/mb_091211_tatbestand_platzierungsgeschaeft.html. Zugegriffen: 22. Aug. 2019

BaFin (Hrsg) (2013b) Merkblatt multilaterales handelssystem. https://www.bafin.de/SharedDocs/ Veroeffentlichungen/DE/Merkblatt/mb_091208_tatbestand_multilaterales_handelssystem.html. Zugegriffen: 23. Aug. 2019

BaFin (Hrsg) (2014b) Merkblatt Einlagengeschäft. https://www.bafin.de/SharedDocs/ Veroeffentlichungen/DE/Merkblatt/mb_140311_tatbestand_einlagengeschaeft.html. Zugegriffen: 16. Aug. 2020

BaFin (Hrsg) (2014c) Merkblatt Abschlussvermittlung. https://www.bafin.de/SharedDocs/ Veroeffentlichungen/DE/Merkblatt/mb_091207_tatbestand_abschlussvermittlung.html/Merkblatt/mb_091207_tatbestand_abschlussvermittlung.html. Zugegriffen: 20. Aug. 2020

BaFin (Hrsg) (2015) Auslegungsschreiben zum Anwendungsbereich des KAGB und zum Begriff des „Investmentvermögens". https://www.bafin.de/SharedDocs/Veroeffentlichungen/DE/Auslegungsentscheidung/WA/ae_130614_Anwendungsber_KAGB_begriff_invvermoegen.html. Zugegriffen: 25. Aug. 2019

BaFin (Hrsg) (2016) Merkblatt Kreditgeschäft. https://www.bafin.de/SharedDocs/Veroeffentlichungen/DE/Merkblatt/mb_090108_tatbestand_kreditgeschaeft.html. Zugegriffen: 16. Aug. 2020

BaFin (Hrsg) (2017a) Merkblatt Anlagevermittlung. https://www.bafin.de/SharedDocs/ Veroeffentlichungen/DE/Merkblatt/mb_091204_tatbestand_anlagevermittlung.html. Zugegriffen: 17. Aug. 2020

BaFin (Hrsg) (2017b) Merkblatt zur Bereichsausnahme für die Vermittlung von Investmentvermögen und Vermögensanlagen. https://www.bafin.de/SharedDocs/Veroeffentlichungen/DE/Merkblatt/mb_150416_ausnahme_investmentfondsvermittlung.html. Zugegriffen: 24. Aug. 2020

BaFin (Hrsg) (2017c) Hinweisschreiben (WA); Aufsichtsrechtliche Einordnung von sog. Initial Coin Offerings (ICOs) zugrunde liegenden Token bzw. Kryptowährungen als Finanzinstrumente im Bereich der Wertpapieraufsicht. https://www.bafin.de/SharedDocs/Downloads/DE/Merkblatt/WA/dl_hinweisschreiben_einordnung_ICOs.html. Zugegriffen: 16. Aug. 2020

BaFin (Hrsg) (2017d) Jahresbericht 2017. https://www.bafin.de/SharedDocs/Downloads/DE/Jahresbericht/dl_jb_2017.html. Zugegriffen: 16. Aug. 2020

BaFin (Hrsg) (2018) Hinweise zum Tatbestand der Finanzportfolioverwaltung. https://www.bafin.de/SharedDocs/Veroeffentlichungen/DE/Merkblatt/mb_091208_tatbestand_finanzportfolioverwaltung.html. Zugegriffen: 21. Aug. 2020

BaFin (Hrsg) (2019a) Merkblatt – Gemeinsames Informationsblatt der BaFin und der Deutschen Bundesbank zum Tatbestand der Anlageberatung. https://www.bafin.de/SharedDocs/Downloads/DE/Merkblatt/dl_mb_110513_anlageberatung_neu.html. Zugegriffen: 18. Aug. 2020

BaFin (Hrsg) (2019b) Prospektpflicht – Rechtslage seit dem 21.07.2019. Art. 6 Abs. 1 EU-ProspektVO. https://www.bafin.de/DE/Aufsicht/Prospekte/Wertpapiere/Prospektpflicht/prospektpflicht_node.html. Zugegriffen: 31. Jan. 2020

BaFin (2021) Besser geschützt auf dem Grauen Kapitalmarkt. BaFin j.: 30–35

Beck R (2017) Crowdinvesting; Die Investition von Vielen. Kulmbach

Biesterfeldt J (o. J.) Pooling – kompakt erklärt. https://www.companisto.com/de/academy/investieren-bei-companisto/pooling-kompakt-erklaert. Zugegriffen: 01. Aug. 2020

Boos K-H, Fischer R, Schulte-Mattler H (Hrsg) (2016) KWG – CRR-VO. München

Bösl K, Schimpfky P, Beauvais E-A von (Hrsg) (2014) Fremdfinanzierung für den Mittelstand; Alternativen zum Bankkredit. München

Bräutigam P, Rücker D (Hrsg) (2017) E-Commerce, Rechtshandbuch. München

BTCACADEMY (2019) Security token offering (STO). https://www.btc-echo.de/academy/bibliothek/security-token-offering-sto/

BT-Drucks. 17/6051 (2011) Drucksache des Deutschen Bundestages vom 06. Juni 2011: Entwurf eines Gesetzes zur Novellierung des Finanzanlagenvermittler- und Vermögensanlagenrechts. http://dip21.bundestag.de/dip21/btd/17/060/1706051.pdf. Zugegriffen: 21. Aug. 2020

Bundesfinanzministerium (Hrsg) (2015) Kleinanlegerschutzgesetz sorgt für mehr Transparenz. https://www.bundesfinanzministeri-um.de/Content/DE/Monatsberichte/2015/08/Inhalte/Kapitel-3-Analysen/3-3-kleinanlegerschutzgesetz.htm. Zugegriffen: 14. Aug. 2020

Clasen B (2015) Crowdfunding in Frankreich – Die neue Gesetzesregelung in Frankreich. Recht der internationalen. Wirtsch.: 344–350

Cortese A, McCanless R (2018) JOBS act at six: A progress report. https://www.locavesting.com/sponsored/jobs-act-at-six-a-progress-report. Zugegriffen: 04. Sept. 2020

Davies S, Arslanian H, Kersey K, Dobrauz G, Heydasch J, Olsson H, Shipman J, Ebeling R (2020) 6th ICO/STO report; A strategic perspective. https://www.pwc.com/ee/et/publications/pub/Strategy&_ICO_STO_Study_Version_Spring_2020.pdf. Zugegriffen: 14. Aug. 2021

Deutscher Bundestag (2015) Kleinanlegerschutzgesetz vom 03. Juli 2015

Dietrich A, Amrein S (2021) Crowdfunding Monitor Schweiz 2021. https://blog.hslu.ch/retailbanking/files/2021/06/Crowdfunding-Monitor-Schweiz-2021_D.pdf. Zugegriffen: 06. Sept. 2021

ESMA (Hrsg) (2014) Opinion, investment-based crowdfunding. https://www.esma.europa.eu/sites/default/files/library/2015/11/2014-1378_opinion_on_investment-based_crowdfunding.pdf. Zugegriffen: 20. Aug. 2019

ESMA (Hrsg) (2019) National thresholds below which the obligation to publish a prospectus does not apply. https://www.esma.europa.eu/sites/default/files/library/esma31-62-1193_prospectus_thresholds.pdf. Zugegriffen: 09. Sept. 2019

European Crowdfunding Network (2017) Review of crowdfunding regulation 2017; Interpretations of existing regulation concerning crowdfunding in Europe, North America and Israel

Fischer W (2017) Rechtslage, Zukunftsperspektiven und Regulierungsansätze des Crowdinvestings in Deutschland. Peter Lang, Frankfurt a. M.

Fridgen G, Regner F, Schweizer A, Urbach N (2018) Don't slip on the ICO – A taxonomy for a blockchain-enabled form of crowdfunding; At 26th european conference on information systems (ECIS. https://www.researchgate.net/publication/325131210_Don't_Slip_on_the_Initial_Coin_Offering_ICO_-_A_Taxonomy_for_a_Blockchain-enabled_Form_of_Crowdfunding. Zugegriffen: 11. Nov. 2020

George M (2017) Plateformes de crowdfunding: Les différents statuts – CIP – IFP – PSI. https://www.crowdlending.fr/differents-statuts-cip-ifp-psi. Zugegriffen: 09. Sept. 2020

Graf zu Solms-Laubach G, Mihova S (2015) Übersicht über die aufsichtsrechtliche Regulierung von alternativen Finanzierungen nach Inkrafttreten des KAGB und des Kleinanlegerschutzgesetzes. Zeitschrift für das deutsche Steuerrecht, 53(33), 1872–1877

Gräfer H, Schiller B, Rösner S (2014) Finanzierung; Grundlagen Institutionen, Instrumente und Kapitalmarkttheorie. Erich Schmdit, Berlin

Hahn C (Hrsg) (2014) Finanzierung und Besteuerung von Start-up-Unternehmen; Praxisbuch für erfolgreiche Gründer. Springer Gabler, Wiesbaden

Hahn C, Wons A (2018) Initial Coin Offering (ICO); Unternehmensfinanzierung auf Basis der Blockchain-Technologie. Springer Gabler, Wiesbaden

Hainz C, Hornuf L, Nagel L, Reiter S, Stenzhorn E (2019) Die Befreiungsvorschriften des Kleinanlegerschutzgesetzes: Eine Follow-up-Studie. ifo Schnelld. 72: 26–37

Harms M (2017) Psychofallen und Denkfehler beim Crowdinvesting. https://www.crowdfunding.de/psychofallen-und-denkfehler-beim-crowdinvesting. Zugegriffen: 29. Juli 2019

Harms M (Hrsg) (2020) Crowdinvest marktreport 2020. https://www.crowdinvest.de/Crowdinvest_Marktreport_2020_Deutschland_crowdinvest.de.pdf. Zugegriffen: 11. Aug. 2021

Harms M (Hrsg) (2021) Crowdfunding Barometer 2021. https://www.crowdfunding.de/literatur/crowdfunding-barometer-2021/. Zugegriffen: 11. Aug. 2021

Helmrich Sebastian M et al (2019) Crowdinvest Immobilien-Report 2019. https://www.crowdinvest.de/Crowdinvest_Immobilien-Report_2019.pdf

Helmrich Sebastian M et al (2020) Real Estate Crowdfunding Report 2020. https://www.crowdinvest.de/Real-Estate-Crowdfunding-Report-2020.pdf

Hemer J, Schneider U, Dornbusch F, Frey S (2011) Crowdfunding in andere Formen informeller Mikrofinanzierung in der Projekt- und Innovationsfinanzierung. Fraunhofer, Stuttgart

Hüsing A (2019) 5 megaspannende Fakten über den FinTech-Hit Exporo. https://www.deutsche-startups.de/2019/07/02/exporo-fakten

Iliev L (2019a) Immobilienblase: 2019 noch in Immobilien investieren? https://de.bergfuerst.com/ratgeber/immobilienblase. Zugegriffen: 05. Aug. 2020

Iliev L (2019b) Anlegerschutz: Warum Bergfürst das bessere Finanzprodukt konzipiert hat. https://de.bergfuerst.com/ratgeber/nachrangdarlehen. Zugegriffen: 06. Aug. 2020

Jansen JD, Pfeifle T (2012) Rechtliche Probleme des Crowdfundings. Zeitschrift für Wirtschaftsrecht, 33(38),1842–1852

Kannenberg A (2017) Südkorea verbietet Initial Coin Offerings. https://www.heise.de/newsticker/meldung/Suedkorea-verbietet-Initial-Coin-Offerings-3847269.html. Zugegriffen: 17. Aug. 2020

Kerkmann J (2019) ERC-1400 – Security Token Standard auf Ethereum. https://blockchainwelt.de/erc-1400-security-token-standard-ethereum/

Kleinhückelskoten H-D (2002) Business Angels: Wenn Engel Gutes tun!; Wie Unternehmensgründer und ihre Förderer erfolgreich zusammenarbeiten. Frankfurter Allgemeine, Frankfurt

Klöhn L, Hornuf L (2012) Crowdinvesting in Deutschland. Markt, Rechtslage und Regulierungsperspektiven. Zeitschrift für Bankrecht und Bankwirtschaft, 24(4), 237–266

Klöhn L, Parhofer N, Resas D (2018) Initial Coin Offerings (ICOs). Zeitschrift für Bankrecht und Bankwirtschaft, 30(2), 89–106

Kollmann T, Jung PB, Kleine-Stegemann L, Ataee J, de Cruppe K (2020) Deutscher Startup Monitor 2020; Innovation statt Krise. https://deutscherstartupmonitor.de/wp-content/uploads/2020/09/dsm_2020.pdf. Zugegriffen: 31. Juli 2021

Kortleben H, Vollmar BH (2012) Crowdinvesting – eine Alternative in der Gründungsfinanzierung?. https://www.pfh-universi-ty.com/fileadmin/Content/PDF/forschungspapiere/crowdinvesting-eine_alterna-tive_in_der_gruendungsfinanzierung.pdf. Zugegriffen: 24. Aug. 2020

Kretzschmar R (2019) Vermögensanlagengesetz: Gesetzesänderung erleichtert Crowdinvesting 2019. https://de.bergfuerst.com/ratgeber/gesetzesaenderung. Zugegriffen: 15. Aug. 2020

Kummermehr A (o. J.) So funktioniert's. https://de.bergfuerst.com/so-funktionierts. Zugegriffen: 06. Aug. 2020

Kunschke D, Schaffelhuber KA (Hrsg) (2018) FinTech, Grundlagen – Regulierung – Finanzierung – Case Studies. Erich Schmidt, Berlin

Kyriasoglou C (2015) Der vierte Strategiewechsel – Bergfürst gibt seine Banklizenz ab. https://www.gruenderszene.de/allgemein/bergfuerst-bafin-banklizenz-aufgabe?interstitial_click. Zugegriffen: 06. Aug. 2020

LexisNexis (2020) KYC: Was ist Know Your Customer? | Eine Definition. https://www.lexisnexis.de/begriffserklaerungen/compliance/kyc-know-your-customer

Löher J, Schell S, Schneck S, Werner A, Moog P (2015) Unternehmensgründungen und Crowdinvesting. https://www.ifm-bonn.org/uploads/tx_ifmstudies/IfM-Materialien-241_2015.pdf. Zugegriffen: 27. Juli 2020

Lücke C (2019) Warum nutzen Unternehmen eine Crowdfinanzierung? https://www.kapilendo.de/magazin/warum-nutzen-unternehmen-eine-crowdfinanzierung. Zugegriffen: 02. Aug. 2020

Maas G (2017) § 2 Ausnahmen für einzelne Arten von Vermögensanlagen. WpPG/VermAnlG. Kommentar: 1364–1395, Köln

Meyer A (2019) Finanzierung über Crowdinvesting bietet weniger Hürden als Bankkredite. https://www.finanzen.de/news/finanzierung-ueber-crowdinvesting-bietet-weniger-huerden-als-bankkredite. Zugegriffen: 01. Aug. 2020

Nagelkerke F, de Koning N. (2016) AFM announces new regulations for crowdfunding platforms. https://www.regulationtomorrow.com/the-netherlands/afm-announces-new-regulations-for-crowdfunding-platforms/. Zugegriffen: 09. Sept. 2020

Nickel V (2019) Fünf Risikofaktoren beim Crowdinvesting, die Sie kennen sollten. https://de.bergfuerst.com/ratgeber/crowdinvesting-risiko. Zugegriffen: 19. Nov. 2020

Oppenheim R, Lange-Hausstein C (2016) Robo Advisor – Anforderungen an die digitale Kapitalanlage und Vermögensverwaltung. Zeitschrift für Wirtschafts- und Bankenrecht, 41, 1966–1973

Penke M (2019) Lohnt sich das Risiko beim Crowdinvesting? https://www.gruenderszene.de/fintech/crowdinvesting-seedmatch-companisto-analyse?interstitial_click. Zugegriffen: 31. Juli 2020

Portisch W (2008) Finanzierung im Unternehmenslebenszyklus. Oldenbourg, München

Pozzi D (2019) ICO Market 2018 vs 2017: Trends, Capitalization, Localization, Industries, Success Rate. https://cointelegraph.com/news/ico-market-2018-vs-2017-trends-capitalization-localization-industries-success-rate

Prinz E (2018) Was sind token-standards? Was ist erc20? Was ist ihr konkreter zweck? https://www.bitfantastic.com/was-sind-token-standards-was-ist-erc20-was-ist-ihr-konkreter-zweck/

Putnoki H, Schwadorf H, Then Bergh F (2011) Investition und Finanzierung. Vahlen, München

Rezmer A (2019) Die neuen Aufsichtsregeln für Finanzberater sind halbherzig; Dass die Bundesregierung freie Finanzberater künftig von der Finanzaufsicht Bafin kontrollieren lässt, ist ehrenwert – aber wenig durchdacht. https://www.handelsblatt.com/meinung/kommentare/kommentar-die-neuen-aufsichtsregeln-fuer-finanzberater-sindhalbherzig/24852022.html/24852022.html?ticket=ST-22476800-siJWZmQMKMN9yyWpF6dl-ap1. Zugegriffen: 15. Aug. 2020

Sandner P, Blassl J (2020) Blockchain steht nun unter BaFin-Aufsicht. https://www.lto.de/recht/hintergruende/h/blockchain-bitcoin-regulierung-bafin-aufsicht-digitale-vermoegenswerte-erlaubnis/. Zugegriffen: 07. Jan. 2020

Schedensack J (2018) Crowdinvesting; Phänomen – Rechtsbeziehung – Regulierung. Duncker & Humblot, Berlin

Schefczyk M (2000) Finanzieren mit Venture Capital; Grundlagen für Investoren, Finanzintermediäre, Unternehmer und Wissenschaftler. Schäffer-Poeschel, Stuttgart

Schiller K (2019) Security Token Offering (STO) wird ICO ersetzen. https://blockchainwelt.de/security-token-offering-sto-wird-ico-ersetzen/

Schlenk CT (2019) Zinsland-Anleger müssen um 1,9 Millionen Euro bangen. Gründerszene.de. https://www.businessinsider.de/gruenderszene/fintech/zinsland-plattform-anleger-insolvenz/. Zugegriffen: 14. Juni 2020

Schmitt F (2019) Die verschiedenen Arten von Venture Capital Investoren. https://www.cmshs-bloggt.de/venture-capital/die-verschiedenen-arten-von-venture-capital-investoren. Zugegriffen: 24. Juli 2020

Schramm DM, Carstens J (2014) Startup-Crowdfunding und Crowdinvesting; Ein Guide für Gründer. Springer Gabler, Wiesbaden

Schuster M (2018) Die Regulierung von Investment Crowdfunding in den USA; Der US-amerikanische CROWDFUND Act im Spannungsfeld von Anlegerschutz und Kapitalzugang. Nomos, Baden-Baden

Schwennicke A, Auerbach D (2016) Kreditwesengesetz (KWG) mit Zahlungsaufsichtsgesetz (ZAG) und Finanzkonglomerate-Aufsichtsgesetz (FKAG). C.H.Beck, München

Sixt E (2014) Schwarmökonomie und Crowdfunding. Springer Gabler, Wiesbaden

Stadler W (Hrsg) (2004) Die neue Unternehmensfinanzierung – Strategisch finanzieren mit bank- und kapitalmarktorientieren Instrumenten. Redline, Frankfurt

Stengel C (2019) Die FinTech-Bewilligung kommt am 1. Januar 2019. https://www.moneytoday. ch/news/die-fintech-bewilligung-kommt-am-1-januar-2019. Zugegriffen: 06. Sept. 2019

Supreme Court of the United States (1945) U.S. Reports: S.E.C. v. Howey Co., 328 U.S. 293

Teigland R, Siri S, Larsson A, Puertas AM, Bogusz CI (2018) The rise and development of FinTech: Accounts of disruption from Sweden and beyond. Taylor & Francis, Milton Park

Tkachenko O (2018) Arten von Wallets für Kryptowährungen und wie man sie schützt. https:// de.liteforex.eu/blog/for-professionals/cryptowallet/. Zugegriffen: 18. Nov. 2020

Turner R (o. J.) What are tier 1 and tier 2 regulation A plus offerings? https://www. manhattanstreetcapital.com/faq/for-fundraisers-for-investors/what-are-tier-1-and-tier-2-regulation-a-plus-offerings-2-regulation-a-plus-offerings. Zugegriffen: 05. Sept. 2020

Verbraucherzentrale NRW (Hrsg) (2018) Prokon-Insolvenz – Das Wichtigste auf einen Blick. https://www.verbraucherzentrale.de/wissen/geld-versicherungen/sparen-und-anlegen/ prokoninsolvenz-das-wichtigste-auf-einen-blick-11466. Zugegriffen: 14. Aug. 2020

Verordnung (EU) 2020/1503 des Europäischen Parlaments und des Rates vom 7. Oktober 2020 über Europäische Schwarmfinanzierungsdienstleister für Unternehmen und zur Änderung der Verordnung (EU) 2017/1129 und der Richtlinie (EU) 2019/1937

Volkmann CK, Tokarski KO (2006) Entrepreneurship Gründung und Wachstum von jungen Unternehmen. UTB, Stuttgart

Weitnauer W (2014) Pools und Investment-Clubs; Strukturen und Erlaubnispflichten nach dem KAGB und KWG. Zeitschrift für Gesellschafts- und Wirtschaftsrecht, 6, 1–7

Weitnauer W (2019) Handbuch Venture Capital; Von der Innovation zum Börsengang. C.H. Beck, München

Weitnauer W, Parzinger J (2013) Das Crowdinvesting als neue Form der Unternehmensfinanzierung. Zeitschrift für Gesellschafts- und Wirtschaftsrecht, 5(8), 153–174

Weitnauer W, Boxberger L, Anders D (Hrsg) (2014) Kommentar zum Kapitalanlagengesetzbuch (KAGB) und zur Verordnung über Europäische Risikokapitalfonds mit Bezügen zum AIFM-StAnpG. C.H. Beck, München

Wenzlaff K (2015) Crowdfunding-Regulierung in den Niederlanden und in Frankreich – Lektionen für die Regulierung von Crowdfunding in Deutschland. http://www.ikosom.de/2015/03/11/ crowdfunding-regulierung-in-den-niederlanden-und-in-frankreich-lektionen-fuer-die-regulierung-von-crowdfunding-in-deutschland. Zugegriffen: 09. Sept. 2019

Werner HS (2006) Pre-IPO; Das Private Placement zur Kapitalbeschaffung. Bank, Köln

Will M (2015) Kleinanlegerschutzgesetz und Gewerbeordnung – Auswirkungen auf die Finanzanlagenvermittlung (§ 34f GewO) und Honorarfinanzanlagenberatung (§ 34h GewO). GewArch: 430–435

Will M, Quarch B (2018) Ein Teppich über 28 Flicken. https://www.lto.de/recht/hintergruende/h/ crowdfunding-eu-regulierung-disruption-digitalisierung. Zugegriffen: 20. Aug. 2019

Winde V (2019) Die Regulierung anlagevermittelnder und -beratender Internet-Plattformen; Im Aufsichtsfeld von Zivil-, Aufsichts- und Telemedienrecht. Nomos, Baden-Baden

Wirminghaus N (2014) Bergfürst wird zur Bank. https://www.gruenderszene.de/allgemein/ bergfuerst-banklizenz?interstitial_click. Zugegriffen: 06. Aug. 2020

Wörner I, Morkisch A (2017) Crowdinvesting als Finanzierungsteil des Immobilien-Leasings. Zeitschrift „Finanzierung Leasing Factoring": 10 ff

Ziegler T et al (2021) Cambridge of Alternative Finance Report: EXPANDING HORIZONS. THE 2nd Global Alternative Finance Market Benchmarking Report. https://www.jbs.cam.ac.uk/wp-content/uploads/2021/06/ccaf-2021-06-report-2nd-global-alternative-finance-benchmarking-study-report.pdf

# Resümee

**3**

Das Phänomen Crowdfunding kann je nach Art der Gegenleistung in vier unterschiedliche Typologien eingeteilt werden. Demnach ist zum einen zwischen dem reward-based und donation-based Crowdfunding, die sich unter dem Crowdfunding i. e. S. zusammenfassen lassen, sowie dem equity-based und lending-based Crowdfunding, deren Zweck einzig und allein die Erwirtschaftung einer Rendite darstellt, zu unterscheiden. Das Crowdinvesting steht durch seine vorzuweisenden charakteristischen Eigenschaften für Innovation vorwiegend in den Bereichen der Unternehmens- und Immobilienfinanzierung. Aus betriebswirtschaftlicher Sichtweise erschließen sich für die Gründer als auch für die Projektentwickler neue Möglichkeiten Kapital auf einem einfachen Weg von einer Vielzahl von Kleinanlegern – in der Regel ohne Stellung von Sicherheiten – einzusammeln. Somit gelingt es den Kapitalnehmern die gefürchtete Frühfinanzierungslücke zu schließen und sich dementsprechend vollständig auf ihre operative Tätigkeit zu konzentrieren. Auf Anlegerseite dagegen entsteht nun die Gelegenheit, sich mit einem geringem Investitionsbetrag an einem Unternehmen bzw. Projekt zu beteiligen. Im Hinblick auf die Entwicklung ist ein positives Wachstum seit Jahren sowohl auf nationaler als auch auf globaler Ebene zu verzeichnen. Mit einem Transaktionsvolumen von ca. EUR 80 Mio. in den ersten drei Quartalen im Jahr 2019 belegt Deutschland nur die mittleren Ränge im internationalen Vergleich. Rang eins mit ca. EUR 900 Mio. geht an China. Dahinter reihen sich die USA (ca. EUR 720 Mio.), Israel (ca. EUR 670 Mio.), Großbritannien (ca. EUR 630 Mio.) und die Niederlande (ca. EUR 320 Mio.) ein. Mit einem Volumen von ca. EUR 188 Mio. kann die Schweiz im Sektor Crowdinvesting durchaus den Anschluss an die Länder der Europäischen Union halten.

Weiterhin ist der volkswirtschaftliche Nutzen, den die alternative Finanzierungsform mit sich bringt, zu nennen. Denn diese begünstigt nicht nur das Aufkommen innovativer Unternehmen, sondern hilft obendrein bei der Kreierung neuer Arbeitsplätze. Startups stehen seit jeher dem offenkundigen Problem einer fehlenden Finanzierungsmöglichkeit

M. Baumgärtner, *Crowdinvesting*, https://doi.org/10.1007/978-3-658-36556-1_3

neuer und zukunftsgerichteten Ideen gegenüber. Während Business Angels nur begrenzt
zur Verfügung stehen, verhalten sich Banken bei der Finanzierung von Jungunternehmen
sehr zurückhaltend. Gründe sind einerseits regulatorische Anforderungen (z. B. ab Basel
II), aber auch eigens auferlegte Privilegien, wie bspw. die Bewährung einer Geschäftsidee am Markt. Das bedeutet, dass Kreditinstitute eher etablierte Unternehmen bevor-
zugen, also grundsätzlich die Old Economy anstatt die New Economy finanzieren.
Venture-Capital-Gesellschaften dagegen fokussieren zum einen meist große Vorhaben an
und stellen dabei nicht selten unausgewogene Selektionskriterien bzgl. des Investitions-
prozesses auf. Am Markt gefestigte Unternehmen weisen häufig die Problematik einer
geringen Innovationsfähigkeit auf.

Da diese jedoch für eine stabile Volkswirtschaft unentbehrlich ist, müssen Alternativen in Betracht gezogen werden. In diesem Punkt hebt sich das Crowdinvesting von
all den anderen Finanzierungsformen ab. Schließlich können Unternehmen durch einen
ICO Kapital von den Anlegern einsammeln. Durch die Ausgabe von sog. Token besteht
für Investoren die Möglichkeit sich bspw. einem Unternehmen zu beteiligen oder auch
einen Zugang zu Produkten in einem Netzwerk zu erhalten.

Weiterhin kann eine Finanzierung über eine Vielzahl von Kleinanlegern zu einer
Demokratisierung des Finanzmarkts beitragen. Derzeit besitzen Banken eine zu
starke Machtstellung. Nicht selten sehen sie sich in der Lage Gewinne einzubehalten
und entstandene Verluste durch die deutsche Bevölkerung finanzieren zu lassen. So
könnten beispielsweise hohe Finanzierungsvolumen im Bereich der Unternehmens-
und Immobilienfinanzierung dazu führen, dass aufgrund der geringeren Kapital-
erfordernis von den Kreditinstituten eine Verringerung der Bankenmacht erreicht wird.
Schließlich eignet sich das Crowdinvesting als Substitut zu den bestehenden Startup-
Förderungsprogrammen, was wiederum eine kostenentlastende Wirkung für den Staat
zur Folge hat.

Grundsätzlich nehmen drei Akteure (Unternehmen, Vermittler und Anleger) an einem
Crowdinvesting-Prozess teil. Vor allem Plattformen, die in ihrer Form als Intermediäre
zwischen Kapitalnehmer und Kapitalgeber fungieren, nehmen eine sehr große Rolle bei
einem Finanzierungsvorhaben ein. Um deren Reputation keinen Schaden zuzufügen,
ist es hauptsächlich in ihrem Interesse eine tiefgründigere Prüfung der bewerbenden
Unternehmen durchzuführen. Zwar weisen Plattformen auf mögliche Risiken bzgl.
der emittierten Finanzierungsvehikel hin, dennoch werden Investoren von den meist
hohen Renditen in ihrem Entscheidungsprozess oftmals geblendet. Insbesondere im
Bereich der Unternehmensfinanzierung sind in den letzten Jahren höhere Ausfallraten
zu konstatieren. Das wachsende Finanzierungsvolumen im Immobiliensektor dagegen
hat kaum Insolvenzen von Projektgesellschaften zu verzeichnen. Ein Grund mag in
der Planbarkeit der Geschäftstätigkeit liegen. Die bekanntesten Internet-Plattformen
zur Finanzierung von Startups sind Seedmatch und Companisto. Marktführer in dieser
Sparte bleibt allerdings Kapilendo. Im Sektor Immobilien hingegen sind Plattformen,
wie bspw. Exporo und Bergfürst aktiv, wobei erstere das größte Finanzierungsvolumen
aller Dienstleister zu verzeichnen hat. Ein Blick auf die angebotenen Finanzierungs-

titel zeigt, dass primär partiarische (Nachrang-) Darlehen bei den Emittenten auf eine große Beliebtheit stoßen. Gründe, die für dieses Instrument sprechen, liegen u. a. in der flexiblen Ausgestaltbarkeit sowie in den vorgesehenen gesetzlichen Begünstigungen des § 2a VermAnlG.

Wie unter dem Abschn. 2.2.8.1 angeführt, existieren keine expliziten gesetzlichen Vorschriften bzgl. des Crowdfundings in Deutschland. Sie setzen sich vielmehr aus den allgemeinen Regularien des Zivilrechts und den kapitalmarktrechtlichen Privilegien zusammen. Mit dem Inkrafttreten des KSAG erfuhr das Crowdfunding zum ersten Mal Anwendung in einem deutschen Gesetz, genauer gesagt in dem Vermögensanlagen-gesetz. Dort sind nun Rechte und Pflichten betreffend aller am Crowdinvesting-Prozess beteiligten Parteien aufgeführt. Während für Emittenten vor allem das Auseinandersetzen mit den Prospekt- und Offenlegungspflichten von hoher Bedeutung sind, müssen Platt-formen bei der Auswahl ihrer Geschäftspolitik mit Bedacht vorgehen, da entsprechende Erlaubnispflichten auf sie zukommen. Nach derzeitigem Stand halten eine Großzahl an Internet-Dienstleister eine Lizenz nach § 34f. GewO, die das Agieren als eingetragener Finanzanlagenvermittler ermöglichen. Zunehmend rücken jedoch auch Finanzierungs-angebote mittels Eigenkapitalbeteiligungen – bspw. durch das Halten von depotfähigen Wertpapieren – in den Fokus der Plattformen. Dieses Angebot erfordert jedoch die Ein-haltung umfangreicherer Pflichten, sodass eine im Vergleich zur Offerte von Vermögens-anlagen qualitativ hochwertigere Autorisation (vgl. § 32 Abs. 1 KWG) einzuholen ist. Im Ergebnis beschränkt sich allerdings die Kerntätigkeit der Online-Dienstleister in beiden Fällen überwiegend auf die Vermittlungstätigkeit. Demzufolge werden weder Gelder selbst entgegengenommen noch an die Emittenten transferiert. Diese Aufgaben sind an eingeschaltete Treuhänder ausgelagert, auch um u. a. nicht dem ZAG unterworfen zu sein.

Im Juli dieses Jahres vollzog der Gesetzgeber einige Änderungen des Kleinanleger-schutzgesetzes. Ziel hiernach ist die Steigerung der Attraktivität des Crowdfundings, ins-besondere des Crowdinvestings, wobei die Förderung von Startups wiederum in einem erhöhten volkswirtschaftlichen Nutzen für den deutschen Staat resultieren soll. Die wichtigsten Anpassungen sind demnach folgende:

**Übersicht**
- Anhebung der Prospektschwelle von EUR 2,5 Mio. auf *EUR 6 Mio.*
- Aufnahme von *Genussrechten* in den Ausnahmebereich des § 2a VermAnlG
- Erhöhung der Investitionsobergrenzen je Anleger von EUR 10.000 auf *EUR 25.000*
- Befreiung von *Personengesellschaften und Stiftungen* von den Einzelanlage-schwellen des § 2a VermAnlG

Weitere Novellierungen sind bzgl. der Interessensverflechtungen zwischen Kapitalnehmer und Plattform, Mindestangaben im VIB und der Berechnungsgrundlage für die
Prospektschwelle gemacht worden.

**Zu 1.:** Mit der Erhöhung der Schwelle für prospektfreie Angebote sollen künftig größere
Finanzierungsvolumen ohne die Erstellung eines Prospekts ermöglicht werden. Der
Grund für die Anhebung bleibt dennoch fraglich. Jedenfalls ist diese Änderung nicht
an der Unverhältnismäßigkeit der zu tragenden Kosten bei der bisherigen Prospektschwelle festzumachen. Denn Aufwendungen in einem Korridor zwischen EUR 50.000
und EUR 100.000 machen lediglich zwei bis vier Prozent der Obergrenze von
EUR 2,5 Mio. aus. Damit befinden sich Emittenten immer noch deutlich unter den von
den Crowdinvesting-Plattformen festgelegten Provisionen (ca. 10 %) (Schedensack
2018, S. 457f.). Darüber hinaus ist zu prüfen, ob die Anhebung der Obergrenze des § 2a
VermAnlG auf EUR 6 Mio. verglichen mit der prospektfreien Ausgabe von Wertschriften
(derzeit EUR 8 Mio.) als angemessen erscheint.

Im Hinblick auf die Höhe der Prospektschwelle für Wertpapieremissionen belegt
Deutschland im europäischen Vergleich mit fünf weiteren Ländern (Dänemark, Finnland,
Italien, Großbritannien und Frankreich) den ersten Rang (EUR 8 Mio.). Die Großzahl
der EU-Länder schlägt jedoch mit einer Grenze von EUR 5 Mio. einen verhältnismäßig
zurückhaltenderen Weg ein. Noch passiver agiert schließlich die USA, die mit einer
Schwelle von USD 1 Mio. einen umfassenden Anlegerschutz gewährleisten möchte. Die
Schweiz dagegen zeigt sich völlig offen gegenüber der alternativen Finanzierungsform
und erlaubt eine Entgegennahme von Publikumseinlagen in Höhe von CHF 100 Mio.
ohne dabei den Emittenten eine Prospektpflicht aufzuerlegen. Letztendlich bleibt festzuhalten, dass sich die Meinungen über eine „perfekte" Obergrenze von Land zu Land
unterscheiden.

**Zu 2.:** Die Aufnahme von Genussrechten in den Ausnahmebereich für Schwarmfinanzierungen wirkt demnach positiv auf die Gestaltungsmöglichkeiten bei der Durchführung einer Crowdinvesting-Kampagne. Enttäuschend für die Crowdfunding-Branche
dürfte hingegen die Nicht-Ausweitung der Schwarmfinanzierungsausnahme auf GmbH-
Anteile sein. Nachteilig wirkt sich die ausbleibende Änderung besonders für Startups
und Wachstumsunternehmen aus, da diese meist die Rechtsform einer GmbH gewählt
haben. Eine Gleichstellung aller Vermögensanlagen wäre hier wünschenswert, allerdings
müssten im Gegenzug einige Anpassungen hinsichtlich der praktizierten Geschäftsmodelle vorgenommen werden. Auch hier ist zu beachten, dass die Emission von
GmbH-Anteilen bei einer Anwendung der SPV-Struktur durch die Plattformbetreiber
eine Erlaubnispflicht nach dem Kapitalanlagegesetzbuch mit sich ziehen kann und
demzufolge entsprechende Mehrkosten nicht auszuschließen sind. Entscheiden sich
Jungunternehmer allerdings gegen eine Finanzierung über eine Zwischengesellschaft, so
würde die Ausgabe von Gesellschaftsanteilen eine echt Alternative bieten.

**Zu 3.:** Die Erhöhung der Einzelanlagenschwelle auf EUR 25.000 stößt in der Gesellschaft auf geteilte Meinungen. Einerseits steigt das Investitionsvolumen pro Investor an, es sei denn er weist bei einem Beteiligungsvorhaben ab EUR 1000 ein Nettovermögen von mehr als EUR 100.000 bzw. der investierte Betrag übersteigt nicht den zweifachen Betrag seines durchschnittlichen monatlichen Nettogehalts, maximal jedoch EUR 25.000, andererseits erweisen sich die Obergrenzen aus dem § 2a Abs. 3 Nr. 2 und 3 VermAnlG insbesondere für wohlhabende Personen als fragwürdig. Denn die Wahrscheinlichkeit, dass dieser Personenkreis Chancen und Risiken einer Kapitalanlage sowie wirtschaftliche Zusammenhänge erkennen kann, liegt deutlich höher als die Wahrscheinlichkeit derer, welche als „Durchschnittsverbraucher" anzusehen sind und infolgedessen ein moderates Gehalt aufzuweisen haben. Ein Schutz, falls überhaupt nötig, scheint vielmehr durch die Festsetzung einer relativen Zeichnungsgrenze überzeugend zu wirken (Schedensack 2018, S. 489). Diese könnte sich bspw. in einem Korridor zwischen 15 und 20 % des Nettovermögens bewegen.

**Zu 4.:** Schließlich ist die Herausnahme von Personengesellschaften und Stiftungen aus den Zeichnungsgrenzen zu begrüßen. Dadurch soll das Engagement professioneller Kapitalgeber steigen, was auch im Sinne aller Anleger sein dürfte. Die Ausweitung der Befreiung auf diese Rechtsformen war insofern überfällig, als sich die handelnden Personen einer Personengesellschaft ebenso wie die einer Kapitalgesellschaft den Risiken bewusst sind und zudem keine unüberlegten Investitionen vornehmen (Schedensack 2018, S. 498 f.).

Summa summarum bleibt abzuwarten, inwiefern die neuen Regularien des Vermögensanlagengesetzes die Entwicklung des Crowdinvestings nachhaltig beeinflussen. Eine Evaluierung ist jedenfalls erst vorzunehmen, sobald etwaige Finanzierungen unter dem neuen Regime stattgefunden haben. Neuerungen gab es auch auf europäischer Ebene. Denn mit der Einführung der European Crowdfunding Service Provider Verordnung schuf die EU einheitliche Regelungen für Schwarmfinanzierungsdienstleister, die ihr Angebot grenzüberschreitend offerieren möchten. Damit reagierte die Europäische Kommission auf den zuvor jahrelang bestehenden Flickenteppich. Crowdfunding-Dienstleister hatten zuvor ein EU-weites Engagement gescheut, da dieses aufgrund der unterschiedlichen regulatorischen Anforderungen zu zeit- und kostenintensiv gewesen ist. Deshalb haben sich in den Ländern unterschiedliche Schwarmfinanzierungsmodelle in den letzten Jahren etabliert. Somit muss zunächst geprüft werden, ob das jeweilige Geschäftsmodell entweder dem Anwendungsbereich der europäischen Richtlinie unterliegt oder die nationalstaatlichen Regularien beachtet werden müssen. Beispielsweise unterliegt die Emission von qualifizierten Nachrangdarlehen im Rahmen eines Immobilien-Crowdinvesting-Angebots nicht den Vorschriften der ESCP-Verordnung. Im Gegensatz dazu sind Dienstleister bei der Vergabe eines klassischen Darlehens explizit diesem Regelwerk unterworfen. Der Grund liegt in der Definition eines „Kredits". Hiernach ergibt sich, dass nur solche Finanzierungsvehikel in das Anwendungsgebiet fallen, deren Eigenschaft mit einer „unbedingten Rückzahlbarkeit" zu begründen ist.

Die Umsetzung des europäischen Regelwerks in deutsches Recht in Rahmen des Schwarmfinanzierungsbegleitgesetzes stieß hingegen bei Experten auf reichlich Kritik.

Denn mit dieser neuen Verordnung konfligieren die Vorschläge der Großen Koalition mit den Gedanken der EU. Und zwar: Kongruente Rahmenbedingungen für Unternehmen zu schaffen, die Dienstleistungen auf diesem Gebiet anbieten wollen. Stattdessen kristallisierte sich ein Haftungsregime heraus, dass deutsche Unternehmen davon abhalten könnte, diese EU-Lizenz zu beantragen. Die Folge wäre ein wettbewerbsrechtlicher Nachteil gegenüber europäischen Konkurrenten.

Nichtsdestotrotz dürften erste Veränderungen hinsichtlich der Ausfallraten von Startups erste Rückschlüsse über das Potenzial der Novellierungen in Bezug auf den strengeren Investorenschutz zulassen. Spannend bleibt auch wie sich das Crowdinvesting innerhalb der Europäischen Union entwickeln wird.

## Literatur

Schedensack J (2018) Crowdinvesting; Phänomen – Rechtsbeziehung – Regulierung. Duncker & Humblot, Berlin

# Erratum zu: Möglichkeiten zur Finanzierung von Startups

**Erratum zu:**
**Kapitel 2 in: M. Baumgärtner,** *Crowdinvesting:*
**Grundlagen – Anwendungsgebiete – Regulatorik**
**https://doi.org/10.1007/978-3-658-36556-1_2**

Trotz sorgfältiger Erstellung unserer Bücher lassen sich Fehler nicht vermeiden, daher weisen wir auf Folgendes hin:

Die Plattform „Zinsbaustein" wurde falsch kontextualisiert. In der Ursprungsfassung lag eine Verwechslung mit „Zinsland" vor. Diese wurde nun richtiggestellt (gem. Quelle: Schlenk CT (2019) Zinsland-Anleger müssen um 1,9 Millionen Euro bangen. Gründerszene.de. https://www.businessinsider.de/gruenderszene/fintech/zinsland-plattform-anleger-insolvenz/).

---

Die korrigierte Version des Kapitels ist verfügbar unter
https://doi.org/10.1007/978-3-658-36556-1_2

M. Baumgärtner, *Crowdinvesting*, https://doi.org/10.1007/978-3-658-36556-1_4

# Anhang

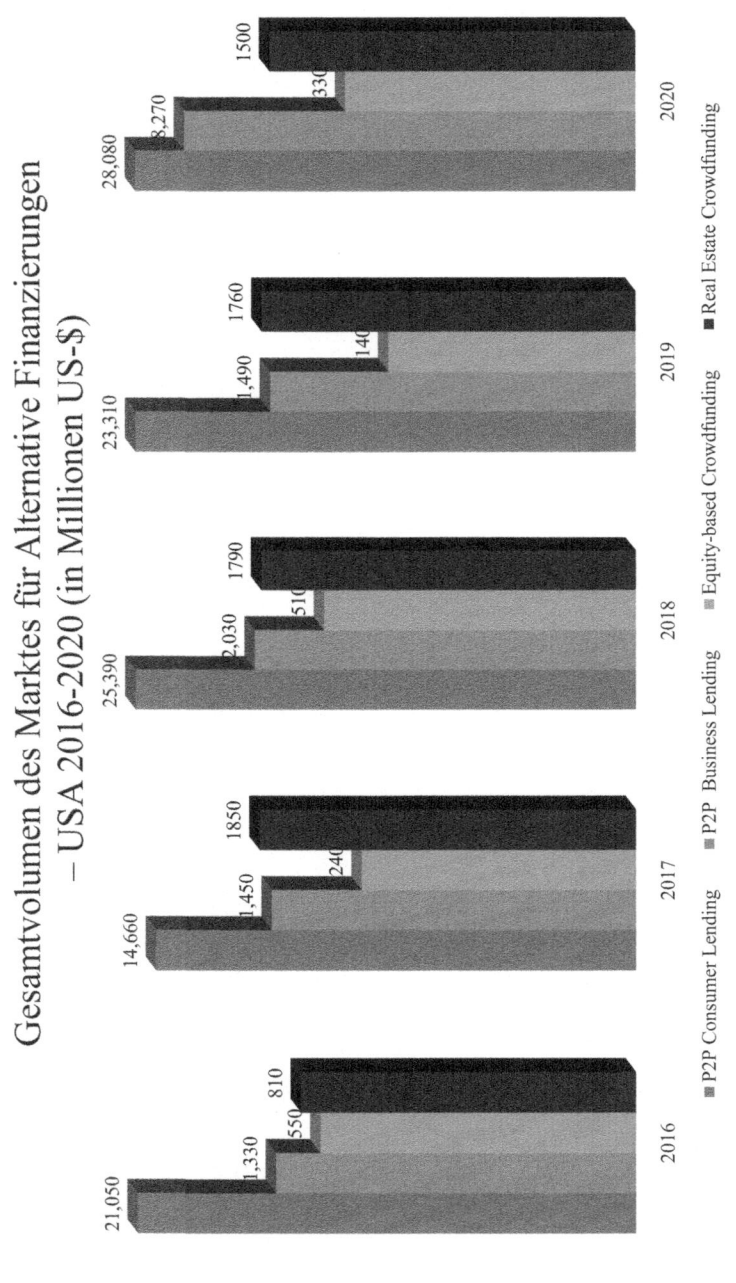

Quelle: Eigene, erweiterte Darstellung in Anlehnung an Cambridge an Alternative Finance Report: EXPANDING HORIZONS. THE 2nd Global Alternative Finance Market Benchmarking Report (2021), URLhttps://www.jbs.cam.ac.uk/wp-content/uploads/2021/06/ccaf-2021-06-report-2nd-global-alternative-finance-benchmarking-study-report.pdf S. 124 u. 125.

**Abb. A.1**  Gesamtvolumen des Marktes für Alternative Finanzierungen – USA 2016–2020 (in Mio. US-$)

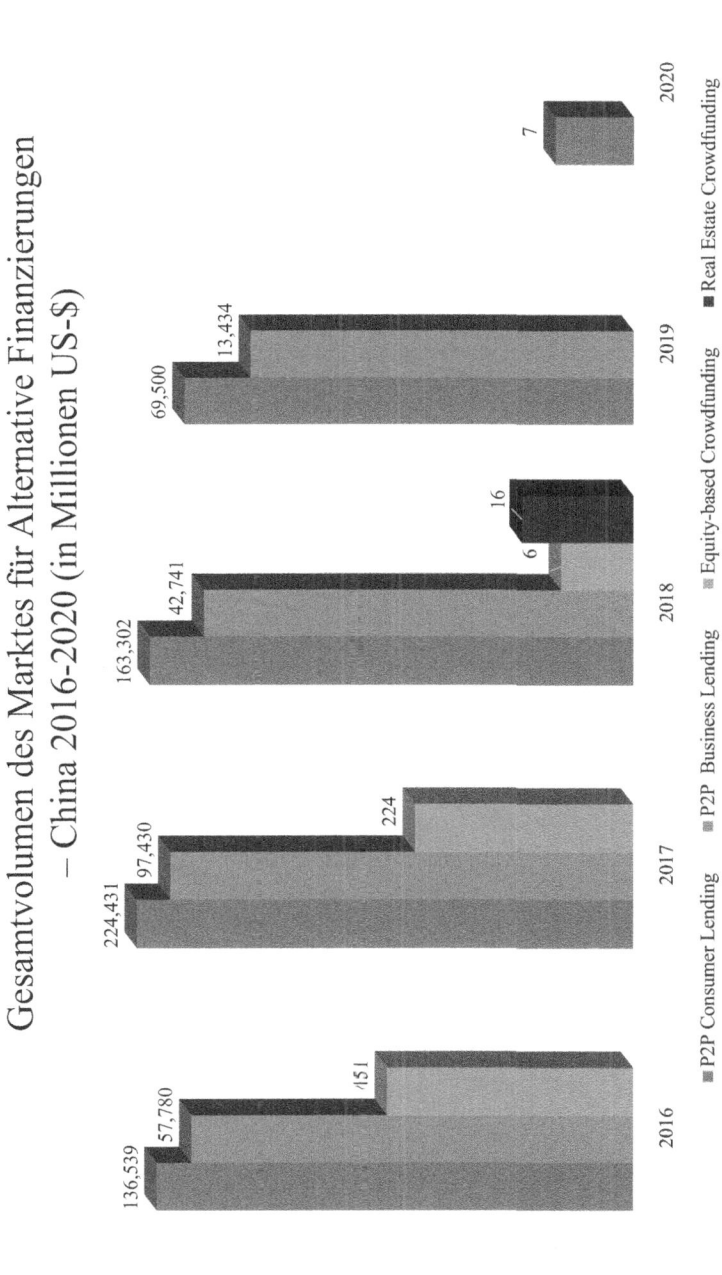

Gesamtvolumen des Marktes für Alternative Finanzierungen – China 2016-2020 (in Millionen US-$)

Quelle: Eigene, erweiterte Darstellung in Anlehnung an Cambridge of Alternative Finance Report: EXPANDING HORIZONS. THE 2nd Global Alternative Finance Market Benchmarking Report (2021), URLhttps://www.jbs.cam.ac.uk/wp-content/uploads/2021/06/ccaf-2021-06-report-2nd-global-alternative-finance-benchmarking-study-report.pdf S. 120

**Abb. A.2** Gesamtvolumen des Marktes für Alternative Finanzierungen China 2016–2020 (in Mio. US-$)

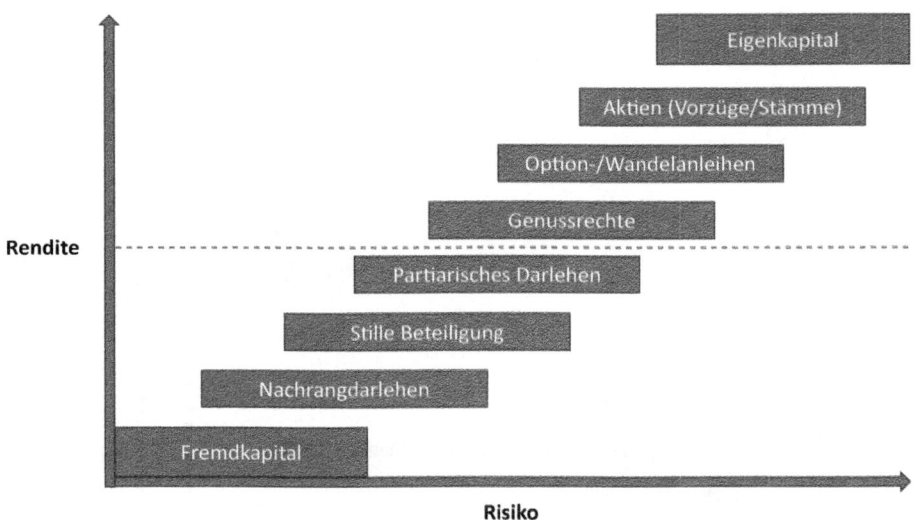

**Abb. A.3**  Risiko-Rendite-Vergleich mezzaniner Finanzierungsinstrumente

**Anforderungen des § 4A (b)(1)(D) Securities Act**

| | | |
|---|---|---|
| § 4A (b)(1)(D)(i) | Max. USD 100,000 | ➤ Einkommenssteuererklärung<br>➤ Von einem Hauptgeschäftsführer bestätigter Finanzbericht |
| § 4A (b)(1)(D)(ii) | USD 100,000 – USD 500,000 | ➤ Ein von einem unabhängigen Wirtschaftsprüfer (sog. Public Accountant)<br>zertifizierter Jahresabschluss erforderlich |
| § 4A (b)(1)(D)(iii) | Mehr als USD 500,000 | ➤ Vorlage eines offiziell beglaubigten und den Anforderungen der US-<br>GAAP entsprechenden Jahresabschlusses eines zertifizierten<br>Wirtschaftsprüfers (sog. Certified Public Accountant) erforderlich |

Kapitalsumme

Quelle: Eigene Darstellung in Anlehnung an Schuster (Regulierung, 2018), S. 200 f.; European Crowdfunding Network (Review, 2017), S. 685.

**Abb. A.4** Anforderungen des § 4 A (b)(1)(D) Securities Act

**Abb. A.5** Gegenüberstellung blockchain-basierter und klassischer Finanzierungsinstrumente. (Quelle: Davies et al. 2019, S. 5)

| Initial Coin Offering | | |
|---|---|---|
| **Beteiligungsform** | Gemeinsamkeiten | Unterschiede |
| **Venture Capital** | ➤ In unterschiedlichen Unternehmensphasen realisierbar | ➤ Token sind an Kryptobörsen handelbar<br>Keine Anteilsverschiebungen<br>Sehr schnelle Abwicklungszeiten<br>(Sehr) geringe Rechtsberatungskosten<br>Einbringung von Erfahrungswerten seitens VC-Gebern |
| **IPO** | ➤ Unternehmen emittiert Token (vgl. Aktie) | ➤ ICO einfach über Blockchain handelbar<br>Lediglich Rechte am Projekt<br>Meist unregulierte Börsen<br>Keine rechtliche Dokumentation bei ICO |
| **Crowdinvesting** | ➤ Keine unmittelbare Begrenzung bzgl. der Fundingzeit und Mindesthöhe<br>Vorstellung eines Pitch Decks<br>Geld-Zurück-Garantie bei fehlgeschlagenem Finanzierungsziel | ➤ Angebot digitaler Währung (z.B. Token)<br>(Oft) keine nationale Beschränkung<br>Idee steht im Fokus<br>Einfaches Transferieren von Token (schnellere Liquiditierbarkeit)<br>bessere Integrierbarkeit auf Exchanges |

**Abb. A.6** Vergleich des ICO mit ausgewählten Beteiligungsformen. (Quelle: Eigene, erweiterte Darstellung an Hahn und Wons 2018, S. 6)

The manufacturer's authorised representative in the EU is Springer
Nature Customer Service Centre GmbH, Europaplatz 3, 69115 Heidelberg,
Germany. If you have any concerns regarding our products, please
contact ProductSafety@springernature.com

Printed and bound by CPI Group (UK) Ltd, Croydon, CR0 4YY
24/04/2026
02096341-0020